地方自治を問いなおす

住民自治の実践がひらく新地平

今川　晃 編

法律文化社

推奨のことば

　本書は、これまで数多くの地方自治に関する著作を発表してこられた今川晃教授を中心にその門下生たちや一部同僚を加えた研究会で討議を重ねた成果を取りまとめたもので、その問題意識は同教授が執筆された「はじめに」や「序章」で強調されているように、日本国憲法第92条の「地方自治の本旨」について、伝統的な「団体自治」優位の解釈ではなく、民主主義下では当然の「住民自治」優位の立場に立って、具体的な事例を分析しながら問いなおそうとしている労作である。

　今川教授は、小生の下で大学院の前後期を修了されたが、そのときから一貫して基本的人権の尊重、とりわけ行政上の弱者救済の観点から苦情処理やオンブズマンの研究を続け、また地方自治体の現場で実態調査を繰り返してこられた研究者であり、本書の編纂もその延長線上から生まれたものに他ならない。そして、その薫陶を受けた門下生たちにもその師の思いは深く刻み込まれていることが、各章から汲み取れるであろう。

　思い起こせば、敗戦後の民主的改革にもかかわらず、官僚的中央集権は不動のままであったし、地方自治などは枝葉末節の存在でしかなく、政治学者や公法学者もそのほとんどは研究対象にしていなかった。世間一般も同様で、たとえば全国紙が今日のように紙面に地方版を設けるようになるのは、1965年の東京都政刷新運動からだった。だが、現在では地方自治の研究者も研究熱心な実務家を加えて飛躍的に増えているし、単なる空論ではなく実態をふまえた地に着いた著作も次々に生み出されている。言うまでもなく本書もそのひとつであるが、その意欲的な研究への取り組みとそれに伴う中身の濃さで、ぜひとも広く読まれてほしい好著として推奨するしだいである。

成蹊大学名誉教授　佐藤　竺

はじめに

　地方自治体は、地方分権改革以前から、国を先導する役割を果たしてきた。そして、その多くは、住民の熱意や活動によって、支えられていたのである。
　1960年代からの高度成長は生活における経済的な豊かさを生み出したものの、一方では、過疎過密化に拍車をかけるとともに、それまでの住民の生活形態や地域コミュニティの秩序を大きく変えていくこととなった。とりわけ、公害や自然環境の破壊は、住民の健康・生命や生活に大きな影響を及ぼすことになり、地方自治体は法律の規制の範囲を超えた公害防止条例や環境保護条例を独自に制定せざるをえなくなった。
　また、開発は地域の伝統的な歴史・文化の衰退を招くため、開発よりも歴史・文化・自然環境を享受することで生活の「豊かさ」を取り戻そうとする歴史的町並み保存運動等も発生し、その後の「まちづくり」における価値観の転換にも大きな影響を及ぼした。住民の生活の安定を守るために、宅地開発指導要綱等の要綱を制定し、地方自治体独自の誘導策も展開していった。
　さらには、開かれた自治体形成を推進し住民を主人公として尊重するために、国の情報公開制度に先駆けて、金山町（山形県）で、地方自治体で最初の情報公開条例（1982年4月1日施行）が誕生した。自治体の不祥事をきっかけに、自治のあり方を問い、住民の主人公としての自治意識改革のために、恵庭市（北海道）の広報『ENIWA（特集：自治を問う）』（1994年11月）や若見町（2005年3月22日から合併により男鹿市、秋田県）の広報『わかみ（特集：自治を問う）』（1996年、No.375）等の広報に代表されるように、「お知らせ」中心の広報から、住民に「問題を投げかける」広報への転換も見られるようになった。その後、住民が主人公であることを前提に、地方政府としての自治のあり方を共有し、新しい自治の秩序を形成していくために、住民参加・協働促進条例、自治基本条例、さらには議会基本条例の制定が進行していった。
　以上は、一例にすぎないが、法律の改正や制定を先導する役割も果たしていったのである。そして、こうした動きは、今でも大きなうねりとなって継続し地方分権も一定の進行はしてきたものの、依然として中央集権時代の組織運

はじめに

営上のしくみや慣習、あるいは伝統的な行政と住民（あるいは、地縁組織等）との関係等は根強く残っている。しかしながら、このことが本書の各章で分析するように、逆にいろいろな場面で解決すべき問題としてクローズアップされるようになってきたのである。したがって、地方や国の政府のあり方を変える動きを促進するため、パラダイムの転換を導くことが急務となる。

　本書は「地方自治の本旨」について、地方自治の実態を分析し、根本的なパラダイムの転換の必要性を説こうとするものである。憲法第92条（地方自治の基本原則）には、「地方公共団体の組織及び運営に関する事項は、地方自治の本旨に基づいて、法律でこれを定める」と規定されている。ところが、この「地方自治の本旨」の解釈については、一般には「住民自治」と「団体自治」が車の両輪のごとく機能することであり、法律が「団体自治」の範囲を決めるという考え方が受け入れられている。しかしながら、「地方自治の本旨」に抵触する法律は違憲、無効であり、結局は「地方自治の本旨」とは何かを根本から問いなおさなければならなくなる。

　そこで、まず最初に、「住民自治」の概念を「団体自治」との関係でどのようにとらえるかを明確にしておく必要がある。憲法で述べているように国民主権が原則であることはいうまでもないが、先に触れた地方自治体の動向から考えても、「住民自治」が「団体自治」のあり方を規定するととらえたほうが、住民によるコントロールを保障し、住民の価値観を前提とするより幸せな地域形成ができるのではないだろうか。補完性の原理から見ても適切である。

　その場合、次の課題は、「住民自治」の質が問われることであろう。したがって、そこでは住民相互の学習過程等、住民自身が相互に学び、高め合うことを前提に、地方自治体の政府内部の質的改善も含めて、意思決定過程等の分析が必要である。こうした点も含めて、本書の各章は、挑戦的であり、新たな展望をひらこうとしているのである。

　ところで、本書の執筆陣は、編者とその門下の研究者や院生を中心にしたメンバーである。月に1回程度、自治政策研究会を開催し、ここで報告を重ね、議論してきた。この研究会のマネジメントや出版に向けた編集作業等は、編者の門下で最初に博士号を取得し、2014年4月より名古屋市立大学准教授に就任した三浦哲司君のリーダーシップに負うところが大きい。ここに感謝申し上げ

る次第である。

　なお、編者にとって、本年は還暦を迎える年である。このような年に、多くの仲間とともに、時代を変えようと歩み出すことができるのは本当に幸せである。

　　2014年4月

　　　　　　　　　　　　　　　　　　　　　　　　編者　　今　川　晃

目　次

推奨のことば
はじめに

序　章　私たちと地方自治 ▶ これまでのあゆみと課題 ── 1

1　地方自治と住民自治 ……………………………………………… 1
2　住民自治を問う4つの分析視点 ………………………………… 2
3　生活における価値観の転換と住民自治 ………………………… 4
4　政策形成過程と住民自治 ………………………………………… 6
5　コミュニティの活性化と住民自治 ……………………………… 10
6　個人の人格の尊重と住民自治 …………………………………… 12
7　私たちは変わることができるのか？ …………………………… 15

第Ⅰ部　政策形成過程と住民自治

第1章　地方自治とコミュニティ・ソリューション ── 18

1　住民自治をめぐるさまざまな動向 ……………………………… 18
2　京都における住民自治の実際 …………………………………… 22
3　住民自治と地域公共マインド …………………………………… 36

第2章　迷惑施設問題と手続き的公正 ── 40

1　迷惑施設問題と自治の機能不全 ………………………………… 40
2　NIMBY研究からの知見 ………………………………………… 41
3　NIMBYとしての葛城市焼却場問題 …………………………… 46
4　住民の問題意識と分配的・手続き的公正 ……………………… 50
5　住民自治による解決の可能性 …………………………………… 53
6　迷惑施設問題の解決に向けて …………………………………… 56

第3章　グローバル化社会における地方自治 ── 59

1　世界のなかの地域での政策形成という視点 …………………… 59
2　埋立架橋事業の経緯 ……………………………………………… 61
3　国際社会からの声 ………………………………………………… 62

4 現実的な制約による事業の行き詰まり……………………………69
   5 「国際社会からの声」の影響……………………………………71
   6 政策形成への示唆…………………………………………………73
   7 グローバル化社会における住民自治……………………………75

第4章 行政現場における政策形成過程と施策形成過程 ── 79
   1 地域の状況と地域的特色としての森林および森林資源の状況………79
   2 政策形成過程ならびに施策形成過程の背景……………………83
   3 政策形成および施策形成への基本的な枠組み…………………87
   4 森林保全の課題解決に向けての政策形成過程…………………90
   5 施策形成過程と施策にもとづく事業への取り組み……………91
   6 産官学連携事業としてのバイオコークス事業への
     取り組みと事業効果……………………………………………92
   7 政策形成ならびに施策形成過程から見た自治体の
     あり方とガバナンスの課題……………………………………94

第5章 自治体行政と協働 ── 98
   1 住民自治と自治体組織……………………………………………98
   2 協働・ガバナンスにおける自治体行政の役割…………………99
   3 自治体組織管理の検討の必要性…………………………………100
   4 X市の概要と協働の取り組み……………………………………102
   5 市民協働における自治体組織内部の対応………………………102
   6 協働における自治体組織管理の課題……………………………109
   7 住民自治と自治体組織の管理……………………………………113

第Ⅱ部 コミュニティの活性化と住民自治

第6章 地域住民協議会の運営と展望 ── 118
   1 地域住民協議会への注目…………………………………………118
   2 住民自治と地域住民協議会………………………………………119
   3 地・住構想とその展開……………………………………………121
   4 野方住区協議会とその実践………………………………………124
   5 江古田住区協議会とその実践……………………………………127
   6 比較と考察…………………………………………………………131
   7 大都市における地域住民協議会の展望…………………………134

目　次

第 7 章　住民自治と地域活動 ── 138
1. 地域活動の現状と課題 …………………………………………… 138
2. 各アクターへの聞き取り調査 …………………………………… 139
3. 学生に対するアンケート ………………………………………… 144
4. 調査結果のまとめと各アクターの課題 ………………………… 149
5. 住民自治と行政についての今後の課題 ………………………… 151

第Ⅲ部　個人の人格の尊重と住民自治

第 8 章　住民自治を支える公民館運営 ── 158
1. 公共サービス供給を担ううえでの住民自治の課題 …………… 158
2. 公共サービス供給と住民自治の関係 …………………………… 159
3. 住民自治を支える公民館の役割 ………………………………… 161
4. 大分県日田市における地区公民館の運営 ……………………… 162
5. 住民自治を支える公民館ネットワークと自治体出資法人 …… 174
6. 住民自治を基盤とした民による公共領域 ……………………… 176

第 9 章　住民自治と行政相談委員 ── 178
1. 住民の依頼心と行政相談委員 …………………………………… 178
2. 行政相談委員の具体的な活動 …………………………………… 180
3. 行政相談委員による住民自治へのエンパワーメント ………… 184
4. 住民自治を支える行政相談委員の今後の役割と課題 ………… 192
5. 個別の声とボランティアの行政相談委員 ……………………… 194

終　章　地方自治を問いなおす　▶住民自治を基盤としたパラダイムの転換 ── 197
1. 住民による地方政府の創造 ……………………………………… 197
2. 住民自治を基盤にした地方政府の役割変化 …………………… 199
3. 地方政府から国や世界を変える ………………………………… 201
4. 生活における価値観の転換と「わたし」 ……………………… 203

おわりに
参考文献・資料・URL 一覧
執筆者紹介

序章

私たちと地方自治
——これまでのあゆみと課題

1 地方自治と住民自治

　憲法第92条の「地方自治の本旨」の概念は、曖昧なままであり続けてきた。このことが地方分権時代と言われながらも、依然として地方からこの国のあり方を変えられない根本的原因である。当然のことながら、中央という場合は、国会や各省庁等の国の政府を指すのであって、東京も人々が自治を営むひとつの地方である。

　第２次世界大戦後、この国の地方自治の学問領域で先導的役割を果たしてきた佐藤竺は、かねてよりこの憲法解釈に疑義を呈してきた。「通説は、これを、一方で中央と地方との新しい協力関係であるとしながら、他方で旧憲法下の解釈をそのまま踏襲して、ドイツ法的な『団体自治』と『住民自治』との結合というかたちでとらえる。だが、この両者は、本来相いれないものであり、そこに官治的集権化への復活の根拠がうまれるのである」（佐藤［1965］２～３頁）。

　この警告が発せられた時代と機関委任事務が全廃された今日とでは、地方自治体を取り巻く背景は異なり、現在では、「官治的集権化への復活」とまでは判断できないが、住民自治がどれほど保障され発展したのか、については検証が必要である。ちなみに、『今後の地方自治制度のあり方に関する答申』（第27次地方制度調査会、2003年11月13日）では、「『補完性原理』の考え方にもとづき、『地方自治体優先の原則』をこれまで以上に実現していくこと」「団体自治ばかりでなく、住民自治が重視されなければならないこと」との指摘があるものの、団体自治と住民自治の両者の関係性について明確な位置づけはなされていない。ともあれ、団体自治と住民自治との関係を考える場合には、住民自治が何によって制約されているのか、そのことでどのような問題が生じるのか、について明らかにしていくことによって、住民自治の意義を整理しておく必要がある。そもそも、日本国憲法は、主権者としての国民ひとりひとりの個人の人格の尊重と政治的自立を大前提として、宣言されているものである。

私たちは自分自身を起点として判断し、自己のあり方についても、自分自身に関して外部に対しても、個人の自覚と責任を前提に、コントロールしていくことになる。したがって、私たちは、課題に直面したときに、まず個人や家族のレベルで解決に取り組むことになる。そのことが、コミュニティのレベルで対応すべきであれば、自治会・町内会、あるいは小学校区レベルの住民協議会等で、地縁団体やNPO等のさまざまな市民活動団体や企業等の多様な団体の協働による取り組みに期待することになる。それでも解決困難であれば、私たちは市町村、さらに広域的対応が必要であれば都道府県の自治体政府に付託することになる。この段階は、問題が広範囲になればなるほど、その後、国の政府、国際紛争や地球規模の課題であれば、その解決を国際機関に求めることになろう。このような、個人を起点とした段階的な問題解決の取り組みについては、これまで補完性の原理として説明されてきた。

　私たちは、私たち自身で解決できない問題を無条件に外部の機関等に、託しているわけではない。必要に応じて、私たち自身がコントロールできる手段が保障されていることが必要となる。もちろん、私たち個々人は多様な特性を有している。とりわけ、障がい者、高齢者、子ども、生活困窮者等のいわゆる社会的弱者の人々が、自らの意思で自己に対しても、外部に対しても、コントロールできるような社会環境や制度上の整備は不可欠である。以上のような視点に立てば、住民自治が団体自治を規定すると考えるのが自然である。

　そこで本書は、「地方自治の本旨」について、住民自治が団体自治を規定するというパラダイム転換を希求して、社会に問うものである。

　また、住民自治は個人の人格の尊重を前提に成り立つものであり、補完性の原理とその根本は同じである。したがって、住民自治の概念を既存の制度としての地方自治の枠だけで理解することにもおのずと限界が生じる。本書では、この点にまで言及するものではないが、こうした住民自治の概念の広がりを意識しつつ、今後の住民自治の議論のための枠組みを提示することも密かに期待するところである。

2 住民自治を問う4つの分析視点

　私たちが地方自治行政のすべての活動に主体的にかかわることは、不可能で

序　章　私たちと地方自治

ある。

　私たちは、自治体行政との関係では、主人公として自治体行政の意思決定過程にどのように参加すべきかが問われる。これが、「市民」としての基盤である。

　ところが、私たちは日々の生活に追われ、ひとつひとつの政策形成過程に主体的に参加する余裕はない。そうであれば、自治体行政活動が私たちの声に応答的であり、行政は私たちに質の良いサービスを提供することを期待することになる。そして、私たちは、自治体行政活動について丁寧な説明を受け、そして必要があれば意向を伝えるチャンスが提供されることになる。このような「顧客」としての立場からも自治体行政との関係では、看過できない一面である。

　この「市民」であるか「顧客」であるかについては、住民の観点から観察するのか、あるいは行政の立場から考えるのかによって、議論は異なるであろう。あるいは、住民は自治体行政に課題が生じると、「市民」としての立場を強調するであろう。さらには、市民社会基盤が歴史的に形成されてきた欧米の国々と自治体行政活動を中心に自治会・町内会等の地縁組織と相互依存関係の基盤を前提に住民をケアしてきた日本の状況とは異なる。1960年以降はわが国でも社会状況が大きく変貌し、「市民」としての側面も強調、期待されてきたが、長い歴史のなかで培われてきた意識やしくみ、さらには自治の秩序のなかで、住民はなかなか主人公にはなれないでいるのが現状であろう。

　こうした行政と私たちとの関係を、「パートナー」として理解されることもある。行政が何らかの目的を達成しようとする場合には、私たちも何らかの役割を果たさなければその目的は達成できない。このことは、総合計画や各種個別計画でも、行政の役割に加えて、住民の役割について記載する自治体が増えてきたことからも、自治体行政としては意識しているところである。ところが、従来、自治会・町内会が自治体行政部局の下請けとして活動しているとする批判を受けてきたように、今日においてはNPOとの関係でも、自治体行政は下請け化の批判にさらされることがある。

　協働が普及し、多くの自治体で推進されているものの、自治体行政と自治会・町内会やNPO等の市民活動団体との関係をどのように理解すべきかは難

しい。協働の定義に両者の対等性が強調される傾向にあるが、そもそも法的権限が付与され、税金の予算執行権を握っている行政との対等性はこの面ではありえず、個別の領域の政策形成過程等で目的の共有化のための協議、その後実施における役割分担や連携の調整過程での対等性が協働における対等性と位置づけるべきであろう。もっとも、この対等性ですら権限や予算執行権を握っている自治体行政と調整するのは厄介である。

ともあれ、住民は「市民」「顧客」に加えて、自治体行政の「パートナー」として、どのように展望すべきかによって、今後の住民自治のあり方を左右することになるであろう。

このように分析枠を設定して、自治体行政と住民との関係のあり方を追求する研究は、J. C. トーマス等の研究成果にあらわれているところである（Thomas [2012]）。ところが、一方では、私たちは、これまでの動きから何を読み取り、民主主義を実現するために何を展望すべきかを考えることで、この両者の関係の方向性を見出していけるのではないだろうか。

2000年の地方分権改革以降の動きも重要であるが、地方自治の体質が基本的に改善されていったのは1960年代から始まる。したがって、1960年代を出発点とした変化を読み取ることで、地方自治の本旨の理解の仕方を考えていくこととする。

そのための枠組みとして、「生活における価値観の転換と住民自治」「政策形成過程と住民自治」「コミュニティの活性化と住民自治」「個人の人格の尊重と住民自治」の4つの観点からアプローチし、住民自治の意味を考察することとする。この考察を通じて、団体自治は住民自治の基盤の上に成り立つものであることを地方自治の本旨の解釈の基盤に据えることの意義を提唱したい。

3 生活における価値観の転換と住民自治

1960年代から1970年代前半にかけて高度成長のひずみが生じ、地方自治体は、国の後見的な監督のもとに地方自治行政を執行する立場から、地方自治の主体としての立場への転換に向けて胎動が聞かれるようになった。

高度経済成長期には、いわゆる「上乗せ・横出し条例」と言われた公害防止条例、さらには環境保護条例が制定され、革新自治体を中心とする地方自治体

が、公害対策基本法等の国の法令制定を促す先導的役割を果たすようになった。

　また、経済的発展が進行するなかで、歴史的環境の保存・再生に努力した自治体もあった。その結果、1975年に文化財保護法が改正され、重要伝統的建造物群保存地区を盛り込むこととなったのである。このことは、それまでのブルドーザー中心の開発の価値から歴史的・文化的・自然的価値を中心に据えた、アメニティのあり方を問う時代への扉を開くこととなった。このような地域が主体となり地域の特色を活かした「まちづくり」の動きは、徐々に全国各地で見られるようになった。土地開発の波や大型外部資本が入り込もうとするときに、自治体行政、民間、住民が一体となって自然や景観を守った由布院（大分県）等の成功事例も注目されることとなった。

　ところで、1970年代後半以降は経済も低成長期に入り、自治体財政の困窮化が指摘されるようになった。先に指摘した価値観の転換とも重なり、大分県の一村・一品運動等、自治体の活性化戦略も見られるようになった。補助金を通じての画一的な国の地方支配から脱皮し、国と地方との新しい関係をめざした地域主義の考え方も普及していった。

　たとえば、足助町（愛知県：現在、豊田市）は、トヨタ自動車の発展の波に足助の生活文化全体が飲み込まれないために、地域発展の思想的基盤として独自の「まちづくり思想」を定着させていった。民芸料理店「一の谷」の創業者である水野五郎氏、足助のまちづくりの牽引役を果たした当時足助役場職員であった小沢庄一氏（まちづくりのカリスマとして有名）、矢澤長介氏（足助町最後の町長）の３人が中心となって活躍した。文化財保護法に重要伝統的建造物群保存地区が制定された後も、足助は保存地区の指定を受けるのではなく、歴史的町並み文化を住民間で共有し、住民主導の自主規制の道を選択していった。また、その後1990年に開館した百年草では、高齢者を一方的にケアするのではなく、働く場所とある程度の現金収入を得て、生き甲斐を感じる施設とすることが目的とされた。同施設内で、社会福祉協議会は高齢者の健康維持、デイサービス、在宅訪問看護等の事業を行なっているが、百年草協会は、浴場、レストラン、高齢者が中心に活躍するハム工房（ZiZi工房）・パン工房（バーバラはうす）等の経営を行なっている。足助は「もみじ」の景勝地「香嵐渓」で有名な

観光地でもあり、1980年に建てられた「必要なものは自分でつくる」という山里の暮らしを再現する民俗資料館である足助屋敷とともに百年草も重要な観光資源として位置づけられていった。ここから「観光は福祉」だとする価値観が生まれていくのである（今川［2003］）。

ふたつめの事例として、水俣市（熊本県）の「もやい直し」をあげておきたい。「もやい直し」とは、対立から共生をめざし、お互いを認め合うところから相互の理解を促進することであり、1994年に吉井正澄市長（当時）が水俣病慰霊式で「水俣病問題に対する市の姿勢は不十分であった」との謝罪から「もやい直し」はスタートした。筆者はこの転換期の方向性を示した『第3次水俣市総合計画（1996～2004年度）』の審議会委員であると同時に、公募委員による市民策定委員会のアドバイザーも務めた。この市民策定委員会では、便利さを追求しすぎた負の縮図が水俣であるという共通認識のもと、水俣病の教訓を活かし、不便さを受け入れるまちづくり等、新たな価値観への転換を提案し、水俣市も受け入れていくこととなった（今川［2013］）。

ともあれ、2000年の地方分権改革以前から、とりわけ高度成長による経済的発展のひずみの反省から、住民が幸せに生きるための価値判断と政策選択がいくつかの自治体で展開されていったのであった。

4 政策形成過程と住民自治

代議制民主主義を補完し、政策形成過程に直接住民が参加しようとする動きは、日本でも欧米諸国の動きとほぼ同じ1960年代であった。公害等の環境破壊、人権意識の高まり、従来の統治構造に支えられた権威の低下等によって、住民運動が活発になり、またその影響も受けて住民参加が行政の政策形成過程に導入されるようになった。日本で1960年代に住民参加が必要となった主要な要因として、次の2点をあげることができる。

第1に、1969年の地方自治法改正（第2条第4項）に伴い、市区町村の基本構想策定が議会承認を前提とするかたちで義務づけられた。基本構想に基本計画、実施計画等も含めて総合計画を策定し、単なる行政計画ではなく、住民と共有できる総合計画づくりに目覚めた一部の自治体では、総合計画の策定に住民参加方式を取り入れたのであった。その後、総合計画だけではなく、各種個

別計画も住民参加の方式で策定されることが増えてきた。なお、この地方自治法の基本構想策定義務規定は2010年に廃止されたが、その後もほとんどの自治体の総合計画策定には住民参加方式が取り入れられている。

　このように、各種計画策定過程への住民参加は、基本的には住民相互による多様な水平的利害調整によって、住民自らが責任と自覚を高めることを促すことになった。住民自らが調整に乗り出すことで、住民参加は実質的に政策形成過程で重要な役割を果たすことになる。すなわち、法制度上は首長や議会に決定権があるものの、住民参加はその決定過程に直接的な影響力を及ぼすという意味から、政策形成過程への住民の直接的な参加を住民参加とする概念が生まれたのである。政策形成過程への参加がなされるがゆえに、その後の実施過程や評価の過程への参加が意味のあるものとなるのである。とりわけ、2000年頃より策定された総合計画には、それぞれの施策ごとに「市民の役割」に関する記述が明記される傾向にある。

　第2に、1960年代はごみの焼却処理場等の迷惑施設建設や都市改造事業が行なわれていった時期であり、住民の権利意識や自治意識の高揚とともに、従来の周辺自治会の同意を得、一定の「迷惑料」を周辺自治会に配分する方法では、住民合意を得ることが難しくなっていった。そこで、環境被害や地価の低下等の影響を直接受ける地域だけではなく、自治体住民全体の問題として住民自らが相互の利害調整に乗り出せるようなしくみが必要になったのである。さらに、そこには住民が適切な判断ができるように、行政側からの積極的な情報提供だけでなく、その問題に関する専門的な判断も必要であり、各種専門家の参加も要請されたのである。ともあれ、当該地域の住民は被害者であるだけではなく、自治体全体（さらにはより広域的範囲）の住民が加害者であるとする当事者意識の認識を持つことが、住民参加の基盤となっていった。

　審議会形式が住民参加方式の基本となるが、指名（従来型の各種団体の代表者に加え、NPO等の当事者関係団体の代表者も含む）、公募、無作為抽出等の各種組み合わせで選出の市民により構成される市民委員会が中心で、そこに学識経験者や議員が加わる場合が多い。無作為抽出については、多様な世代から選ばれる可能性や自治体内の各地域から選ばれる可能性が高く、広範な市民の声が反映される観点から評価されている。また、この無作為抽出方式は、伝統的な自

治の秩序とは異なり、たとえば自治会長の頭越しで選ばれることも多く、潜在的な意見の掘り起こしにも効果がある。ただし、筆者の体験上からは、公募の委員は当該の問題に詳しく「専門的議論」を好む傾向にあるが、無作為抽出の委員は生活や地域に根ざした観点からの議論を展開する傾向にあると感じている。したがって、双方が同じテーブルで意見交換する場合には、ワークショップの手法等の吟味が必要である。さらには、庁内公募の職員も含め、市民委員との合同の委員会を構成し、市民と行政との協働による政策形成をめざす形態のものまで生まれている。このように職員が参加する場合には、双方はお互いが志向する背景等を知り、相互理解や信頼関係の構築にも良い効果を生む場合があるが、こちらも絶えずワークショップの手法等の開発に努力する必要がある。

　自治体の総合計画策定審議会等で議員の参加が見られることもあるが、議会による行政のチェック機能の観点から、議員が首長の任命による市民委員会形式の審議会に参加することには批判的な見解が有力であり、議員参加は減る傾向にある。

　住民参加には、住民自らによる利害関係の調整が重要なポイントとなる。住民参加によって実現しようとする政策、施策、事業の策定過程に適切な当事者の声が反映されない場合、専門的な判断が必要な場合、あるいは「環境保全か開発か」等、議論すべき価値観や論点がある場合には、いわゆる学識経験者が住民の議論に参加し、住民間で適切な議論ができるように参加の手法は設計されることになる。住民には、地域のあるべき姿（価値）も含めて議論する責任があることを前提に、住民参加のしくみは構築される必要がある。もちろん、住民参加は代議制民主主義に代わるものではなくあくまでも補完するものであり、最終的な価値判断や決定は代議制民主主義のしくみに託されている。

　以上のように多くの自治体で、住民参加のしくみはいろいろなかたちで開発され、発展してきた。また、多くの自治体では、住民参加と広聴との組み合わせによって、広く住民の声を政策形成に反映しようとしている。

　住民参加は代議制民主主義を補完する点で重要な意義を有しているが、住民参加にもいくつかの残された課題がある。住民参加は個人としての参加が前提として位置づけられているものの、多くの自治体で採用されているように、各

種団体の代表者として指名される指名委員の占める比率は決して小さくはなく、既存の自治の秩序維持との関係で個人の立場が軽視される可能性がある。また、公募比率が高い場合であっても、各種職業や所得階層に応じて住民が参加しているわけではなく、いわゆる社会的弱者の立場からの発言とそれを全体の声として議論できる場の形成はなお必要とされるところである。住民参加の重要性を認識しつつも、同時に課題を整理することで、新たな改革へのチャレンジが始まるのである。この点は、「6 個人の人格の尊重と住民自治」で、住民参加を補完するしくみのあり方も含めて、考察する。

　ところで、近年では、住民参加以上に協働を推進しようとしている自治体が多い。しかしながら、協働の概念は自治体によってさまざまであり、研究者の側でも百家争鳴の状況にある。とはいうものの、目的の共有や協議における対等性等においてはおおよそ共通した認識がつくられてきたが、実態上はNPO等の市民活動団体は行政部局の下請けとして行政側からは見られる傾向が強い。たとえば、市民協働提案制度においても、現状の行政の施策等の方針と一致しない限りは市民協働提案による新たな事業を現行のシステムに組み込むためには、予算や行政運営のしくみの変更も必要であり、協働関係の構築には相当の努力を要する。担当の行政職員には下請け化の意識は薄いものの、予算編成のサイクル等に適合するように市民協働提案制度の実施過程を見直す必要がある。また、行政はこれまでの運営や調整手法に慣れ、そのための手続き等が定着しているので、改革には相当の意欲が必要であり、担当職員個人の頑張りでは、限界がある。協働の実践活動とともに、行政組織内部の問題の改善、改革の議論を要するところである。

　ともあれ協働の推進は全国的な動きであるし、その場合の協働の前提は、自治会やNPO等の団体であり、個人ではない。協働やネットワークは多様な能力をつなぎ課題を解決するうえでは着目すべきしくみであるし、推進すべきである。しかしながら、団体を前提とする場合には、団体の民主的な運営の推進は求められるべきことであるが、団体に所属しない人、とりわけ社会的弱者にとっては、NPO等の団体が代弁者としての役割を果たすことがあるものの、日常的にその意思を表現できる機会は少ない。さらには、団体間のネットワーク化が進行すればするほど、団体の草の根的な特質が薄れ、次第に専門化する

傾向にあり、特定の人々による主導グループによって運営がなされる傾向は避けられない。この点についても、「**6** 個人の人格の尊重と住民自治」で課題解決への方途を提示することとする。

ともあれ、住民と行政の担当部局とが目的を共有することがまずは必要であり、協働関係を構築していく場合であっても、その前提として、政策形成過程への住民参加は不可避であると考えられる。

5 コミュニティの活性化と住民自治

さて、次に、住民自治にとって基盤となるコミュニティについて、これまでの動向を中心に、その方向性や課題を議論しておきたい。

高度成長は、過疎過密化の進行に伴う人口の流動化、核家族化、生活形態の多様化とともにコミュニティの再生が求められた。そこで、1969年に内閣総理大臣の諮問を受けて国民生活審議会調査部会コミュニティ問題小委員会が報告した『コミュニティ―生活の場における人間性の回復』の報告後、当時の自治省（現・総務省）によってモデル・コミュニティ施策が展開されることになった。行政がコミュニティ形成に乗り出したことで、当時は「官製コミュニティ批判」も生まれた。しかしながら、同報告書によって、わが国のコミュニティの方向性に明確な指針が提供されることになった。そこでは、「生活の充実を目標として目覚めた『市民型住民層』に支持をうけたコミュニティが成立しなければならない」とし、「市民としての自主性と責任を自覚した個人および家庭を構成主体」とするコミュニティ形成が展望された。

このように個人として尊重される社会形成が展望されるようになり、住民自治の基盤形成に向けたコミュニティ形成の動きや都市内分権（自治体内分権）の考え方とコミュニティ活性化を融合した制度設計がいくつかの自治体で動き出した。たとえば、1972年に四日市公害訴訟で企業側敗訴となり、その後、四日市市では1978年の四日市市地域問題調査会の『地域社会に対する行政の対応について』という報告書の答申を受けて、地区市民センターを中心に地域社会づくりに動き出していくこととなった。ここには、都市内分権の発想も芽生えていくことになる。

少子高齢化や生活形態の多様化等の影響で、自治会・町内会といった地縁団

体だけに地域課題解決や地域の活性化を期待することが困難になりつつある。そこで、小学校区等の一定のコミュニティを前提に、その地域に何らかの利害関係を有する地縁団体、NPO、ボランティア団体、商店街組合、企業等の多様な主体が参加して地域課題解決等にあたるために地域社会づくり推進委員会、地域住民協議会、コミュニティ運営協議会、地域会議等（名称は自治体によってさまざま）が設けられることが増えている。

　平成の市町村合併によって合併自治体が広域になったため旧市町村単位に一定の自治を担うために設けるケース、あるいは合併の経験の有無にかかわらずコミュニティの活性化をめざすために設定する場合等、多様である。自治体内のそれぞれの地域の違いを認め合い、独自の地域課題解決にあたるため、包括交付金等によって、住民が地域予算配分について自主的に調整・決定することで、住民自治が活性化することをめざしている。また、支所や総合支所が設置されている地方自治体の場合には、支所や総合支所との協働の地域拠点として位置づける地方自治体もある。このように各地方自治体では、地域で解決できることは地域で解決するためのしくみづくりに熱心であるが、そもそも地域自治としてどのような機能を担うべきかについてはいまだ流動的である。

　市町村合併の場合は、多くは旧市町村単位を「地域」の前提とするため、旧市町村内のさらに狭域のコミュニティの活性化のあり方の問題も残されているところもある。また、財政難対応としての行政改革の影響もあって、いまだに住民自身の連携による都市内分権のしくみが確立していないにもかかわらず、市町村合併後も支所、総合支所の規模の段階的縮小を行ない、このことが過疎化にさらなる拍車をかけ住民への公共サービスの提供や地域活性化に大きな影響を及ぼしている地方自治体もある。

　都市内分権の運営においては、一定の独自運営が可能ではあるものの、条例・規則等により自治体全域的、統一的な運営が行なわれる領域も多く、このことが旧市町村それぞれの特性と適合せず地域活性化等に課題を残すことにもなる。この場合には、都市内分権と自治体全体との関係の整理が必要となる。都市内分権における地域民主主義の発展は、一定の地域のガバナンスを形成することになるが、自治体議会（あるいは議員）との関係では代議制民主主義の補完的機能も担うことになる。このように考えなければ、一定の地域から自治

体全体への意思表明や、特定の地域から自治体全体を変えるダイナミックな意思形成のルートは途絶えていることになる。この意思決定のしくみ自体は、ローカル・ガバメントすなわち地方政府の制度設計の議論と無縁ではなくなるのである。とりわけ、市町村合併を経験し、旧市町村から新地方自治体の議会議員をほとんど輩出できなくなった地域は深刻である。この点に関連した課題として、筆者は自治体全体と都市内分権との関係において、地区住民を「まちづくり活動」の狭い領域に閉じ込めてしまうことで、政治的、政策的な意思決定過程から地区住民を疎外させることもあり、「一見都市内分権化を促進させるように見えても、逆に地区住民疎外の都市内分権化を促進させることがある」（今川［1994］120頁）という試論を提起したことがある。さらに、特定の地域と他の市町村の地域との連携が始まると重層的連携自治構造も構築される可能性があり、地区の自立性のあり方も検討を要し、まさに地方政府による重層的ガバナンス支援の方向性も不可避となろう。このように観察すると、住民自治の基盤としてのコミュニティのあり方は、住民自治の意義と将来展望を考えるうえで、重要なカギを握っていることになる。

6 個人の人格の尊重と住民自治

　以上のように、住民参加や協働を推進することは重要であるが、個人の観点からは課題が残されることになる。ここで指摘する個人とは、行政サービスの受け手である「顧客」としての個人だけではなく、自治体の主人公として政策形成過程、実施過程等の政策過程や自治体行政運営改善に主体的にかかわる「市民」である。個人には多様な特質があるので、いわゆる社会的弱者を「市民」として保障するためのシステムや制度設計の議論は不可欠である。そして、このことは住民参加や協働を補完するしくみとしても考えていく必要がある。

　窓口の行政職員や現場で地域住民と接する業務をしている行政職員は、いろいろな住民の声に接する機会が多い。行政職員が住民の重大な悩みを認識しても、行政職員個人の判断では、手続き等の行政の運営改善、あるいはNPO等との救済ネットワークの構築に向けることは難しい。さらには、本来のプログラム評価である効果の高い事業への変更に向けて、組織内で議論することも容

易ではない。こうしたときに、当該の住民の苦情等に第三者的に対応し、行政運営等の改善について行政組織内で議論できるように影響を与えるしくみが構築されれば、行政職員にとっても、より満足感が高まる仕事ができるようになる。

ところで、日本でも指定管理者制度等、NPM（New Public Management）思想の影響を受けて民間事業者による公共サービスの提供が拡大する傾向にあり、公共サービス全体の分析やマネジメントする方法が問われているところである。

また、平成の市町村合併によって、基礎自治体の多くは広域化した。このことによって、従来の代議制民主主義の回路や意思反映の方法は余儀なく変更されたが、それに伴う弊害を解消するために、行政の政策形成や運営改善等に影響を及ぼすことができるような民主的なしくみや苦情処理のしくみについて議論されることがほとんどなかった。そもそも、民主主義にコストをかけようとする意識に乏しいように思われる。本来は、民主主義にコストをかけたほうが、結果として効果的な政策選択、施策・事業選択、さらには行政運営が可能となり、効率性も高まるはずである。より適切な政策選択や行政運営が可能となれば、自治体の財政難への貢献もすることになる。

平成の市町村合併を契機として、地域自治区等の都市内分権（自治体内分権）のしくみづくりを推進する自治体も増えたが、一定のコミュニティ内の活性化に集中する傾向にあり、特定の地域課題や個人の声を前提に、自治体全体の多様な行政サービスの基準設定や運営手続きのあり方等について議論するシステム形成の考察が求められるのではないだろうか。

苦情という言葉を聞くだけで拒否反応を起こす文化が、行政組織には定着している。ところが個人の意思には、これまで述べてきたように重大な意義が含まれているのである。

苦情の相談や救済にはさまざまな役割がある。相談者にとっては、何らかの解決を求めるだけでなく、相談に応じてくれる人がいるだけでも安心できることがある。この場合には、自治体の行政相談の担当者が相談相手になる場合もあれば、地域の子育てサロンのように子育て中の親同士が語り合い悩みを共有し、コミュニケーションを図ることが悩みの解消となり、お互いが苦情相談者

として対応していることになる場合もある。

　苦情は人間にとって重要な意思表明の手段である。エゴということで片付けられてしまうこともあるが、その苦情処理をきっかけに各方面の改善に役立つこともある。しかも、社会的弱者にとっては、苦情が自治体に発言できる唯一の方法かもしれない。社会的弱者は高齢化社会の進行とともに、増えると考えられる。また、高齢者に限らず、仕事の関係で自らの意思を表明する機会の少ない住民も社会的弱者であると位置づけて良いであろう。したがって、行政苦情救済の手段は、民主主義の中心的なシステムとはならないが、民主主義のシステムを補完する役割を担うものである。

　いずれの場合であっても、苦情の根本原因は、中央省庁や自治体の政策・施策・事業と無縁ではない。したがって、多くの苦情は、政策選択に伴う施策や事業のあり方、サービスを受給できる資格等の基準のあり方とつながってくる。地方分権、地域主権改革のもとでは、公営住宅の入居基準、道路の構造に関する基準、保育所の設備・運営に関する基準等、地方独自の義務づけ・枠づけの見直しを推進してきた。ところが、個別の苦情を前提に、苦情を発生させている根本原因まで追求しようとするシステム設計はそれほど行なわれてこなかった。

　したがって、苦情処理は単なる個人の課題解消のためにあるのではなく、個別の声を全体で議論すべき声として公共の議論の俎上に載せるところに苦情処理の役割がある。このような意義を苦情処理に見出すことで、個人を「顧客」から「市民」へと転換することになるし、人格の尊重の観点からも意義を見出すことができるようになる（今川［2011b］）。

　ここでは、とりわけ社会的弱者に焦点を当てたが、あらためて行政の運用や手続きの改善等行政組織内部の改革に影響力を及ぼすためには、公的オンブズマン等の第三者機関の持つ影響力には注目する必要がある。住民参加や協働の導入そのものが民主的な手続きへの変更であるが、行政の運営や手続きの改善の細部にまで踏み込むことは困難である。実際の行政と住民との関係を前提に、住民の側からの問題提起（苦情等）によって、より民主的な手続きや運営改善の必要性を感じ取っているがゆえに、公的オンブズマン等の第三者機関の設置が注目されているのである。

序　章　私たちと地方自治

7 私たちは変わることができるのか？

　中央との関係で上下主従の関係に置かれがちであった「地方公共団体」から一転して、主人公である住民を基礎に据えた「地方政府」への移行は、分権改革以前の「希望」であった。したがって、かつては政府間関係の構築をめざして議論されてきた。ところが、「自らが統治し統治される民主主義の考えのうち、日本では統治されることばかりに慣れ、市民自らが統治するという発想や経験がほとんどないままに来てしまった。自らを統治するとはどういう意味を持ち、どのような方法によるべきかを明確にしておく必要がある」（田村[2006] 12頁）と指摘されるように、住民を統治するガバメントという観点から、住民が自ら統治するガバメント、すなわちガバナンスへの移行が求められているのである。この要請に応えていくためには、従来のガバメントの課題を整理し、住民が統治するガバナンスをどう展望するかの指針を提示していかなければならない。この住民が統治するガバナンスとは、「住民自治」が「団体自治」を規定することである。

　このために、以下の各章では、住民自治を問う4つの分析視点を前提に、個々の実態の考察を通じて、新たなパラダイム転換に挑戦しているのである。

　この4つの視点のうち、第1の「生活における価値観の転換と住民自治」については、その他の3つの視点の基盤となるものであるので、以下では「政策形成過程と住民自治」「コミュニティの活性化と住民自治」「個人の人格の尊重と住民自治」の視点について、3部に分けて分析していくこととする。

【今川晃】

第 I 部

政策形成過程と住民自治

第1章

地方自治とコミュニティ・ソリューション

　本章では、まず昨今のわが国の地方を取り巻くさまざまな課題や憲法、地方自治法、これまでの地方分権改革、民主党政権における地域主権の動きなどを振り返り、あらためて「住民自治が団体自治に優先してあるべき」とのパラダイム転換の必要性を確認する。
　続いて、「ルール」「ロール」「ツール」等から成るコミュニティ・ソリューション論を手がかりに、「住民自治が団体自治に優先する」ためのパラダイム転換を望むためのヒントを、①協働のルールづくり（自治基本条例づくり／福知山市）、②ひとづくり（地域公共人材の養成／舞鶴市）、③市民評価（次世代事業評価／長岡京市）という筆者が直接かかわった京都における3つの事例から抽出するとともに、「住民自らが責任と自覚を高めながら、住民自治の質を高める」実際を見ていく。

　✎ キーワード：　コミュニティ・ソリューション、協働のルール、事業仕分け、自治基本条例、市民評価、熟議、政策づくり

❶ 住民自治をめぐるさまざまな動向

（1）団体自治と住民自治の関係性

　現在わが国の地方を取り巻く課題は、人口減少や高齢社会の到来、地場産業の衰退、都市と地方の経済格差、限界集落の出現、若者の流出、行財政の逼迫など、ますます混迷を極めており、もはや地方自治体による団体自治だけでは解決できない時代に突入している。
　すなわち、地域で暮らす住民は、今までのように「顧客」として地方自治のすべてを地方自治体に委ねるのではなく、一「住民」として自分たちができることは自分たちでする（住民自治）、あるいは「パートナー」として地方自治体と力を合わせるべきところは連携（協働）し、それでもなお、自分たちができないことについては地方自治体に委ねる（補完性の原理としての団体自治）という「原点」に立ち返る必要が出てきた。なお、ここでいう自治とは「自らが責

任を持って考え、行動すること」あるいは「自ら統治すること」という意味である。とはいえ、これは決して「新しい」自治の姿ではない。実は「取り戻す」作業なのである。というのも、後述するように、わが国では現憲法で「地方自治の本旨」が規定されたにもかかわらず、その意味は曖昧とされ、現実的には「団体自治が住民自治より優先する」あるいは「団体自治が地方自治を規定する」時代が長らく続いてきたために、皮肉にも「新しく見える」だけなのである。

ともあれ、私たちはこのような背景から「住民が自ら統治する」というのはどのような意味を持ち、また、「住民自治の質」を向上させるにはどのような手段があるのか、といった発想や経験をほとんど持ち合わせないままに現在まで来てしまった。したがって、もし「団体自治に優先して住民自治があるというパラダイムの転換が必要」（今川［2005］2頁）であるとしても、現実的には、まずは現在の地方自治の現場において「住民自らが責任と自覚を高めながら、住民自治の質を高める」という段階を踏まなければならないのである。

（2）地方自治と法的根拠

周知のとおり、わが国の地方自治は、憲法の第8章（第92～95条）のなかで独立の章として定められている。とりわけ第92条においては、地方自治の指針とも言うべき「地方自治の本旨」が謳われ、この概念をめぐっては、長らく「住民自治と団体自治の両要素が兼ね備わることが必要である」と解釈されてきたが、両者の関係がどうあるべきかについては、これまで現場から問題提起がなされることが少なかった（今川［2005］2頁）。

なお、憲法のほかに地方自治を規定する代表的な法律としては、憲法と同日（1947年5月3日）に施行された地方自治法がある。この法律は、憲法の第8章を受けたものとされるが、内容的には特に住民や地方自治体の部分で旧体制下の市制町村制・府県制との連続性が強く、「憲法との断絶性さえ目に付く」（佐藤［2009］24頁）との指摘もある。しかし、本来国の制度とは別の地方自治を、半世紀以上も前にあえて国の基本的な政治制度のひとつに加えたのは、わが国の民主政治は「論理上はまず地方自治を基礎にして運営されるものである」（佐藤［2009］24頁）との考えがあったからであろう。

その意味では、ここではもうこれ以上触れないが、もし「住民自治が団体自治を規定する」というパラダイム転換を早急に実現するのであれば、地方自治を規定する法律だけでなく、最終的にはやはり憲法そのものにまで原点回帰せざるをえない。

(3) 地方自治と地方分権

地方自治の議論をめぐっては、「地方分権」との関係も押さえておく必要がある。というのも、わが国では、確かに1993年の国会における「地方分権の推進に関する決議」を受け、とりわけ2000年の「地方分権一括法」の制定以降、分権化が一見加速化したように見える。しかし、現実的にはこれらはいずれも「中央（お上）」による「団体自治」のあり方を中心とする分権改革であり、「地方（地域）」からの視点、あるいは「住民自治」からの視点が弱かったため、「地方分権」がただちに地方自治を問いなおすことにはつながらなかったからである。

その背景としては、そもそもわが国の地方自治制度が、地方自治の母国と言われるイギリスの制度ではなく、当時の国事情が似通ったドイツを模倣したことが主因とされる。すなわち官治的性格が色濃いドイツ型を模倣したことにより、本来は住民自身が自らの意思によってつくるべき地方自治の制度が、もっぱら国によって官治的制度としてつくり出され、その結果、住民にとっては「自らが自主的自律的に運営すべき」（佐藤［2009］31頁）との自覚が育ちにくくなったというわけである。

(4) 民主党と地域主権

ここで分権時代の方向性を具体的な政策として打ち出した民主党政権の地方自治への考え方についても一言触れておきたい。というのも、民主党は従来の分権改革に対して大きくアプローチを見直そうとした、という意味で地方自治関係者からも大きな期待をかけられた政党であったからである。具体的には「新しい公共」[4]や「地域主権」といった概念を打ち出し、「地域のことは地域に住む住民が責任を持って決める」という、まさに「住民自治」型の地域社会像を提起した（内閣府地域主権改革戦略会議ホームページ）。

確かに「新しい公共」に係る政策としては、NPO法改正に伴う所管庁の都道府県・政令市への移管、NPO法人への寄付に対する税制優遇の拡大、新しい公共円卓会議の開催、新しい公共支援事業の実施、また「地域主権改革」に係る政策としては、国と地方の協議の場の創設や出先機関を地方へ移管する法案の閣議決定などについて一定の進展はあった。しかし、外交や安全保障面の失策から国民の信を失い、その「主権」を実感する間もないままに下野してしまった。期待が大きかった分、国民あるいは地域からの失望も大きかったことは言うまでもない。

さて、こうした一連の「地方分権」改革や「地域主権」改革から私たちが得た教訓とはいったい何であろうか。それは、少なくとも今までの法・政策や中央政府、政治家・官僚による対応だけでは、もはや「地方自治」の本質は規定しきれず、翻って、「住民自治が団体自治を規定する」というパラダイム転換を望むためにも、現実的にはやはり「住民自らが責任と自覚を高めながら、住民自治の質を高める」作業が重要ということではないだろうか。換言すれば、地方（地域）からのアプローチこそがその唯一最大の突破口になるというわけである。

（5）コミュニティ・ソリューションと住民自治

ところで、金子郁容は、これまでの政府や企業のやり方だけではどうにもうまくいかない問題に対して、問題の一部を魅力的なプロセスをつくりながら解決していく解決方法（ソリューション）を提案している（金子［1999］）。

つまり、個人と問題を切り離して問題を解決しようとする「ヒエラルキー・ソリューション」や「マーケット・ソリューション」ではなく、積極的につながりをつけ、弱さを強さに編集しなおし、問題を解決しようとする「コミュニティ・ソリューション」（金子［1999］151頁）の提唱である。

たとえば、オープンソースで有名なリナックスは、強い権限を持つリーダーがいるのではなく、まさにオンライン上でユーザー同士が熟議を行ない、新たな解決モデル（たとえば、ウィルスへの対応やソースの更新など）を提示する。あるいは、ジュリアン・ファイファー氏が創始した「オルフェウス室内管弦楽団」というオーケストラには指揮者がいない。すなわち、誰も指示などはせ

ず、演奏者同士の徹底的な話し合いによって練習から本番までを完結させるという。規模や分野の違いはあるものの、こうしたコミュニティ・ソリューションという解決手法は、まさしく「中央−地方関係」また「団体自治−住民自治関係」に応用できるのではないだろうか。

具体的には、コミュニティ・ソリューションとは、①ルール（自生した規則性）、②ロール（自発的に割り振られた役割性）、③ツール（コミュニケーションのための道具性）、④弱さの強さ、⑤相互編集プロセスと編集者、の5要素から成り立っている。これをたとえば地方自治に当てはめるならば、①は行政だけでなく、住民との「協働」により策定する地域の「ルール」、②は地域公共人材としての自覚を持ち、地域の課題を発見・分析し、課題解決のための提言や実践を行なう「ロール」、③は政策や施策・事業の妥当性や効率性、有効性などを政策評価の観点から分析できるスキルとしての「ツール」、④は住民自治が団体自治を優先すること、⑤は政策形成過程へ住民が参加し、首長がリーダーシップを発揮すること、と置き換えられるであろう。

そこで、以下では「住民自治が団体自治に優先する」ためのパラダイム転換を望むためのヒントを、「ルール」「ロール」「ツール」等から成るこのコミュニティ・ソリューション論を手がかりに、筆者が直接かかわった京都における3事例の政策形成過程から抽出するとともに、「住民自らが責任と自覚を高めながら、住民自治の質を高める」実際を見ていく。

2 京都における住民自治の実際

（1）事例1 「協働」のルールづくり：福知山市「市民参加型まちづくり推進事業」

福知山市の概要　福知山市は、京都府北部（中丹地域）に位置し、2013年9月30日現在、人口8万1205人のまちである。平成の大合併により、2006年に旧福知山市が当時の大江町、三和町、夜久野町を吸収合併し、現在の福知山市となった。中丹地域（綾部市、福知山市、舞鶴市）のなかでは舞鶴市に次ぐ人口規模で、北部全体の約3割を占める。

福知山市はその昔は明智光秀を城主とする福知山城の城下町として栄えた。そして、現在も、JRと北近畿タンゴ鉄道（KTR）の乗り継ぎ駅であることが象徴するように、交通の要所のまちである。また、長田野工業団地など工業都

市の顔も併せ持つ。

　2008年に策定された第4次総合計画[6]によれば、「21世紀にはばたく北近畿の都　福知山―新時代・北近畿をリードする創造性あふれるまち」が市のスローガンとなっており、兵庫県北部地域とも文化圏が近いことから、「北近畿」という括りでも代表的なまちである。

　観光資源としては、福知山城のほか由良川や漆に代表される自然資源、酒呑童子伝説が残る大江山の鬼、ミワとウリ坊で全国区になった福知山市動物園などがある。最近ではスイーツのまちとしても注目され、福知山マラソンや鉄道関係のイベントなども定着している。

「市民協働」によるルールづくり　　ところで、地方自治の分野で最も注目されたルールとしては、「まちの憲法（最高規範）」とも称され、2001年のニセコ町の「まちづくり基本条例」を嚆矢に全国に広がった「自治基本条例（まちづくり基本条例）[7]」がある。条例であるので、法律の範囲内ではあるが「自分たちのことは自分たちで決める」ことができ、いわずもがな、この精神がまさに「住民自治」の土台となる。住民参加と言えば、総合計画や個別計画への参加が最近では標準装備になりつつあるが、条例はさらにその上位の概念に位置づけられる。したがって、たとえ首長が変わっても次の首長に引き継がれ、言わば、まちそのものに帰属する。とはいえ、条例の形成過程をめぐっては、行政主導で進められるところも多く、実際に「仏作って魂入れず」となっているところも少なくない。

市民参加型まちづくり推進事業　　御多分に洩れず、福知山市においても、急激に変化する社会情勢やグローバル化等を背景に、少子高齢化や人口減少など、さまざまな地域特有の課題が山積している。そうした課題解決のために着目された概念が「協働」であった[8]。

　福知山市においては、第4次総合計画のなかでも「計画の推進にあたり、行政と市民が一体となった『協働』のまちづくりを進めていく」（傍点、筆者）「市民や企業などと行政の『協働』によるまちづくりを行う」（傍点、筆者）ことを謳っている。そして、「住民が主体となる人権尊重・住民自治のまちづくり」との言及に象徴されるように、「協働」や「住民自治」が基本方針に据えられていることがわかる。とりわけ、現職の松山正治市長が「市民がど真ん

図1-1 「市民参加型まちづくり推進事業」の様子

（出所）筆者撮影。

中」「市民協働、市民参加型のまちづくり」（傍点、筆者）「市民による、市民のための、市民の政治」（時事通信ホームページより）など「市民協働」を標榜して当選されたことで、この動きはさらに加速化した。

そこで以下では、この協働事業のひとつであり、「コミュニティ・ソリューション」のうちの「ルール（づくり）」の具体的事例として、福知山市で取り組まれた「市民参加型まちづくり推進事業」の事例を取り上げる（図1-1参照）。

市民協働まちづくり研修会（2009年）　福知山市の「市民参加型まちづくり推進事業」は2009年にスタートした。1年目は「市民協働まちづくり研修会」という名称で、公募市民30名、市職員12名の42名体制でスタートした。また、初年度は市議会議員や北部地域唯一の大学である成美大学の教員も加わった。

1年目のプログラムは、①講演、②フィールドワーク、③ワークショップという内容であった（表1-1参照）。①では、首長経験もあり、多くの自治体にかかわる龍谷大学の富野暉一郎教授による講演があり、まず参加者全員で「新しい公共」や「協働」についての基礎的理解を深めた。②では、2日間にわたり、旧市町を含む市内全域の「まち歩きフィールドワーク」を実施し、自分の五感でまちを歩くことで、新たな気づきや再発見を促した。③では、座学やまち歩きで学んだことを持ち寄り、「気づき・出会い～こんなまちに住んでみたい～」をテーマに6グループに分かれてのワークショップを行なった。そして、最終回では、これまでの研修会から見えてきた気づきや、次年度取り上げたいテーマなどについてまとめを行なった。

ともあれ、初年度については、条例ありきではなく、たとえるならばビジョンの共有や共通の言語づくりのための「準備運動」を行なった。

市民協働まちづくり検討会（2010年）　2年目は「市民協働まちづくり検討会」と名称を変え、公募市民25名、市職員17名の合計42名でスタートした。

第1章　地方自治とコミュニティ・ソリューション

表1-1　「市民協働まちづくり研修会」のプログラム

開催日時	内容
9月27日（日）	講演・オリエンテーション「市民協働のまちづくり」 　講師：富野暉一郎（龍谷大学法学部教授、元・逗子市長）
10月18日（日） 11月1日（日）	フィールドワーク「まち・むら探訪」 ・活動事例報告 ・地域資源（自然・歴史・文化・伝統など）
11月29日（日）	ワークショップ
12月20日（日）	ワークショップ
1月31日（日）	まとめ

（出所）　筆者作成。

表1-2　「市民協働まちづくり検討会」のプログラム

開催日時	内容
9月5日（日）	講演「新しい公共と市民協働のまちづくり」 　講師：増田寛也（元・岩手県知事、元・総務大臣）
10月31日（日）	ワークショップ（部会）
11月28日（日）	ワークショップ（部会）
12月18日（土）	ワークショップ（部会）
1月30日（日）	ワークショップ（部会）
2月27日（日）	シンポジウム（提言書は後日市長に直接手交）

（出所）　筆者作成。

　プログラム内容は、①講演、②ワークショップ、③シンポジウムという3本立てとした（表1-2参照）。①では、増田寛也元岩手県知事・元総務大臣による講演を企画した。公開型ということもあり、当日は100名を超える参加があった。②では、4つの分科会に分かれワークショップを行なった。ここでの議論は最終的に「市民協働まちづくりに向けた提言」[9]としてまとめられ、③のシンポジウムやHP等を通じて広く市民に公表された。骨子は、(1)はじめに―協働でこんな「まち・むら」にしたい、(2)現状認識・背景・課題、(3)福知山のまちのそれぞれの担い手の役割と責任、(4)協働を推進するための方法としくみ、(5)しくみを動かし、持続させていくための取り組み・事業という内

表1-3 「市民協働推進会議」のプログラム

開催日時	内容
9月10日（土）	自己紹介、オリエンテーション
10月8日（土）	名張市へ視察研修
10月22日（土）	ワークショップ
12月3日（土）	ワークショップ
2月4日（土）	市長への提言

（出所）筆者作成。

容である。なお、この提言書の執筆にあたっては、事務局はほとんどかかわらず、市民自らの手によりつくられた。提言書の最後に記された「地域の宝物や特色を市民一人一人が誇れるまちにしよう。まずは率先垂範。市民協働まちづくり検討会メンバーから動くことから始めよう」という力強い言葉はまさにその象徴である。

「市民協働推進会議」（2011年）　3年目は2年間の成果を受け、「市民協働推進会議」とさらに事業名称を変え、いよいよ自治基本条例を前提にした議論の段階に入っていった。プログラムも通年実施となり、前半は①「市民協働ファシリテーター研修」、後半は②「市民協働推進会議」と2段階の構成とした。

①については、定員こそ10名と小規模であったが、龍谷大学が開発した地域公共政策士育成のための資格教育プログラムをベースに全5回実施した。

②については、①で育成された市民ファシリテーターも加わるかたちで全5回開催した。全体は21名で構成し、(1)市内各関係団体、NPO、有識者等14名程度、(2)過去の市民参加型まちづくり推進事業参加者より3名、(3)公募委員4名という内訳であった。加えて市職員も15名程度が参加し、全体で40名弱の会議体となった。任期も2年となり、中期的視野で議論できる環境が整ったといえる。

プログラム内容は、初回こそ自己紹介とオリエンテーションのみで終わったが、2回目には、自治基本条例や地域への一括交付金の先進自治体である三重県名張市を視察した。3回目以降は、市民ファシリテーターの進行のもと、(1)「自治基本条例の骨格」、(2)「新たな地域運営のあり方」、(3)「市民・地域・NPO・企業（事業者）・行政等の役割」、(4)「市民協働を推進するために何が必要か」の4分科会に分かれワークショップを行ない、最終回には市長に提言した（表1-3参照）。

2012年度以降の動き　筆者がかかわったのは2011年度までであるが、4年目

にあたる2012年度は、先の「市民協働ファシリテーター研修会」が継続され、さらに15名の市民ファシリテーターが誕生したという。また、「市民協働推進会議」も２年目に入り、１年目の成果が今度は地域に持ち出され、市内18の市民団体のヒアリングや地域住民との民民（水平的関係）による対話という段階に移行していった。そして、そこでのフィードバックもふまえ、2013年度にはさらに多くの市民の声を聞くべく「100人ミーティング」が実施され、2014年度中には、いよいよ「自治基本条例案」が市議会に上程される見込みである。

考察（意義と課題） この事例の最大の意義は、「協働のルール」を策定しただけでなく、そのルールづくりにおいて徹底された「政策形成過程への住民参加」にある。

とりわけ本事業の経年の政策過程において、「議論環境の進化」が起きたことを特筆したい。たとえば「メンバーシップの多様性（公募委員のみ→各種団体の代表者も追加）」「メンバーシップの位置づけ（ボランティア→有償）」や「自己完結型メンバーシップ（外部ファシリテーター→内部ファシリテーター）」など年々その環境が変化していった。こうした変化あるいは進化はまさに「団体自治に住民自治が組み込まれた」ひとつの証といえよう。

他方、課題も多く残っている。たとえばこのような取り組みの知名度あるいは普及度についてである。確かにここ数年で「協働」という概念は一定普及したが、このような事業に実際に参画している市民は、多く見積もっても全市民の１割にも満たない。つまり、市民全員がオーナーシップを持つという段階には到底至っていない。

また、重要なことは条例づくりなど「政策形成過程」だけでなく、むしろ条例の「制定後」、すなわち「政策実施過程」へも住民参加を続けることである。一言で言えば、それは政策サイクルへの絶え間ない「情報公開」と「住民参加」であり、条例づくりというのはこの一部分にすぎない。

加えて、議会との対話の重要性も見逃せない。というのも、どれだけ「住民自治」により「協働」のためのルールをつくったとしても、最後に公のルールにできるかどうかは議会に委ねられるからである。

ともあれ、この事例からはコミュニティ・ソリューション論の「ルール」を手がかりに「住民自治が団体自治を規定する」とのパラダイム転換を望むため

には、まず「政策形成過程への住民参加」のための「協働のルール」が必要であること、またその「ルール」そのものを「協働」の視点でつくることが重要であるというヒントを抽出できた。

今後はこのルールをもとに、とりわけ政策実施過程において住民自治と団体自治の関係性がどのように変化するか、引き続き注目したい。

(2) 事例2 ひとづくり（地域公共人材の養成）：舞鶴市「政策づくり塾」

舞鶴市の概要　舞鶴市は、京都府北部（中丹地域）に位置し、2013年9月1日現在、人口8万6212人のまちである。昭和の大合併により舞鶴市と東舞鶴市が合併し、その後加佐町を編入し、今の舞鶴市となった。2013年には市制施行70周年を迎え、中丹地域では最大の人口規模を誇る。

舞鶴市は、海、山、川に恵まれ、自然資源が豊かなまちである。昔から「軍港のまち」として栄え、現在も赤れんがが象徴するように、海上自衛隊や、海上保安学校等、海にまつわる機関が多く存在し、国の安全保障の一翼を担っている。2010年に策定された総合計画によれば「東アジアに躍動する国際港湾・交流都市　舞鶴」が市のスローガンとなっており、また舞鶴港が国から日本海側の拠点港に指定されたことに伴い、中国・韓国・ロシアなどと交流するための日本の玄関としての役割も果たしている。最近では京都府の「海の京都」構想に伴い、宮津市・伊根町・京丹後市など近隣自治体とともに、「海のまち」としての取り組みが期待されている。そして2014年度に開催される「海フェスタ京都」[12]の事務局も担っている。また、西舞鶴には細川幽斎で有名な田辺城があり、城下町の顔も併せ持つ。

観光資源としては、「赤れんが倉庫群」や「舞鶴引揚げ記念館」などの歴史的資源、新鮮な海産物を販売する「とれとれセンター」（道の駅）、地域ブランドとしては「海軍カレー」「肉じゃが」「かまぼこ」「岩牡蠣」「佐波賀だいこん」「おでん」などがある。

協働による政策づくりの取り組み　舞鶴市は、海上自衛隊など国の機関や火力発電所が立地することから、同規模の他都市に比して比較的安定的な財政（固定資産税等）、雇用が確保されているまちである。しかし、やはり全体としては全国的に進む少子高齢化や人口減少の波は避けられず、特に若者の流

出が止まらない。駅前の商店街もシャッターが目立ち、産業全体も大きな曲がり角を迎えている。

そのようななか、「住民自治」を見つめなおすきっかけとなったのが、2011年の民間出身の市長（舞鶴共済病院元病院長の多々見良三氏）の誕生であった。民間といえば、NPM（New Public Management）がすぐ想起されるわけだが、民間手法を単純に公の世界に持ち込んでも万能ではない。しかし、やはり民間の手法から学ぶべき点も多く、多々見市長は、とりわけ今までの「Plan」や「Do」重視の政策形成・実施のあり方を「See（評価）」の視点からとらえてみたり、職員に対し「優先順位は決めるからよい案をどんどん出してくれ」と声を掛けたり、また、住民参加（提案）型の市政運営を打ち出したりと、歴代の首長とは違った民間的手法で市政運営している。

以下では、多々見市政の目玉政策のひとつであり、「コミュニティ・ソリューション」のうちの「ロール」の前提となる「ひとづくり」の具体的事例として、筆者が副塾長としてかかわった「政策づくり塾」の事例を取り上げる。

舞鶴市「政策づくり塾」の概要　「政策づくり塾」は、市民と市職員がともに地域の課題を考え、政策を提言すること（政策づくり）ができる人材、いわば政策的思考をもった「地域公共人材」を育成するために、2012年に創設された。松下圭一は今から四半世紀近く前に「政策知識人は、市民型と体制型に分化せざるをえない」（松下［1991］190頁）と論じたが、ここでは、そうした型やセクターを超えた人材が希求されたわけである。ともあれ、この政策の背景にあったのが多々見市長の「市民の市政への積極的関与と人材育成」というスローガンであり、これが市の政策目標のひとつにも掲げられた。

この塾が特徴的なのは、塾生の公募の際に「市民は舞鶴在住または在勤30歳から50歳まで、市職員も5年めから係長まで」と年齢制限がかけられたことである。賛否はあるだろうが、この背景には行政のあらゆる委員会や審議会等の委員は地域の役職の方にお願いすることが多いため、いつも特定の人に偏りがちになっている、また年齢構成も高齢化かつ固定化している、との問題意識があった。

ともあれ、こうした野心的な公募のもと、結果としては、市役所からの希望者7名、一般市民からの公募8名、計15名による塾生（第1期）で開塾した。

表1-4 舞鶴市「政策づくり塾」(第1期)のスケジュール

開催日時	内容
7月6日(金)	開塾、オリエンテーション
8月3日(金)	ミニ講義、ワールドカフェ
8月31日(金)	まちづくり講演傍聴
9月21日(金)	グループ分け、テーマ決定
10月11日(木)	グループワーク①
11月13日(火)	グループワーク②
12月14日(金)	グループワーク③、プレゼン
1月9日(水)	グループワーク④、プレゼン
2月13日(水)	市長プレゼン、修了式

(出所) 筆者作成。

なお、一般市民からの塾生の属性としては、自営業者、専業主婦、NPOスタッフが多く、なかには公的機関の職員もいた。

政策づくり塾の年間スケジュールは表1-4のとおりである。およそ月1回のペースで実施され、最初3回の座学のあとは、3グループ(防災、教育、起業)に分かれ、グループごとの調査研究、ワークショップが重ねられ、提言案がブラッシュアップされていった。提言案の作成にあたっては、関連部署の担当職員との意見交換も行なわれた。そして、最終回では市長および関連の部署職員向けに、政策提言が行なわれた。各チームの提言テーマは以下のとおりである。

- 防災チーム:「防災を楽しく! 防災からコミュニティへ!～人任せでない、舞鶴市と協働する防災の仕組み作り～」
- 教育チーム:「聴講生制度の導入～新しい『共学』を目指して～」
- 起業チーム:「シェア&チャレンジオフィス事業～舞鶴に帰ってチャンスをつかもう～」

なお、この塾は翌年度も新しいメンバー(第2期)を公募し、現在まで続いている。第2期では、第1期のスキームをベースにしながらも、座学を増やし、市の施策評価(公開型)とも絡めつつ、観光政策、公共交通政策、公共施設マネジメントなど実際の政策とリンクした展開となっている。

考察(意義と課題) この塾の最大の意義は、「住民自らが責任と自覚を高めながら、住民自治の質を高める」ということを題目だけでなく、市民・市職員の枠を超えて、実際にそのような人材の育成にまで踏み込んだことであろう。行政がつくった政策に対して、パブリックコメントなどで市民の意見を聞くというスタイルは全国的にも普及した感があるが、研修の

枠を超えて、「政策そのもの」を行政と市民が一体となって、ゼロからつくる機会はそう多くはない。職員に限っても、京都府の庁内ベンチャー制度など一部の自治体で職員提案の先進的な取り組みがあるが、若手に絞って、首長に直接政策提案できる機会は皆無ではないだろうが多くもないだろう。

また、塾生の属性を大きく公務員と市民の半分ずつに設計したことにより、お互いの強みや特性を活かした化学反応が起きた点も意義深い。なかでもフェイスブックなどのソーシャルメディアを活用したことにより、日常的なコミュニケーションも増え、塾という枠を超えた相互理解やつながりができたことは大きい。また、ここでのネットワークは塾修了後も続いており、塾そのものの運営支援はもとより、塾生OBが市の各種委員に就いたり、また塾生のOBグループと大学との共同研究がスタートしたりと、さまざまな展開を見せている（蛇足であるが、この塾の成果を受けるかたちで、筆者が所属する京都府立大学と舞鶴市とが包括協定を締結するに至り、さらなる連携を深めることにもつながった）。

他方、課題が残ったのは、提言する時期についてである。提言のパターンとしては、大きく①行政に対する政策提言、②行政と市民による協働政策の提言、③市民自らで実施する政策の提言、に大別できるわけだが、①②の場合、2月に提言したのでは、次年度の予算に反映することがまったくできない。

つまり、せっかくいくら良い提言ができたとしても、予算を確保できなければ、絵に描いた餅で終わってしまう。とりわけ公共性の高いテーマであればあるほど、やはり予算化に間に合う時期に提言がなされるべきである。あるいは市ではなく、都道府県の交付金などを活用する手もある。たとえば、NPOなどが事業提案し、予算の3分の2を補助してもらえる京都府の「地域力再生交付金プロジェクト」など「住民自治」を支える財政的なしくみを活用するのも一案である。

ともあれ、この事例からは「住民自治が団体自治を規定する」とのパラダイム転換を望むためには、まず「政策形成過程への住民参加」のための「ひとづくり（人材育成・担い手の養成）」が必要であること、その際には、地域公共人材として公務員、市民それぞれの「ロール」が重要であるというヒントを抽出できた。今後はここで育った人材が、さらにどのように「住民自治」と「団体自治」の関係に変化を与えるのか、その点に注目したい。

(3) 事例3　市民評価：長岡京市「次世代事業仕分け」

> 長岡京市の概要

長岡京市は、京都府南西部（乙訓地域）に位置し、2013年10月1日現在、人口8万283人のまちである。1972年に乙訓（おとくに）郡長岡町が市制を施行し、改称して長岡京市となった。市名からわかるように古代この地には長岡京という都が置かれていた。

市のスローガンに「住み続けたい　緑と歴史のまち」とあるように、長岡京市の東部には桂川西岸の沖積平野が広がり、小畑川が南流、西には大阪府境の山地がつらなって段丘・丘陵がある。特産物としては「たけのこ」が有名で、平安時代の作品「竹取物語」の発祥の地のひとつともされている。

観光資源としては、菅原道真公が太宰府に左遷されるときに名残を惜しんだ地として有名な「長岡八幡宮」や、1638年に領主であった八条宮によって造られた「八条ヶ池」、明智光秀の娘（ガラシャ夫人）が細川忠興に嫁いだ城で城跡を都市公園として再建された「勝竜寺城公園」などがある。

産業としては、村田製作所、パナソニック、三菱電機などのハイテク企業、またサントリーの京都ビール工場があり、工場都市の顔を持つ。また、京都市に隣接するベッドタウンでもある。

> 長岡京市と事業仕分け

長岡京市では、「市民と共に進める持続可能な都市経営の推進と市民満足度を高める行政サービスの質の向上」という第3次長岡京市行財政改革大綱の理念のもと、2009年度以降、首長のリーダーシップもあり、毎年「事業仕分け」が実施されてきた。

「事業仕分け」とは、政策評価の手法のひとつで、「個々の事業がその政策目的達成の手段として合理的であるかどうかを判断するもの」（枝野［2010］22頁）である。具体的には、行政サービスのそもそもの「必要性」や「実施主体（国・都道府県・市町村・民間）」について、「外部の者」が参加し、「公開の場」で、予算書を項目ごとに議論し、(1) そもそも必要か不要か、(2) だれがやるべきか、と分けていく作業のことである（構想日本［2007］2～3頁）。そのねらいとしては、(1) ムダの削減、(2) 地方に対する国のコントロールの見える化、(3) 住民への事業の具体的内容のお知らせ、(4) 公務員の問題意識の向上、職員のスキルアップ、内部改革の4点があげられる。

なお、滋賀大学事業仕分け研究会[15]の調査によれば、2010年度現在で全国に50

以上の自治体で活用事例が見られ、2011年度には100を超えたと言われる（構想日本・滋賀大学事業仕分け研究会［2011］2頁）。2009年に民主党政権下で行なわれたイメージが強く、国から広がった印象が強いが、実は2002年に地方（岐阜）から始まったものである。また、「事業仕分け」という名称ではなかったが、ライフサイクルのない政策や事業に対してメスを入れようとした事例としては、1990年代の北海道の「時のアセスメント条例」などもある。ともあれ、「事業仕分け」に限らず、行政評価や政策評価の多くは、地方から国に波及した向きもあり、地方自治と非常に親和性があるといえる。

そこで、以下では、「コミュニティ・ソリューション」のうちの「ツール（市民評価）」の具体的事例として、筆者が外部評価員としてかかわった2011年度の「市役所事業の市民評価会（次世代事業仕分け）」の事例を取り上げる。

「市役所事業の市民評価会（次世代事業仕分け）」　一般的な「事業仕分け」の場合は、仕分けすることそのものに重きが置かれるため、どうしても「廃止か否か」の議論が中心となってしまう。それに比べ、「次世代事業仕分け」では、事業についての説明のあとの「質疑応答」「事業についての議論」にウェイトが置かれた。換言すれば、討議型民主主義の手法として注目される「熟議」の概念、すなわち①多くの当事者（保護者、教員、地域住民等）が集まって、②課題について学習・熟慮し、議論をすることにより、③互いの立場や果たすべき役割への理解が深まるとともに、④解決策が洗練され、⑤施策が決定されたり、個々人が納得して自分の役割を果たすようになるエッセンス（文部科学省ホームページ）を組み込んだ新しいタイプの事業仕分けといえる。

2011年度の評価員はコーディネーターを含む学識経験者の評価委員2人、市民評価委員4人（うち2名は公募）の計6名で構成され、7事業が対象とされた（図1-2、表1-5参照）。そして、当日までに事前資料に評価員それぞれが目を通し、必要に応じて各部署から事業説明を聞いた。その際、可能な限り現地視察も行ない、仕分けの当日を迎えた。当日の流れは以下のとおりである。

① 事業の担当課からの説明（約5分）
② 事業に対する質疑応答・議論（約20分）
③ 事業の仕分け（見直し・現行通り・市の事業として不要）
④ 仕分け結果にもとづいて事業のこれからについて議論（約25分）

図1-2 「次世代事業仕分け」で使用された仕分けのための札

(出所) 筆者撮影。

仕分けの結果、「不要1・見直し4・現行通り2」との結論になった。しかし、「不要か否か」だけで終わらせないのが、この仕分けの特徴である。したがって、後半では、当初の目論見どおり「どうすれば支出を減らせるか、あるいは収入を増やせるか」「もう少し効率的・効果的な進め方ができないのか」「民間に委託できる部分やパートナーを組める団体はないか」「複数の部署で別々に事業展開するのではなく、一本化できないのか」など、次々と政策の質向上のための議論が展開された。

また、当日は評価員だけでなく、オブザーバー参加した市民や学生からの多く意見も聴取された。なお、議論部

表1-5 長岡京市の市役所事業の市民評価会(次世代事業仕分け)

No.	部	課	事業名
1	企画部	女性交流支援センター、市民協働・男女共同参画協働政策監	男女共同参画フォーラム開催事業、男女共同参画推進事業
2	総務部	総務課	広報紙等発行事業
3	環境経済部	商工観光課	八条ヶ池周辺維持管理事業のうち、水上橋の維持管理
4	健康福祉部	高齢介護課	高齢者健康・生きがいづくり推進事業のうち、園芸広場
5	建設部	土木課	舗装復旧・側溝改良事業
6	上下水道部	総務課	応急給水資材の整備事業のうち、非常用備蓄水の製造
7	教育部	青少年・スポーツ課	留守家庭児童会育成事業

(出所) 長岡京市のホームページを参照して筆者作成。

分も含め、ここでの結果については新聞等で報道されたほか、市のホームページでも公開されている[17]。

> 考察（意義と課題）

繰り返しになるが、「次世代事業仕分け」の最大の意義は、単なる「廃止のための仕分け」ではなく、専門家および市民、つまり内外の複眼から「どうすれば政策の質が改善するか」という観点で意見を聴取する工夫が凝らされた点にある。つまり、「団体自治への監視やチェック」ではなく、「住民自治からの熟議」という視点である。

参加された市民評価員のひとりからは当日「国と地方とでは、事業と国民（市民）との距離感がまったく違った」という感想も聞かれた。当然のことながら、国と地方の政治では「議院内閣制」と「二元代表制」と、そもそもしくみが違う。しかし、日々の生活のなかでは、メディアに登場するのは国ばかりであることが多く、どうしても地方の政治・行政には目が行き届きにくい。たとえば、国の場合は、行政や政治がたとえ行政過誤や不正を犯しても、メディアによる報道や個別の陳情やデモ活動、行政訴訟や国家賠償訴訟などによる救済を求めることを除けば、国民は次の選挙まで何もできない。しかし、地方の場合は、首長や議員のリコールを実施し、「選手交代」を迫ることができる。こうした言わば当たり前の「自治リテラシー」を実は共有できていないことが多い。したがって、本仕分けを通じて、こうした当たり前の事実をあらためて再確認してもらう機会となったというわけである。

また、思わぬ副産物として、本事業仕分けの翌年には、市民主体で事業仕分けの手法を用いて長岡京市のまちづくりを考える団体が立ち上がったことも付記しておきたい[18]。つまり、「団体自治が主導する政策評価」ではなく、「住民自治が主導する政策評価」というしくみづくりの可能性が広がったということである。重要なことは、政策形成過程に住民自治の意見を届けるための選択肢が増えたことにあろう。何より住民自治が主導するかたちでのアクションが自発的に起きたこと、これこそがパラダイム転換といえる。

他方、当該年度の課題としては「対象事業数の少なさ」があげられる。もちろん全事業を評価することは現実的ではなく、一定の基準で絞らざるをえない。しかし、首長や担当者の方針だけでなく、市民目線で主要事業を適切にピックアップできているかどうかは常にチェックが必要である。また対象事業

とその上位に位置する政策や施策との関係性がやや不明瞭であった点も見逃せない。確かに往々にして政策や施策は抽象的な概念が多く、そもそも評価が難しい。しかし、事業はあくまで「手段」であるので、「目的」を確認する作業は不可欠である。加えて、「仕分け結果の活用」についても課題が残った。というのも、事業仕分けも含めて評価は「Plan → Do → See → Plan ……」の政策サイクルに則り、評価結果を次に活かすことが重要だからである。そして常に「何のための評価か」ということも再確認し続けなくてはならない。その意味では、毎年の評価結果の公表にとどまらず、昨年度の評価結果をふまえて今年度はどうなったのか、あるいは、評価結果をふまえられなかったとすればその理由はなぜかなど、より踏み込んだ情報公開が望まれる。

　最後に、評価をより実効あるものにするためには、評価者の資質向上も必要であろう。具体的には、事前研修だけでなく、政策評価に対する体系的な知識や経験を重ねられる機会も今後もっと準備されるべきである。この点においては大学が果たせる役割が大きい。

　ともあれ、この事例からはコミュニティ・ソリューション論の「ツール」を手がかりとして「住民自治が団体自治を規定する」とのパラダイム転換を望むためには、まず「政策形成過程への住民参加」のための「評価」が必要であり、その際には、政策を適切に評価することができる「ツール（評価スキル）」が重要であるというヒントを抽出できた。今後は団体自治が主導する政策評価と住民自治が主導する政策評価が、どのように交わり、あるいは役割分担し、現行の住民自治と団体自治の関係に変化を与えるのか。このことが問われていくことになるだろう。

3 住民自治と地域公共マインド

　以上3つの事例から、コミュニティ・ソリューション論を手がかりに、「住民自治が団体自治を規定する」パラダイム転換を望むために必要な「ルール」「ロール」「ツール」の視点から、京都における実際の政策形成過程からそのヒントを抽出するとともに、「住民自らが責任と自覚を高めながら、住民自治の質を高める」実際の姿を見てきた。

　今回取り上げたような事例を、それぞれ単独のテーマとして取り扱い論じた

第1章　地方自治とコミュニティ・ソリューション

ものは数多く存在する。しかし、コミュニティ・ソリューションという「横串」を通した場合に、立体的に見えてくるもの——これこそが筆者が考える「住民自治が団体自治を規定する」といった場合の「住民自治」と「団体自治」の関係性であり、このぶれない串（軸）こそがぶれない「住民自治」に他ならない。

　確かに3つの事例はいずれも団体自治からスタートしたものであり、そもそも偏った事例と思われた向きもあったかもしれない。とはいえ、序章にもあるように、住民参加は代議制民主主義に代わるものではなく、あくまで最終的な判断や決定は代議制民主主義のしくみに託されているものである。その意味では、団体自治が主導する政策あるいは今まで団体自治で完結してきた政策こそ、はたして現行のあり方や方法で良いのか、ということを検証する必要があるのではないだろうか。つまり、重要なことは、個別具体の団体自治の方向性や全体を貫く軸に住民自治が存在するかをチェックすることであることを本章では強調した。

　他方、今回取り上げた事例は、いずれもまだ一本の細い線（軸）の段階であることも事実である。「住民自治が団体自治を規定する」パラダイム転換を望むということを誰もが実感できるような複数あるいは太い線（軸）として見るためにはもう少し時間がかかるだろう。この点は読者の皆さんにもぜひチェック役をお願いしたい。

　最後になるが、冒頭でも示唆したとおり、今後、国のかたちを論ずるうえでは自治の問題は避けて通ることができないことを、ここでもう一度強調しておきたい。なぜなら自治は民主主義を支える根幹となるものであり、自治のあり方こそが国のかたちを規定する側面があるからである。ブライスが述べた「地方自治は、民主主義の源泉であるだけではなく、学校である」との言葉を引くまでもなく、民主主義社会においては、多様な価値観をそれぞれが認め合い、ある方向にものごとが進んでいくプロセスを共有することが最も重要である。

　その意味では、住民ひとりひとりが「地域の主人公である」との自覚のもと、地域に対するアイデンティティやオーナーシップを持ち続け、地域のために自分は何ができるかを考え続けること——すなわち地域公共マインド——これこそが「住民自治が団体自治を規定する」パラダイム転換を望むために必要

第Ⅰ部　政策形成過程と住民自治

な最初の一歩、あるいは最も根幹的な「自治リテラシー」だといえよう。
　地方（地域）が変われば国も変わる。そのような地方自治の問い方のなかにそろそろ住民自治を中心に据えても良い頃である。

付記

　本章は筆者の個人的な見解にもとづくものであり、本章で取り上げた自治体の公式な見解ではないことには留意いただきたい。

1）「住民」と「市民」については、その差異を強調する議論もあるが、本章では、特段区別せず用いる。
2）「地方公共団体の組織及び運営に関する事項は、地方自治の本旨に基づいて、法律でこれを定める」（第92条）。
3）たとえば、地方自治体を国の下請けとする地方自治法の「機関委任事務」、都市計画から自治体の自己決定権を奪い国土開発に従属させた「都市計画法」、自治体の財政自主権を認めない「財政関連法とその運用規定」などは、まさに憲法第92条の理念と乖離している。
4）鳩山由紀夫元首相が第173回臨時国会（2009年10月26日）の所信演説にて言及した。しかし、この「新しい」という表現は、昔の「結」や「講」、「座」などがあった時代をふまえれば、正確には「新しい」とはいえない。
5）京都府では、福知山市のほか、京都市、木津川市、京丹後市、京丹波町、南丹市、与謝野町が合併した。
6）2006年1月1日の合併により定められた『新福知山市まちづくり計画（新市建設計画）』を基本とし、『夜久野町総合計画（1999年3月）』、『第2次三和町総合計画（2000年3月）』、『大江町新総合計画（2000年3月）』、『第3次福知山市総合計画（2001年3月）』など各市町の総合計画をふまえて策定された。
7）特定非営利活動法人公共政策研究所のホームページによれば、2013年4月1日現在で273自治体が制定している。
8）「協働」という概念も、「消防署」と「消防団」との補完関係にも見られるように、昔から「結」や「講」あるいは「座」といった言葉で多くの地域で根づいてきたものであり、決して新しい概念ではない。
9）福知山市ホームページ「平成22年　市民協働まちづくり検討会　提言書」に掲載。
10）この対話の際には、本書の編者である今川晃氏（同志社大学政策学部教授）にも基調講演を依頼するなど、京都の公共政策系大学教員にも積極的にかかわってもらった。
11）逢坂誠二は著書、ホームページ、講演等を通じて、かねてより「情報は自治の原動力」「情報とは自治の通貨である」と論じている。
12）「海の恩恵に感謝し、海洋国日本の繁栄を願う日」という「海の日」本来の意義を再認識するための行事として、毎年主要港都市で「海の日」を中心に約2週間、海に関するイベントを開催している。

13) 2002年の18歳人口は1141人、2012年の18歳人口は891人と10年間で200人以上減少している。
14) 塾長は京都府立大学公共政策学部の窪田好男准教授。
15) 2010年現在で滋賀県大津市、同甲賀市、同湖南市、同長浜市、同守山市、同栗東市、三重県亀山市、兵庫県加西市など13自治体が24回の事業仕分けを行なっている。
16) 京都府立大学公共政策学部の窪田好男准教授。
17) この方式は2012年度まで実施され、2013〜2014年度については「第3次総合計画第3期基本計画後期実施計画対象事業」の169事業について、市が実施すべき事業のあり方の整理を行なう事務事業の見直しが行なわれるという。
18) 「市政まるごとしわけ隊！」（代表：林定信）。

【杉岡秀紀】

第2章

迷惑施設問題と手続き的公正

　ごみ焼却場などの迷惑施設の建設問題は、地域に紛争をもたらすことがある。奈良県葛城市も、この問題に直面している地域のひとつである。葛城市では、行政による利害調整がうまく機能せず、地域住民が市と県を相手に訴訟を起こす事態になっている。この章では、迷惑施設に関するこれまでの研究を踏まえながら、葛城市でここまで問題がこじれてしまった原因を探り、解決に向けての方向性を示す。

　迷惑施設問題に関しては、手続きの重要性が多くの研究者から指摘されている。実際に被害を受けるかどうかはもちろん重要だが、候補地決定に至るプロセスが不透明なものであることが、住民の怒りを招き、問題を複雑化させることが多いのである。葛城市で焼却場建設に反対する住民も、受益と受苦の配分が不公正であるということだけでなく、手続きが不公正であるということを主張している。この問題を解決するためには、一旦建設を白紙に戻し、あらためて公正な手続きで建設地の選定をやりなおすことが必要である。

　また、迷惑施設問題は行政と立地地域住民の話し合いだけで解決できるものではない。傍観者となりがちな立地地域以外の住民も、問題を解決すべき主体であることを自覚する必要がある。

　🖉 キーワード：　迷惑施設、NIMBY、受益圏、受苦圏、分配的公正、手続き的公正、自治意識、お知らせ広報、政策広報

1 迷惑施設問題と自治の機能不全

　廃棄物処理という問題は、ときに地域に紛争をもたらす。ごみ焼却場の建設をめぐる問題がその典型である。奈良県葛城市も、まさに今このような問題に直面している地域である。葛城市では、ごみ焼却場の建て替えをめぐり、地域住民が市と県を相手に訴訟を起こすまでの事態になっている。司法解決に頼らざるをえないということは、行政による利害調整がうまく機能していないということでもあるし、住民相互間での利害調整がうまく機能していないということでもある。すなわち、団体自治と住民自治を含めた地域の自治が、機能不全

に陥っている事例であると言えるだろう。

　ごみ焼却場は、典型的な NIMBY 施設（**迷惑施設**）である。**NIMBY** とは「Not In My Backyard の頭文字をとったもので、『自分の裏庭にはごめんだ』という意味で、廃棄物処理場や原子力発電所のような地域環境を悪化させる可能性がある施設が、自分の居住地域に建設されることに対して、反対する考え方」（築山［2004］35～36頁）である。NIMBY については、政治学・環境社会学・地理学など、多方面からの研究が行なわれている。

　本章では、NIMBY 研究の知見を用いつつ、なぜ行政による利害調整がうまく機能しないのか、また住民自治を機能させることで問題解決を図ることができるかを検討する。

2 NIMBY 研究からの知見

(1) 受益圏と受苦圏

　NIMBY の問題は、受益圏・受苦圏という概念を用いて議論されることが多い[1]。**受益圏**とは、ある施設から利益を受ける人々の集合体であり、**受苦圏**とは、ある施設から苦痛を受ける人々の集合体である。言い換えれば、受益圏とは加害者であり、受苦圏とは被害者である。ごみ焼却場を例に取れば、ごみを排出する地域全体が受益圏であり、ごみを処理してもらうことで衛生が保たれる等の利益を受けている。他方、焼却場周辺の地域が受苦圏であり、ごみの運搬や焼却に伴う臭いや騒音等の苦痛を受けている。なお、この場合、受苦圏の住民も当然ながらごみを排出しているため、受苦圏は受益圏としての側面も持ち合わせている。

　受益圏・受苦圏概念でとらえることで、NIMBY の問題を解決することの困難が浮き彫りになる。迷惑施設問題において、受益は地域全体に薄く広く存在しているのに対して、受苦は一部の地域だけに濃く狭く存在しているのが普通である。また、佐藤竺が指摘するように、「通常は、まず建設場所を決めてから行政の担当職員が周辺住民の説得工作に入るため、近所に処理場が来なくて難を逃れた大多数の住民は加害者であることを忘れて完全に傍観者となってしまい、衝に当たる職員と周辺の反対住民だけが厳しい緊張関係に陥る」（佐藤［1990］131頁）ことが多い。こうした受益圏と受苦圏とのアンバランスな関係

が、迷惑施設が地域紛争を引き起こすことの大元の原因となっている。対立がもつれにもつれた場合、最後は司法の場で決着をつけるしかないということになってしまう。

（2）分配的公正と手続き的公正

　受益圏と受苦圏という考え方は、分配的公正とのかかわりが深い。**分配的公正**とは「結果としての資源配分」（籠［2003］31頁）が公正に行なわれたかという観点である。迷惑施設問題において、全体の利益のために一部の地域だけが苦痛を受けるというのは、まさに資源配分が不公正なかたちで行なわれているということになる。受益圏と受苦圏との不公正な資源配分が問題であるとき、その受苦を埋め合わせるだけの対価を用意すれば良いというのがひとつの考え方となるだろう。たとえば、迷惑施設を引き受けてくれた地域には、協力金というかたちで金銭的な援助をするとか、優先的にインフラ整備を行なうといった方法である。

　分配的公正と対をなす概念として、手続き的公正がある。**手続き的公正**とは「配分結果に至るプロセス、機会など」（籠［2003］31頁）が公正であったかという観点である。新井智一によれば、迷惑施設問題のような環境正義にかかわる議論においては、「分配正義から過程正義へ」ということが大きな論点となっているという。分配正義、過程正義というのは、分配的公正と手続き的公正と同義にとらえて良いだろう。新井は、このような問題は「公平な分配論だけでは解決できず、環境政策決定の過程にコミュニティが、どれだけ民主的な参加を行っているかという点のほうがより重要である」（新井［2011］677頁）と述べている。

　佐藤竺も、公正なプロセスを経たうえでの公正な分配ということを重視し、以下のような迷惑施設問題の解決のあり方を提示している。

　　まず場所の選定の前に、どういう処理場を造り、周辺への配慮をどうするかを、自治体の区域内のどこにでも立地する可能性を持たせて全住民の参加できちんと論議すべきである。そして、全住民が加害者であると同時に自分が被害者になった場合の立場で、例えば公害対策、スポーツ施設（ごみ処理場の場合の温水プールなど）、余力ある場合の近隣への給湯、かりに地価が低落した場合の固定資産税の減免等だれもが

納得できる線を決めたのちに、はじめて場所の選定に入る必要がある（佐藤［1990］131頁）。

　寄本勝美も同様に、「自治体の計画の決定や実施過程において関連の手続きさえあらためられていれば、行政（役所）と住民との間のトラブルを最小限度のものに防ぎえたか、あるいはトラブルが起こりはしてもその内容や性格を従来のものとは少々違うものにすることができたような問題は、数え切れないほどある」（寄本［1989］14頁）と、手続きの重要性について言及している。
　このように、迷惑施設問題における手続きの重要性を指摘する声は多い。籠義樹が言うように、「基本的に住民は廃棄物処理施設を嫌悪するとしても、その施設の必要性と立地位置の適切さが示されて納得すれば、立地を受け入れる公共的理性の発現が期待できる」（籠［2003］34頁）とすれば、手続き的公正は迷惑施設問題の解決のための重要な条件となると考えられる。

（3）手続き的公正を重視した事例とその限界
　実際に、手続き的公正を重視した取り組みによって、問題解決が図られた例としては、武蔵野市のクリーンセンター建設の事例があげられる[2]。武蔵野市では三鷹市とごみの共同処理を行なってきたが、騒音・悪臭などの問題から、三鷹市内の焼却施設周辺で住民運動が起こっていた。そのため、1973年に、武蔵野市は1983年6月までに市内に焼却施設を新設し、自市内処理を行なうことを約束した。そして、1978年12月、市長が市営プール地を用地として議会で発表し、周辺住民に対して説明会を開いた。しかし、住民は突然の決定に反発し、白紙に戻したうえで市民参加による用地の洗いなおしを主張した。その後の選挙で市長が替わり、1979年7月、新市長は前市長の決定を凍結し、市民参加で用地選定を試みることに同意した。そして、市に従来から設置されていた清掃対策市民委員会（学識者や市民団体代表など十余名で構成）が、市民の意見を聞きながら議論を行ない、候補地を4か所の公有地に絞り込むとともに、武蔵野市クリーンセンター特別市民委員会の設置を提案した。特別市民委員会（4候補地の住民12名、一般市民12名、専門家11名、計35名）は10か月の間に26回の会合を重ね、市営総合グラウンドを最も可能性の高い適地として提言した。これを受

けて市は市営グラウンド周辺住民との話し合いを進め、一部反対は残ったものの住民の合意を得ることができた。武蔵野市の事例は、一旦は紛争が起こったものの、公正な手続きを取りなおしたことにより事態を前進させたものであり、手続き的公正の重要性を強く示すものと言えるだろう。

　しかしながら、同様の手続きを踏んだにもかかわらず、問題解決に至らなかった事例も見られる。その一例が、「杉並紛争」の事例である[3]。高度成長期の東京都において、ごみ量の増加と処理施設不足は深刻であり、美濃部知事が「ごみ戦争」を宣言するほどであった。都は杉並区高井戸に処理施設の建設計画を立てていたが、激しい反対運動にさらされていた。美濃部知事は候補地を一旦白紙に戻し、「都区懇談会」（職員、議員、学識経験者、各種団体代表、計38名）による候補地の再考が進められた。しかし、反対派住民は、建設予定地の住民が入っていないことに反発していた。その後、都区懇談会は高井戸を再度候補地に選定したが、住民は合意せず、最終的には裁判で和解に至っている。この事例では、住民の反対運動を受けて、問題を公正なプロセスに乗せなおしたかに見えるが、住民の理解を得るには至らなかった。

　同様の例として、東京都小金井市の事例があげられる[4]。東京都小金井市・調布市・府中市は1957年に「二枚橋衛生組合」を設立し、共同でごみ処理を行なっていた。1980年代以降、施設の老朽化が進み、建て替え議論が起こった。調布市は三鷹市と、府中市は稲城市・狛江市・国立市と共同処理の協議を成立させた。小金井市は2004年に国分寺市に共同処理を呼びかけ、小金井市内に新施設を建設する代わりに、完成までは国分寺市が小金井市のごみの一部を処理することで合意した。その後、小金井市は庁内での検討の結果、候補地を二枚橋処理場跡地と、蛇の目ミシン工場跡地に絞った。そして、「新焼却施設建設場所選定等市民検討委員会」（学識経験者4名、環境関連団体からの推薦4名、農・商工団体から2名、消費者団体から1名、候補地住民団体から2名、一般公募から14名、計27名）を立ち上げ、候補地の検討を行なった。その際、候補地以外の公有地・私有地も検討に含め、4か所を評価した結果、2008年に二枚橋処理場跡地を建設場所として答申した。市民検討委員会において複数の委員が「焼却だけでなく、他の処理方式も検討すべきである」と主張したが、処理方式の検討は行なわれなかった。答申を受けて市は地元住民への説明会を行なうが、住民

の理解は得られなかった。さらに、調布市が跡地の一部を使用することになり、現在建設が困難になっているという状況にある[5]。この事例においても、公正なプロセスに乗せたはずが、問題解決には結びついていない。

　長野県中信地区の事例も、公正なプロセスを実現した事例として取り上げられることが多い[6]。長野県中信地区では、1990年代から、公共関与による産業廃棄物処理施設の設置が計画されていた。しかし、住民による反対の結果、計画が白紙に戻され、「長野県中信地区・廃棄物処理施設検討委員会」が設置（学識経験者7名、公募委員12名、計19名）される。委員を選ぶにあたっては、賛否の態度を考慮に入れ、「量的中立性」が確保された。また、事業の必要性も含めた検討がなされ、大幅な減量目標や過剰にならない施設整備など、さまざまな改善が進められた。ただし、実際に施設整備にまではいたっていない。この事例について、土屋雄一郎は検討委員会が焼却に頼る体制を見直すという議論に至らなかったことや、客観的なプロセスのなかで住民の実感や思いが排除されたことを指摘している（土屋［2004］140頁）。

　以上のような市民委員会方式とは別の方法として、自発的立地手法と呼ばれるものがある。これは、迷惑施設をすすんで受け入れる地域に立候補してもらう手法で、岡山県A市の事例もそのひとつである[7]。A市では1980年代後半以降、新しい廃棄物処理施設の候補地が決まらず、1995年には「ごみ非常事態」が宣言された。その後、2006年に就任した新市長が、迷惑施設の立地を公募形式によって選定するという手法を採用した。応募は地元町内会・周辺町内会・地権者の共同申請で行なう必要があり、応募条件として、「地元町内会および周辺町内会等の地域の理解があり、まちづくり・地域活性化の構想と意欲があること」が掲げられた。そして、候補地を選定するために「ごみ処理センター適地選定委員会」（学識経験者4名、連合町内会・区長会推薦7名、公募委員2名、計13名）が発足した。その結果、9件の応募があり、10か月間の討議の末、2007年5月に候補地が決定した。しかし、公募方式をとったにもかかわらず、候補地や隣接する地区から異議申し立てが相次ぎ、反対運動が巻き起こっている。

(4) 迷惑施設問題解決の条件

　以上のNIMBYについての先行研究から得られる知見として、迷惑施設問題解決の条件は、公正なプロセスを経て、公正な資源配分がなされることである、ということがひとまず言えるだろう。具体的には、施設建設の決定過程において、①受益圏（＝加害者）と、受苦圏（＝被害者）の両方の立場を踏まえること、②施設の必要性を含めて、あらゆる可能性が俎上に載せられること、③受益と受苦の公平な分配が達成されること、などが必要となると考えられる。

　しかし、公正なプロセスを期したにもかかわらず、問題解決に結びつかないケースがあることも見逃してはならない。また、一見公正な手法を用いていたとしても、結果として「適地」に受苦が押し付けられ続ける可能性もある。

　迷惑施設問題解決の条件をさらに明らかにしようとするならば、どのようなかたちで、分配的公正と手続き的公正を達成すれば良いのか、また分配的公正と手続き的公正という概念で捕捉しきれていない要素があるかどうか、ということが問題になる。以上のことを踏まえつつ、葛城市焼却場問題について検討を進めることにする。

3 NIMBYとしての葛城市焼却場問題

(1) 葛城市の概要

　葛城市は、2004年10月に旧・當麻（たいま）町と旧・新庄町の2町の合併によって誕生した。人口約3万6000人の、奈良県の中西部に位置する市である。大阪のベッドタウンとして住宅開発が盛んであるが、本来は農村地域である。今回焼却場が建設されようとしているのは、當麻区という地域である。この當麻区は明治の合併以前から存在していた単位（旧村・自然村）で、明治の合併後は大字となり、自治会としての役割を果たしてきたものである。合併後は大字の名称が廃止され、区と呼ばれるようになった。葛城市内には、昭和の合併で誕生した旧・當麻町（現在の中学校区）、明治の合併で誕生した旧・當麻村（現在の小学校区）、旧村である旧・當麻村（現在の区・自治会）と、「當麻」と呼ばれる地域は3つの階層をなしているが、今回問題となっているのはこのうち最も小さな単位である。

（２）葛城市焼却場問題の経過

　問題の発端は、2004年の合併にさかのぼる。合併前はそれぞれの町が焼却場を持ち、ごみを処分してきた。このうち、旧・當麻町のごみ処理を行なっていたのが、現在の葛城市當麻区（旧・當麻町大字當麻）にある當麻クリーンセンターである。合併協議のなかで策定された『新市建設計画』には、「新しく一般廃棄物処理基本計画を策定し、将来におけるゴミ量、ゴミ質の変化にも対応できる新市の将来像を見据えたゴミ処理施設整備を新たに行い、ダイオキシン類などの発生をさらに抑制するとともにより効率的な施設運営に努めます」（新庄町・當麻町合併協議会［2003］24頁）との記述があり、この時点で新たなごみ処理施設を建設する方向性が打ち出されていた。

　2006年10月に策定された、『葛城市総合計画』では、「現在新庄地区、當麻地区それぞれに立地する廃棄物処理施設を統合し、効率的かつ適切な廃棄物処理により、現行焼却炉より規模を縮小する」（葛城市［2006］52頁）とさらに踏み込んだ内容が盛り込まれている。ただし、この時点でも焼却場の立地については特に触れられていない。

　問題のひとつの伏線となっているのが、同じく2006年10月に策定された、『葛城市・広陵町地域循環型社会形成推進地域計画』である。この計画は、「広陵町のゴミ燃料化処理施設（炭化処理施設）で製造するRDF炭化物を葛城市の平成25年4月に供用開始予定の新処理施設の助燃剤として活用する」（葛城市・広陵町［2006］1頁）ことを定めたものである。供用開始予定が明記されているなど、総合計画よりも具体的な内容となっている。この計画により、新施設建設は、旧・新庄町と旧・當麻町の施設を統合するというひとつの市だけで完結する問題ではなく、他の町との関係を含んだ複雑なものとなっている。なお、この計画でも、焼却場の立地については特に触れられていない。

　2008年5月には、葛城市と當麻区とのあいだで、當麻クリーンセンターの操業期間を2014年3月までとする操業協定が結ばれている。この協定は、1975年以降10年ごとに更新されてきたものである（當麻クリーンセンターの稼働は1978年）。なお、この時点では新たなクリーンセンターを當麻区に建設することは予定されていなかったため、操業期間が6年間と従来よりも短くなっている。

　事態が大きく動いたのが、2009年9月である。このとき初めて、市から當麻

区に対して、新クリーンセンター建設に向けての測量・地質調査を行ないたいとの要請が行なわれた。これに区は同意したが、あくまで測量・地質調査への同意という位置づけであった。その後、2010年4月には、市が當麻区長に役員・協議委員との協議を要請し、5月には市が説明会を実施、9月に當麻区長は、「當麻地区654戸のうち反対は43戸」との報告を市に対して行ない、12月には協力金の引き上げを含む13項目の要望書を市に提出するなど、建設同意に向けた動きが加速していく。

これに対して、當麻区内では新焼却場建設反対ののぼりが立つなど、反対運動が徐々に活発化していく。2011年1月には、當麻区住民からなる「新焼却場建設反対同盟」が嘆願書と反対署名を市長に提出した。しかし、市と當麻区は同月末に、新たな協定を締結した。このとき、旧村地域の12の地区を代表する12名の協議委員のうち、3名の協議委員は同意せず、印鑑が押されないままに協定が結ばれている。なお、この協定には當麻区側の要望に添うかたちで、施設設置協力金の交付や公民館設置費用の補助をすることなどが盛り込まれている。

2011年7月、焼却場建設に反対する住民70名が、新協定の無効を訴え、葛城市を提訴した。2012年4月には、ごみ処理施設建設に伴う都市計画変更に関する公聴会が行なわれ、8名の公述人が意見を述べた。2013年には、建設許可権を持つ奈良県を相手取って、建設許可を出さないことを求める訴訟を住民が起こしている。

以上の経過については、**表2-1**にまとめた。

（3）分析の枠組み

葛城市の事例を NIMBY 研究の枠組みでとらえると、葛城市域全体が受益圏であり、當麻区が受苦圏ということになる。分配的公正の観点から言うと、新協定において協力金の積み増しが行なわれたことなどは、受苦に対する埋め合わせと見ることもできるだろう。他方、手続き的公正の観点について言えば、特に配慮がなされたということはない。

とすれば、建設に反対する當麻区住民がどのような観点で反対しているのかを知ることができれば、「公正なプロセスを経て、公正な資源配分がなされる

第 2 章　迷惑施設問題と手続き的公正

表 2-1　葛城市焼却場問題の経過

年　月	できごと
2004年10月1日	北葛城郡當麻町・新庄町の合併により葛城市発足
2004年10月31日	第1回葛城市長選挙（吉川義彦氏当選）
2005年10月25日	第1回葛城市議会議員選挙
2006年10月	「葛城市・広陵町地域循環型社会形成推進地域計画」策定
2008年5月	市と當麻区が當麻クリーンセンターの操業期間を2014年3月末までとする協定を結ぶ
2008年10月26日	第2回葛城市長選挙（山下和弥氏当選）
2009年9月	市による地質調査開始
2009年10月25日	第2回葛城市議会議員選挙
2010年4月	市が當麻区長に役員・協議委員との協議を要請
2010年5月	市が當麻区住民への説明会を開催
2010年9月	区長が「當麻地区654戸のうち反対は43戸」と市に報告
2010年12月24日	當麻区が市に対して、協力金500万円を800万円に引き上げることなど13項目の要望書を提出
2011年1月24日	「新焼却場建設反対同盟」が市長に建設中止を求める嘆願書と290戸の反対署名を提出
2011年1月26日	市が「新クリーンセンター建設事業特別委員会」の協議会で當麻区との協定締結の方針を明らかに
2011年1月28日	市と當麻区が協定の有効期間を10年間とする新協定を結ぶ（12の地区の協議委員のうち反対の3名の印鑑なし）
2011年2月8日	「新クリーンセンター建設事業特別委員会」で協定の締結を報告
2011年7月4日	當麻区住民70名が新協定は無効だとして葛城市を提訴
2012年4月12日	「大和都市計画ごみ焼却場及びごみ処理施設にかかる都市計画変更（市原案）に関する公聴会」開催
2012年7月20日	「當麻環境を守る会」が奈良県に対し、計画は自然公園法に違反しているとして建設不許可を求める意見書を提出
2012年10月7日	第3回葛城市長選挙（山下和弥氏当選）
2013年1月4日	當麻区住民が、建設を許可しないことを求めて奈良県を提訴

（出所）『朝日新聞』奈良版（2011年7月5日、2013年1月5日）、『毎日新聞』奈良版（2011年1月19日、1月20日、1月25日、1月26日、1月27日、2月1日、2月10日、7月3日、7月5日、2012年7月20日）、『読売新聞』奈良版（2011年7月5日）の各号の記事をもとに筆者作成。

ことが NIMBY 解決の条件である」と言えるのかどうかを検証することができる。すなわち、住民が公正なプロセスを求めているのか、それとも協力金とは違ったかたちでの資源配分を求めているのかということである。また、分配的公正・手続き的公正のいずれにも当てはまらない観点がある可能性もある。

住民の意見を知る手段として、2011年1月24日に當麻区住民が市長に提出した嘆願書、2012年4月12日に実施された、「大和都市計画ごみ焼却場及びごみ処理施設にかかる都市計画変更（市原案）に関する公聴会」の記録、さらに2012年6月24日、7月2日に行なった反対派住民グループへのヒアリング調査の結果を用いた。

4 住民の問題意識と分配的・手続き的公正

（1）住民の問題意識

住民の意見をおおまかに分類すると、環境・健康への影響、焼却場の固定化への懸念、決定過程の問題、行政の説明責任の問題、文化財への影響があることがわかった。

環境・健康への影響については、公聴会のなかで「この場所は三方山に囲まれ、二上山のふもとで、国定公園内にあり、煙突も高くできず排煙の分散も少なく、焼却施設の場所としては、非常に不適切な場所であります。この施設の下の方には瓦堂池があり、この施設のできる前は清水で、川えび川魚が住む池でありました。この池の水は、農業用水で水田に用いますが、今では黒く悪臭を伴います。また、この施設は、山あいの高い場所にあり、排煙は集落の側面より流れ込みただよいます。目にはみえないけれど健康に何らかの影響があると思います」（葛城市［2012］8頁）といった意見が出されていた。また嘆願書のなかでも、「同場所の直下には大きな農業用ため池があり、これら河川との関連で土壌や川、植物や生き物たち、そして農地および農作物のなかに有害物資が微量であっても長い時間をかけて堆積し、どれほど環境に影響を与えているか、誰もわかりません」（新焼却場建設反対同盟［2011］3頁）といった懸念の声があげられている。ヒアリング調査の際も、地元住民に循環器系の疾患にかかる人が多いという実感があるため、きちんと調査をしてほしいということが話題に上っていた[9]。

焼却場の固定化への懸念については、「30年以上も大字當麻でやったのだから、今度は他の場所に移動し、葛城市全体で分担していくのが民主的な方法ではないでしょうか」（葛城市［2012］8頁）といった意見や、「新しいクリーンセンターを大きくすること、稼働の期間に限りがないことに不安を感じずにはいられません」（葛城市［2012］8頁）といった意見があった。

　決定過程の問題については、「葛城市においては、平成23年1月28日付けの協定書を持って、地元同意が得られていると考えておられるようですが、同書面は、区長並びに一部の協議員〔ママ〕が勝手に作成したものにすぎません。住民に対して協定書の締結の是非に関して、きちんとした賛否の意見を述べる機会すら保障されていませんでした」（葛城市［2012］6頁）といった意見や、「市当局は、23年1月28日付けで協定書締結について、地元決定ルールに従って合意したとして、何ら問題ないとしていますが、當麻区の区長以下役員らの独断と指導によって進められ地元住民の同意が得られていないなか、市はどのようなかたちであれ、協定書の締結を進めてきたのは事実であります」（葛城市［2012］7頁）といった意見があった。また、反対派住民グループのリーダーである木下茂氏も、ヒアリングを行なった際に「先に言っといてくれたらおれかて怒らへんのや」と怒りをあらわにしていた。[10]

　行政の説明責任に関しては、「反対署名をつのった際、広陵町からのゴミがペレットというかたちで葛城市が引き受けるという話を誰も知りませんでした。皆さん驚かれていました」（葛城市［2012］8頁）、「この地形に適合する場所が當麻地区であるのですか。當麻地区と他の地区とどこが相違するのか、その整合性を具体的に後日、明確に當麻住民に示すことをお願い致します。このようなあいまいな理由付けで決められることは、地元當麻住民は到底容認できません」（葛城市［2012］7頁）といった意見があった。

　文化財への影響については、「国宝の隣接地に大規模な焼却場を建設しようとする市当局の施政〔ママ〕は日本の歴史に対する冒涜であります」（葛城市［2012］5頁）という意見や、「酸性および様々な目に見えないガスを排出するクリーンセンターを国宝重要文化財である當麻寺の近隣に建設するということは、多大かつ取り返しのつかない影響を与えるものと考えられ、金銭で代償できることがらではないと切に思います」（葛城市［2012］9頁）という意見が

第Ⅰ部　政策形成過程と住民自治

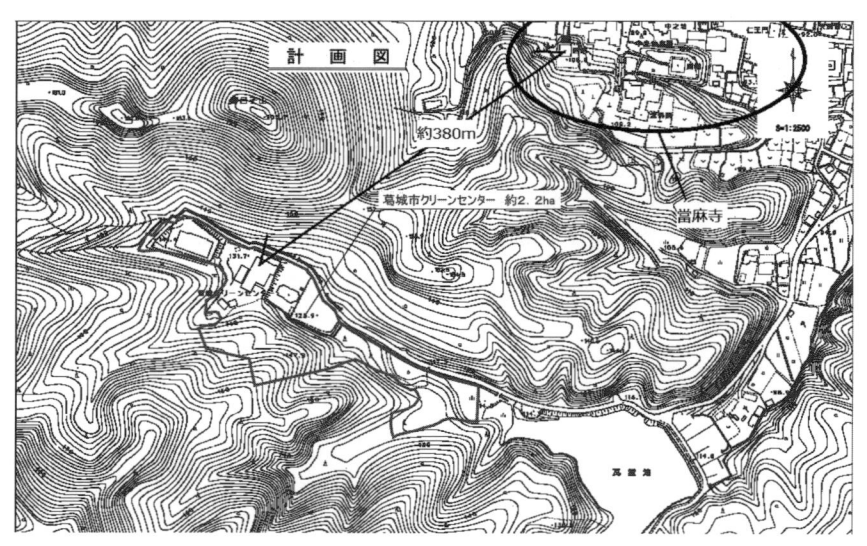

図2-1　焼却場と當麻寺の位置関係

（出所）　葛城市『大和都市計画ごみ焼却場及びごみ処理施設の変更（市原案）』計画図に筆者加筆。

あった。クリーンセンター用地と當麻寺の距離は、約380メートルほどである（図2-1）。

（2）住民の問題意識の焦点

このような住民の意見を、分配的公正と手続き的公正の観点から検討してみよう。

まず、環境・健康への影響と焼却場の固定化への懸念のふたつは、分配的公正にかかわる問題意識であると考えられる。周囲の環境が破壊されることや、健康被害を受けることは、まさにその地域の住民にとって受苦そのものだからである。また、焼却場がいつまでも置かれ続けるかもしれないという不安は、なぜ自分の地域だけが、とさらなる不公平感を強める原因となるものと思われる。

次に、決定過程の問題と行政の説明責任の問題のふたつは、手続き的公正にかかわる問題であると考えられる。焼却場の建設に反対の住民が、決定過程に

対して極めて強い不満を持っているということは確かであろう。また、広陵町からの RDF の受け入れの話が地元住民にも伝わっていないことや、理由づけをしっかり示してほしいという意見が出てくるということから、行政の説明責任への不満もうかがえる。すなわち、住民が手続き的公正の不備を感じているということに他ならない。

　最後に、文化財への影響であるが、これは分配的公正と手続き的公正という観点とはやや違った観点であると思われる。「日本の歴史に対する冒涜」「多大かつ取り返しのつかない影響」という言葉からも読み取れるが、もはや苦痛を受ける主体は地元住民ではなく、市民全体さらには日本国民へと広がりをみせている。

　全体としてみれば、焼却場建設に対する住民の問題意識は、もっぱら分配的公正と手続き的公正の不備というところに集約されるといってよい。ただし、文化財への影響にみられるように、このふたつの観点ではカバーしきれない部分も存在する。

5 住民自治による解決の可能性

(1) 葛城市焼却場問題解決の条件

　以上の分析から、葛城市焼却場問題を解決に導くための条件を考えてみよう。當麻区住民が分配的公正にかかわる問題意識を持っているということは、協力金やインフラの整備を行なうことが、現状では分配的公正の達成に結びついていないということである。かといって、協力金を上積みすれば解決する問題かといえば、そうともいえない。なぜなら、當麻区住民の問題意識は手続き的公正の不備にも向けられているからである。そのため、受苦の対価を与えることで分配的公正の達成を図るという手法には限界があるということになる。

　言い換えれば、行政による利害調整だけではこの問題を解決することはできず、住民自らが何らかのかたちで利害調整や決定にかかわることで、住民自治を機能させることが必要になってくる。とすれば、先に取り上げた事例にも見られたように、一旦計画を白紙に戻したうえで、あらためて何らかの公正な手続きを取りなおし、それでもって分配的公正を実現するというような手段をとらなければ、この問題を根本的に解決することは難しいだろう。

（2）自治意識の活性化と住民自治

　住民自治を機能させるためには、先ほどの文化財への影響に対する問題意識にみられたような、視点の転換が必要である。たとえば、国宝の近隣に焼却場を建設することは問題だという認識を、大多数の葛城市民が共有していたとすれば、どうにかして別の方法を見つけるという方向に議論が進むことは間違いないだろう。逆に、その認識を當麻区住民だけが持っていたのであれば、それ以外の葛城市民にとっては、當麻区住民の主張は地域エゴと映るかもしれない。つまり、受益圏・受苦圏双方の住民が、受益者・受苦者という立場を離れて、地域にとって何が最善かという視点に立つことができれば、問題解決に一歩近づくことができると考えられる。場合によっては、そもそも誰かが苦痛を引き受けてまで、焼却処分を続けなければならないのか、ということも検討されることにもなるだろう[11]。

　このような視点の転換は、すべての住民が、問題を解決すべき主体は自分であるという意識（**自治意識**）を持つということでもある。受益圏・受苦圏という概念は、いずれも問題の「客体」としての面をとらえたものである。受益者・受苦者としての立場から離れるということは、自らが問題を解決すべき「主体」であることを自覚するということに他ならない。特にごみ問題の場合、ごみの大幅減量などの根本的解決のためには、住民に一定の不便を受け入れてもらうか、あるいは価値観を変えてもらう必要がある。市民全体の自治意識を向上させることができれば、問題の根本的な解決に近づくことができるはずである。

　ところで、受苦圏の住民は否が応でも問題に直面することになるため、こうした視点を獲得しやすいものと思われるが、受益圏の住民は得てして傍観者となりがちである。そこで、市民全体の自治意識を活性化するためには、何よりも受益圏の住民へのアプローチが必要になってくる。

（3）政策広報の必要性

　それでは、受益圏の住民に問題意識を持ってもらい、市民全体の自治意識を活性化させるためには、どういった手段をとる必要があるだろうか。ここでは、行政から住民に働きかける手段のなかで代表的なものとして、広報誌に着

第 2 章　迷惑施設問題と手続き的公正

表 2-2　新クリーンセンターに関する『広報かつらぎ』の記事一覧

	タイトル	概　要
2011年5月号	「新クリーンセンターについてのお知らせ①」	施設の概要
2011年7月号	「新クリーンセンターについてのお知らせ②」	広陵町から受け入れ予定のRDFについて
2011年8月号	「新クリーンセンターについてのお知らせ③」	工事用進入路の工事について
2011年9月号	「當麻地区のみなさまへ　當麻クリーンセンター解体に伴うお知らせ」	ごみの持ち込み方法の変更、業務の変更について
2011年10月号	「新クリーンセンターについてのお知らせ④」	當麻クリーンセンター解体工事の開始について
2012年1月号	「生活環境影響調査結果の縦覧」	調査結果の縦覧と意見提出方法
2012年5月号	「平成24年度の主な事業の内容」	事業名と予算額
2012年5月号	「施政方針」	工事の実施状況と2012年度の予定について
2012年6月号	「新クリーンセンターについてのお知らせ⑤」	進入路の拡幅工事について
2012年8月号	「新クリーンセンターについてのお知らせ⑥」	大気汚染による文化財影響調査の結果について

（出所）『広報かつらぎ』各号をもとに筆者作成。

目してみよう。

　表 2-2 は、『広報かつらぎ』に掲載された、新クリーンセンターについての記事を一覧にしたものである。2011年5月に最初の記事が掲載されているが、これは葛城市が當麻区で説明会を行なった2010年5月から1年後のことであり、當麻区と葛城市が協定を結んだ2011年1月28日からも3か月が経過している。また、内容をみても、基本的には決定した事項を淡々と伝えるだけであり、この記事を読むだけでは、反対運動が起こっているということを知る由もないだろう。

　同じ焼却場問題を扱っていても、『広報かつらぎ』と対照的なのが、北海道恵庭市が発行する『広報ENIWA』である（表 2-3）。『広報ENIWA』では、焼却場の予定地を選定する1年以上前から、焼却場問題についての特集記事を

第Ⅰ部　政策形成過程と住民自治

表2-3　ごみ焼却施設建設に関する『広報ENIWA』の記事一覧

	タイトル	概　要
2012年1月号	「このまま埋め続けることができるのか？　可燃ごみの行方」	埋立処理の限界が近いため、焼却施設の整備が必要である
2012年2月号	「どのように進めていけばいいのか。ごみ焼却施設建設に向けて」	建設地選定の考え方と施設整備のスケジュールについて
2012年3月号	「みんなで考える　ごみ焼却施設建設候補地の選定」	建設地選定の考え方と市民からの意見について
2013年3月号	「ごみ焼却施設建設に向けて」	焼却施設検討専門部会の答申と建設予定地の選定について

（出所）『広報ENIWA』各号をもとに筆者作成。

掲載している。また、その内容も、市が置かれた現状を率直に述べ、市民からも広く意見を募るものとなっている。こうした広報のやり方であれば、市民が主体的に問題と向き合うことを促すことができるだろう[12]。

『広報かつらぎ』のように、できるだけ無難な情報だけを流そうとするのは、ことを荒立てないように見えて、実際には問題の解決をより困難にしてしまっている可能性がある。傍観者となりがちな受益圏の住民に自治意識を高めてもらうためにも、ただ決定事項を淡々と伝えるだけの「お知らせ広報」ではなく、課題を積極的に投げかけ、問いかける「政策広報」を行なうことが必要である。

6　迷惑施設問題の解決に向けて

葛城市の焼却場問題は、自治の機能不全を示す事例である。この問題を遺恨なく解決するためには、一旦計画を白紙に戻したうえで、市民委員会方式などの公正な手続きを取りなおし、それでもって分配的公正を実現することを試みるしかないだろう。すなわち、住民自身が利害調整や課題解決にかかわること、言い換えれば、住民自治をうまく機能させることなくして、この問題は解決することはできないのである。

それでは、これまで住民自治を制約していたものは一体何だったのか。それは、ことを荒立てまいと、住民を問題から遠ざけてしまっていた行政の姿勢で

はないだろうか。情報を出し惜しんだために問題の解決が難しくなってしまうのは、迷惑施設問題に関する多くの事例に共通して見られる現象である。情報を与えられなかった住民は、課題解決に取り組むべき主体が自分自身であるということを自覚することができない。すなわち、自治意識を持つことができないのである。自治意識を持たない住民は、被害者とならない限りは傍観者となるのが必然である。行政と被害者だけが激しく対立し、それ以外の住民が傍観者となる構図はこのようにして生まれている。

廃棄物処理の法的な責任を負うのは自治体であるが、発生するごみを処分する責任は、元をたどればひとりひとりの住民にあるといえる。どのような方法でごみを処理するのか、焼却なのか、堆肥化なのか。あるいは、どの程度ごみ減量の努力をし、どの程度環境負荷を抑え、そのためにどの程度の費用や負担を負うのか。それを決める責任は、本来、ひとりひとりの住民にある。

だからこそ、行政は政策広報などの手段を使って、住民に対して積極的に課題を投げかけるべきである。葛城市においても、まずはごみ焼却場建設を巡って紛争が起きていることを住民に知らせ、ともに解決に向けて努力したいという姿勢を示すことが必要である。

付記

　本章は公益財団法人地方自治総合研究所が発行する『自治総研』第39巻第7号に収録されている「迷惑施設と住民の問題意識―奈良県葛城市焼却場問題を事例として」を加筆修正したものである。

1）　受益圏・受苦圏概念については、中澤［2009］、新井［2011］を参照されたい。
2）　東京都武蔵野市の事例については寄本［1989］を参照した。
3）　「杉並紛争」の事例については寄本［1990］を参照した。
4）　東京都小金井市の事例については新井［2011］を参照した。
5）　小金井市の焼却場問題の現状については、小金井市ホームページ「新ごみ処理施設建設事業の進ちょく状況について」を参照した。
6）　長野県中信地区の事例については、土屋［2004］、土屋［2008］、村山［2002］、村山［2003］を参照した。
7）　岡山県A市の事例については土屋［2011］を参照した。
8）　Refuse Derived Fuel（ごみ固形燃料）。
9）　反対派住民グループへのヒアリング調査による（2012年6月）。
10）　木下茂氏へのヒアリング調査による（2012年7月）。

第Ⅰ部　政策形成過程と住民自治

11) 築山［2004］は同様の視点を表すのに、NIABY（Not in Anybody's Backyard: 誰の裏庭にあってもごめんだ）という言葉を使用している。
12) 『広報ENIWA』の記事が恵庭市民の自治意識を向上させたかどうかについては、あらためて検討が必要である。

【増田知也】

第3章

グローバル化社会における地方自治

　住民自治や団体自治は一定の地域を前提として展開されるため、住民参加で政策形成を行なっていく場合には、内向的な展開となる可能性がある。そして、その結果が実際の意思決定に影響を及ぼすこともありうる。
　しかし、現在、国際的な団体からの声が実際の意思決定に影響を及ぼすものも出てきている。特定地域の問題であっても国際世論を踏まえたうえで、地域のあるべき姿（価値）を追求する流れでの政策形成が求められている。
　本章では、福山市鞆町の埋立架橋問題についての国際的な団体からの声を示し、国際社会からの声が地域での政策形成過程に一定の影響を及ぼしている点を述べた。次に、その影響を分析し、政策形成に必要となる視点を示した。以上を踏まえたうえで、最後に、住民自治と団体自治の関係性について迫った。すなわち、国際社会からの声が団体自治に強い影響を及ぼすと、住民自治を規定する力が働き、身近な意思決定が地域を離れた主体に決定されかねない状況に陥る。したがって、国際的な世論を学習し、地域のあるべき価値を追求していくことが、地域を民主的に統治するガバナンス、すなわち住民自治が団体自治を規定していくながれにつながると結論づけた。

　✐ キーワード： グローバル化、World Monuments Watch (WMW) プログラム（危機に瀕する文化遺産リスト100）、ICOMOS、外国人から見た観光まちづくり懇談会、政策形成、住民参加、協働、住民自治、団体自治

1 世界のなかの地域での政策形成という視点

　今日、グローバル化の進展により、ヒト・モノ・カネ・情報が地球規模で流動化するようになり、社会的あるいは経済的なつながりが国家や地域等の境界を越えて拡大し、さまざまな変化を引き起こすような時代になった。その結果、環境問題をはじめとしてさまざまな地域の問題が国家の枠を超越していき、一国では解決できなくなりつつある状況が生じている。このようなグロー

バル化の進展は、地域から世界へという方向性のなかで認識されることが多いが、その一方で、「世界のなかにおける地域」という視点も併せ持つ必要が生じる。

　ところで、住民自治や団体自治は一定の地域を前提として展開されるため、**住民参加**で政策形成を行なっていく場合には、参加者が地域の事情や個人の利害を優先するような判断を行なうといった一定のエリアに閉じこもった内向的な展開となる可能性があり、そのような論理で形成された原案が首長や議会による意思決定に影響を及ぼすようになることも否定はできない。しかし、グローバル化が進展する今日においては、国際社会、とりわけ国際的な団体からの声が実際の意思決定に影響を及ぼすものも出てきている[1]。そこでは、特定地域の問題であっても地域の事情で判断せず、国際世論や国際的な議論の趨勢を念頭に、大局的かつ長期的展望に立って充分に検討を行ない、それを踏まえたうえで地域のあるべき姿（価値）を追求するながれの政策形成を行なうことが求められている。これは社会の成熟化、情報化、パラダイム転換といった時代の要請によるものである。

　そこで本章では、地方自治の実践となる自治体の政策形成過程に着目し、「国際社会からの声」が一定の影響を及ぼしている点を述べるとともに、その分析を行なっていくことで政策形成に必要となる視点や、本書において検討を行なっている住民自治と団代自治の関係性について迫っていきたい。

　そのための検討フィールドとして、筆者がこれまで継続して観察を続けてきた広島県福山市鞆町の政策形成の事例を取り上げる。そこには地域で生じる数多くの問題を包括的に一度で解決する方策として計画されてきた埋立架橋事業についての約30年にも及ぶ経緯があり、大多数と言われる住民の同意を取りまとめた地縁団体、それを受けて事業を推進する自治体、その動きに反対する国際社会からの批判の声、といった主体が存在し、本章での検討を行なっていくうえでの検討要素が備わった地域であると考えられるため、当該地域を取り上げることにした[2]。なお、議論の散逸を防ぐために本章で扱う主体について単純なモデル化を行ない、①地域の自治を担う地縁団体（住民自治の実施主体）、②事業の実施主体となる自治体（団体自治の実施主体）、③国際的な権威を持つ団体又は個人（国際社会からの声の発信主体）といった3者を前提として論を進め

ていくこととする。

2 埋立架橋事業の経緯

(1) 鞆町と埋立架橋計画

図3-1 鞆港の歴史的景観

(出所) 筆者撮影。

　鞆町は瀬戸内海のほぼ中央に位置し、古来より「潮待ちの港」として発展した。しかし、鉄道の整備により海路からの交通がシフトしたため、鞆の繁栄に陰りが見え始めた。鞆町の町並みは江戸時代初期のまま残っており、歴史的な建築物が続き、町中を抜ける県道は、狭いところでは幅4メートル程度の箇所もある。よって、離合時には渋滞が発生し、観光客用の駐車場を確保することも課題となっている。さらに、下水道が未整備のため生活排水は海に流されている。

　これらの問題を同時に解決する手段として、円形港湾の一部を埋め立て、土地を造成して道路を通す埋立架橋計画が1983年に持ち上がった。これはひとつの事業ではあるが、完成することにより、道路・交通、観光振興、下水道、防災、漁業活動、歴史的町並み保存、離島振興等といった数々の地域の重要な問題が同時に解決されるとPRされているため、いわばさまざまな問題の解決のためにとられる方策を統括する「政策」の枠組みとしてとらえていくことが妥当なものであるといえる。しかし、この円形港湾内には、常夜燈・雁木・船番所・波止・焚場といった歴史的港湾施設が存在するため、完成すると鞆港の歴史的景観（図3-1参照）が損なわれることになり、開発か保全かについて意見が対立していくことになった。

(2) 事業推進の経緯と批判的な声

　鞆町の埋立架橋計画に関するこれまでの経緯、その内容、問題点等については、体系的に藤井［2013a］に詳述されているので、ここでは概略を述べるにとどめておきたい。

　約30年前に持ち出された事業計画は、行政からの提案を地元の地縁団体が受

け入れ、多数の住民の合意を取り付けて推進されてきたが、2003年、公有水面の埋め立てに必要となる排水権同意が取得できず、一度は凍結となった。しかし、2004年の羽田晧市長の就任により、推進派の住民が集めた署名を事業計画の根拠として、再度計画が推進されていくことになった。そこでは、公有水面埋立法を自治体が主体的に解釈し、事業計画に反対する住民が持つ排水権の完全同意を取得せず手続きが進められたため、事業へ反対する住民からの批判に加え、景観保護や環境保護を目的とするさまざまな団体から批判的な指摘がなされた。とりわけ事業計画の推進への具体的手続きが進むにつれ、景観保護や自然保護の必要性を指摘する国際社会からの声も数多く寄せられるようになった。

3 国際社会からの声

次に、鞆港の埋立架橋計画について寄せられた主な国際的な声と、それらがどのように政策形成主体に受け止められたかについて確認してみたい。

(1) WMFからの指摘

世界文化遺産財団（World Monuments Fund、以下、「WMF」とする）は1965年に設立され、世界中の歴史的建造物や文化遺産の保護・保全のために、フィールドワーク、アドボカシー、助成金交付、教育および人材育成を行なっている。1996年より、無関心、破壊、武力衝突、開発、自然災害、気候変動等により緊急に保存・修復などの措置が求められている文化遺産に対する支援を世界的に呼び掛けることを目的として、最も危機に瀕している遺跡・記念物を100か所選ぶ「World Monuments Watch（WMW）プログラム（危機に瀕する文化遺産リスト100）」を隔年で発表している。

2001年10月11日、鞆の浦が日本では初めてWMWの2002年度の対象地区として選定されることが決まった。日本からは、奈良の教行寺、京都の門跡尼寺、鞆の浦の3件（全世界から236件）の申請があり、結果、鞆の浦のみが選定された。その選定理由としては、「山と海の間の劇的に小さい土地に位置する鞆には、町家や寺社が建ち並び、その港湾施設は、海上交通の歴史を気付かせてくれる窓である」と歴史、文化的意義を強調し、「現代世界の要求にこたえ

第3章　グローバル化社会における地方自治

てさまざまなものを失った日本の他の町とは異なる鞆が、埋め立て・架橋計画によって脅かされている」とされていた。このことは、「鞆の浦」の歴史的価値が他の著名な世界遺産と同等であると認められたことを意味するものであった。

　これに対し、広島県空港港湾局は、当時、地元地権者の合意を得る交渉に入る段階であったため、「地元の理解を得ながら計画を進める」と従来の方針を保ち、「確認中だが、選定により計画が制約を受けるとは考えていない」との認識を示し、地元交渉を続けて同意が得られれば予定どおり公有水面埋め立ての申請をするという考えを述べた。また、広島県教育委員会文化課は、江戸時代末期の町並みが残る地区を対象として重要伝統的建造物群保存地区への早期選定をめざしてはいるが、「国連機関や文化庁とは関係がなく、民間財団の選定と聞いている。詳細がわからない今の段階では、コメントできない」と話した。さらに、当時の三好章福山市長は、「注目を浴びるのはありがたいが、歴史と景観だけを大事にして、住民が生活できるわけではない。長年、埋め立て・架橋をめぐる議論を続けてきた経過があり、県と協力して事業を進めていくことに変わりはない」と述べた。

　2002年5月28日、WMFのスタッフ2名が、WMWに選定した「鞆の浦」の視察に来日し、翌日にかけて鞆港や近世の町並みを見て回った。スタッフからは、「1964年から78か国で歴史的遺産の保全に向けた活動をしてきた。そのなかで見てきた欧州やアジアの港町のなかでも、鞆は特別。水辺と陸の関係がしっかり残っている」、埋立架橋計画については、「検討しなおすべきだ。そのほうが鞆にとって利益が大きい。世界各地で港の近代化で多くものを失って後悔し、その後に水際と陸地の関係を取り戻そうと多額の資金をつぎこむケースが多々ある。現在の水際をしっかり活用すべきだ。計画変更はたいへんで勇気がいるが、常に生じる問題。ただ、最終的には地元の行政の問題だ」と述べ、また、今後のかかわり方として、「行政と対立するのが目的ではない。鞆の重要性を明らかにし、何らかの手助けをしたい。専門家の派遣や、建物保存の資金援助の交渉など、何ができるかを検討し、行政とも連携して、協力したい」と述べた。

　29日、2人は三好福山市長への訪問を予定していたが、前夜に突然キャンセ

ルされたため社会教育部長と面会した。そして、「美しく、貴重な鞆の環境は国際的にもユニークで感動した。各国の例を見ても、自然や歴史の環境を守ることは非常に難しい」と意見を述べ、「鞆のために、市に技術的、金銭的な協力がしたい」と申し出た。それに対し、社会教育部長は「生活基盤の整備が必要で、長年にわたり地元と協議してきた」と推進の方針を説明した。[8]

なお、2003年9月にも、2004年のWMWの選定地区に「鞆の浦」が再度選定されている。

(2) ICOMOSからの指摘

国際記念物遺跡会議(International Council on Monuments and Sites、以下、「ICOMOS」とする)は、1964年の記念物と遺産の保存に関する国際憲章(ヴェニス憲章)を受け1965年に設立された国際的な非政府組織(NGO)である。ユネスコをはじめとする国際機関と密接な関係を保ちながら、文化遺産保護・保存の理論、方法論、科学技術の研究・応用、およびユネスコの世界遺産条約に関しては諮問機関として、登録の審査、モニタリングの活動等を行なっている。[9] このICOMOSが鞆港の保全を訴えるようになったのは、2004年9月、三好市長の死去により市長に当選した羽田氏が、一旦は凍結となった埋立架橋計画を推進派住民による町内での署名を根拠として再開したことが契機となっている。

2004年10月、愛媛県松山市でICOMOS民家建築委員会(CIAV)の年次総会が開催され、その席で「鞆の浦に関する宣言」が提起され、鞆港の保存と埋立架橋計画の見直しを求める「鞆宣言」が採択された。[10] また、そのCIAVの助言を受け、2005年10月、中国の西安で開催されたICOMOSの年次総会にて、「鞆の浦保存決議」が採択された。[11] そこでは、朝鮮通信使らとの交流拠点として国際史の観点からも貴重な場所である鞆の浦の文化的価値と町を守ってきた住民の努力をあげたうえで、計画は町の本質を破壊する、代わりの交通手段を考え、建物の保存修復をすべきだとし、[12] 日本政府、地方自治体に対し計画中止・保存促進を勧告する文書が送付された。これに対し県の担当者は、「9月の福山市の文化財保護審議会の見解などを踏まえて対応する」と答えた。また、福山市の土木部長は、「地元の課題を解決するには、現計画が最善」であ

り、ICOMOS勧告を「一つの意見として受け止めるしかない」と述べた。さらに、地元の住民組織である「明日の鞆を考える会」の北村武久会長は、「狭い県道が引き起こす交通渋滞など、鞆の現状を正確に理解したうえでの決議だったのか」と計画への放棄勧告に疑問を投げ掛けた[13]。

2005年11月27日、ICOMOSのメンバーの3人[14]が来日して鞆町の一帯を現地視察し、翌28日、日本ICOMOSの2人[15]とともに福山市役所と広島県庁とを訪問し、埋立架橋計画の見直しを求める要望書を提出した。市役所では羽田市長と1時間会談し、ICOMOS側から「鞆の国際的評価は高まっている。他に類を見ない史跡として保存を求める声が相次いでいる」「鞆町が朝鮮通信使の寄港地として注目が集まっており、景観重視の整備が進めば世界遺産登録の可能性がある」等と説明し、国際的なコンペによる代替案の公募も提案した。さらに、「計画が動き出した20年前とは社会的な情勢も変わってきている。先進国で、このような文化遺産の価値を損ねる開発の事例はない。市民や行政、専門家からなる検討会を速やかに設け、代替案を検討してほしい」と要望した。これに対し羽田市長は、「鞆町の生活者の思いに応えるのが行政の仕事。現計画に勝る代案はない」と明言し、また、終了後の会見では、「橋を架けると世界遺産認定は難しいと言われたが、選ばれる保証が100パーセントあるのか。そのために3年も5年も足踏みすることはできない」と述べ、事業推進にあらためて意欲を示した。一方、県庁では道路総室長が対応し、「不便で防災上の課題があり、地元の多くは今の計画での早期整備を求めている」と説明したが、ICOMOS側は「世界遺産になったからといって何もできないわけではない。保存と開発の共存を考えればよい」と反論した。要請を終えたICOMOSは、「これで諦めるわけにはいかない。史跡や町並みは一度壊れたら終わりである。行政、住民、専門家がそれぞれの立場で納得できる結論を求めて、働き掛けを継続していきたい」と述べた[16]。

このような度重なるICOMOSからの指摘に対し、政府も無視することができない状況となった。2006年3月25日、外務政務官を務める遠山清彦参院議員が鞆町を視察し、「鞆まちづくり工房」の松居秀子氏の案内により歴史的港湾施設や船に乗り海上からの港一帯の景観を視察した。遠山氏は、「歴史と伝統を感じさせる日本でも数少ない場所だと感じた」と語った[17]。

2006年11月27日、広島で開催のICOMOS「法律・行政・財政問題に関する国際芸術委員会」に参加する国際委員ら14か国の22人が会議に先立って鞆町を視察し、歴史的な港湾施設や町家、寺院を見学した。文化財保護の専門家である米ジョージア大助教授のジェームス・リープ委員長は、「歴史があり、生きている町という点で、鞆の重要性は奈良などに匹敵する[18]」と高く評価し、架橋計画については「大変不幸なこと。まちのキャラクターを破壊してしまう。日本には世界最高の建築土木技術があるのだから、鞆の浦を殺さない別の方法を採用してほしい[19]」と述べた。翌28日と29日に開催された委員会では、世界遺産を周辺の開発から守るための方策を探るために開催され、「日本の文化遺産として高い価値を認める」として、埋立架橋計画の放棄と代替策の検討を求める決議を採択し、国と広島県、福山市に勧告した[20]。

2008年10月、カナダのケベックで開催されたICOMOSの年次総会にて、「埋立架橋計画の撤回を求める勧告」が採択された[21]。2005年の西安での前回総会に続く採択であり、同じ遺産の保護について、連続で決議するのは異例であった。勧告文では、鞆の浦について「港と町と周辺の風景が一体となって国際的な価値を生み出す」と評価し、日本政府（国土交通省）には公有水面埋立の認可の延期を要請し、広島県、福山市には埋立架橋事業の中止を求める決議を行なった。これに対し、県の空港港湾部長は、17日、県議会建設委員会で、「われわれの計画が鞆の価値を損なうとの先入観で見られている部分が非常に困る」との認識を示し、「色々なところで文化財をとるのか、住民の生活をとるのか、二律背反で言われるが、われわれの計画はそうではなく、鞆の町を良くする最良の方法と思っている」と言及した[22]。

その後の11月12日、ケベックでの第16回総会決議を受け、パリのICOMOS本部のグスタボ・アローズ会長が、日本政府の金子一義国土交通大臣、文化庁長官、広島県知事、福山市長に対し、埋立架橋計画を再検討し、鞆の浦の町の持つ比肩すべきもののない価値を損なわない解決策を見出すように要望するとの書簡を送付した。

（3）「外国人から見た観光まちづくり懇談会」を通じた指摘

2006年2月9日、首相官邸の大会議室にて、小泉純一郎首相の発案で「外国

第3章　グローバル化社会における地方自治

人から見た観光まちづくり懇談会」が開催された。これは、政府が観光立国の実現のために、「住んでよし、訪れてよしの国づくり」を推進し、2010年までに外国人旅行者を1000万人にすることを目標として「ビジット・ジャパン・キャンペーン」を展開し、国際競争力のある観光地づくりや美しい景観づくり、まちづくりに取り組んでいることから、日本の各地域で観光振興やまちづくりに取り組んでいる外国人から、日本人が気づかない日本の魅力や大切にすべき景観・伝統・文化、日本人が改善すべき点などについて、新鮮な視点からの意見やアドバイスをいただくという趣旨で開催されたものである。10人の外国人と小泉首相、安倍晋三官房長官、北側一雄国土交通大臣とアドバイザーとして、河合隼雄文化庁長官、伊藤滋早稲田大学教授、木村尚三郎東京大学名誉教授が参加し会談が持たれた。

　懇談会は非公開で行なわれ、それぞれの外国人はさまざまな意見を披露した。明るく和気あいあいの雰囲気のなかで懇談が進んだが、京都で町家の保存に取り組むアレックス・カー氏は、日本の美しい景観が破壊されつつある現状に対する憂いの気持ちを述べ、日本の持つ素晴らしい景観や文化を守り、取り戻す必要性を訴えた。また、広島大学で観光をテーマに研究活動をしているフンク・カロリン氏は、自然と文化が豊かな瀬戸内海地域をはじめ、海を観光資源として見直し、自然海岸と港町の町並み保存が重要であると述べた（国土交通省［2006］48～49頁）。これらの2人の意見では、「鞆の浦」という具体的名称が出され、現状のまま保存していく重要性が直接首相に伝えられた。[23]特にアレックス・カー氏は、「中国や東南アジアには国をあげて古い町をきれいに残した場所がいくつもある。日本が本気で観光立国をめざすなら、鞆の浦のオンリーワンを守らなければならない」「鞆の浦のケースは、日本の姿勢をみるテストケースだ」と小泉首相に迫った。[24]

　これを受け、小泉首相は国土交通省に検討を指示し、3月26日、北側国交相が呉市での公務を終えたあと、非公式に鞆町を訪問することになった。同省中国地方整備局長の案内により、鞆港の歴史的港湾施設の見学や鞆城跡から湾内を見下ろす等、約40分間、架橋により埋め立てられる現場を視察した。また、先述のとおり、前日の3月25日には、外務政務官の遠山参院議員が鞆を視察している。

これに対し、羽田市長は、4月17日、国土交通省に北側大臣を訪ね、「鞆は歴史的な景観の魅力を持つ一方、環境や交通などの諸問題を抱えている。それを解決するには埋立架橋がベストである」と伝え、事業推進のために排水権の完全同意がない状態での埋立免許出願の準備を県とともに入る方針を伝え、理解と協力を要請した。しかし、北側国交相は、「いい町ですね」と語った以外は聞き役に徹した[25]。

4月30日、アレックス・カー氏が鞆を訪問し視察を行なった。アレックス・カー氏は、「架橋で町が発展すると行政が言うが、それは何十年前の論理である。一時的な補助は産業ではない。ここでどんな産業を育成できるのか。鞆には日本で唯一の江戸の港がある。それをセールスポイントに面白い観光地を作ることは可能である。江戸時代の道や蔵は他にもいくらでもあり、港の風景が人々を引き付ける。貴重な資源を壊せば鞆は寂れ、町を完全にだめにしてしまう」「瀬戸内海をずいぶん回ったが、これほど江戸時代の景観が残っている町はない。これを壊すのは日本に文明がない証拠である。欧米では古いものを壊して新しくするという常識が80年代以降変わり始めた。日本は遅れているけれども、新しい風が吹いてきている。今の時代に架橋事業のような発想は考えられない」「高齢化が進む状況を何とかしたいという住民の思いはよくわかる。しかし、選択の余地はある。交通問題はトンネルなどの解決策が考えられる。町並み再生は架橋より大きなお金が落ちる公共事業である。観光で若者の仕事も生まれる。発想を転換すれば町は生き返る。その可能性を住民は十分に知らされていないのではないか[26]」と言及した。

（4）国際社会からの声の趨勢と事業推進者側の評価

事業が推進されていく段階でのWMFやICOMOSといった国際的な団体からの指摘は、海外の専門家が現地を視察したうえで、国際的な趨勢にかんがみて述べられた意見である。鞆の地域のあるべき姿や価値を見極めて、それを活かしながらも町に存在するさまざまな問題を解決するための政策を形成していく視点を提供しているものとなっている。また景観保全は、住民の生活の犠牲の上に成り立たせるべきものであるとは主張しておらず、景観保護と住民生活の利便性向上を両立させていく妥協点を見出すための検討を行なっていくこと

を要望しているものである。さらに、そのために自らのリソースを提供し協力するという提案までもなされており、批判的な指摘に終わらない海外からの建設的な声として受け止めることができる。

しかし、事業推進者側はその指摘を否定的にとらえた。事業実施主体となる行政側は、それらを法的な強制力を伴わない声としてとらえ、参考意見のひとつとして扱う姿勢を示した。そのうえで、住民の生活と景観保全を天秤にかけていずれかの選択を迫る声というかたちにして扱い、住民主体の行政を行なう観点から住民生活を選択することにより、埋立架橋事業を推進する自らの正当性を主張し、それらの海外からの声を否定した。また推進派の住民についても同様に、現実の不便さと隣り合わせで生活している点を強調し、よそ者に口を挟ませないかたちで国際社会からの声を否定的に扱い、自らの主張の正当性を貫こうとした。

このように国際社会からの声は政策形成主体には否定的に受け止められ聞き置かれるかたちとなったが、その後、間接的に事業の推進に影響を及ぼすようになっていった。

4 現実的な制約による事業の行き詰まり

(1) 事業認可申請の行き詰まりと行政訴訟での判決

埋立架橋事業は、先述した権威ある国際的な団体からの否定的な意見にもかかわらず推進されていった。2006年6月、県は排水権者の完全同意を取得せず埋め立てに向けた免許手続きを開始したため、その権利者を含む事業に反対する163人が2007年4月、最終的な手段として埋立免許差止訴訟を提訴した。しかし、県は公有水面埋立の手続きを進め続け、2008年6月、埋立免許処分ができると判断し、国土交通省中国地方整備局に認可を申請した。通常は2か月の審査で認可されるところ、8月に「埋め立てによる利益と損害の客観的・明瞭な証明」という補足説明の提出が求められた。しかし、それらのすべてにいまだに回答できず、国土交通省からの認可は下りていない。

一方の埋立免許差止訴訟は、2009年2月の第11回期日をもって結審し、2009年10月1日、「景観は国民の財産である」とする画期的な事業差止の判決が広島地裁より下された。そこでは埋立架橋計画自体の不備が多々指摘されてお

[27]
り、それらの点を説明していくことは難しいものであった。不服とした広島県は控訴したが、11月に就任した湯崎英彦知事により、事業推進派と反対派による住民協議会が設置され、1年8か月間にもわたる議論（2012年1月終了）が行なわれたため、控訴から裁判の進行協議が12回開催されてはいたが、裁判の期日は先延ばしされたまま未定となっている。

（2）住民協議会の開催

　湯崎知事の発案で始まった住民協議会は、事業推進派と反対派の双方の住民が一堂に会して話し合うものであり、約30年にもわたり大多数の住民の賛成の声のみを根拠にして進められてきた埋立架橋の歴史のなかでは、画期的なできごとであった。その住民協議会ではメディエーションという手法がとられ、中立的な第三者を両者のあいだに据え、対話を中心とした手順により当事者同士の自律的な解決をめざした。メディエーターからは解決案の提示をせず、双方の話に耳を傾け、内容をひとつずつ確認して整理していくことで、共通点を見出し、解決への糸口を提示していくといったかたちで進められた。

　住民協議会ではさまざまな論点が提供されたが、海外から寄せられている指摘と同じ趣旨となる「鞆港の歴史的価値」等についても議論が行なわれた。反対派の住民はその価値を強調し、鞆港の景観保全を前提に、「地域における歴史的風致の維持及び向上に関する法律」（通称：歴史まちづくり法）を活用したまちづくりを主張した。一方、推進派住民は現実的に制約を受けている国土交通省からの埋立免許の認可や埋立差止訴訟には言及せず、埋立架橋により完成するバイパスが「命を守る道」になると事業の必要性を主張し、埋立事業の推進にこだわり続けた。結果的に「開発か保全か」といった住民の合意は形成されなかったが、相互の気持ちを理解し尊重し合うことをはじめとする共通認識を築き上げることができた。[28]

（3）知事による最終判断

　住民協議会の終了後、その結果を踏まえ、広島県と福山市による調整の場が幾度も持たれたのち、2012年6月25日、湯崎知事が「山側トンネル＋オプション」を解決策とする最終的な結論を下し、埋立架橋事業は中止となった。その

第3章　グローバル化社会における地方自治

判断においては、計画策定から約30年が経過して社会環境が大きく変化するなかで、世のなか全体における景観や文化的財産に対する意識の高まりや、景観がもたらす観光への影響というものへの考え方にも変化が生じたという認識に立ち、江戸時代からの町並みや港の風景を観光資源として保全・活用することが重要であるという認識にもとづいたものであった。この判断は、国際社会から寄せられる声と同じ方向性であり、政策形成にあたり大局的かつ長期的に検討を行ない、地域のあるべき姿を追求するといった判断であった。

その後、広島県が鞆町の住民に説明をする機会を持ったが、事業推進派の住民は参加せず、広島県との対話を拒否したため、鞆町が抱える問題については何もなされず1年以上が経過した。推進派の住民は諦めず事業の推進を要望しているが、そのためには、①国土交通省から埋立免許の認可を得ること、②埋立差止訴訟において勝訴すること、が必須となる。この重い制約を推進派の住民は当然のことながら理解できているものと考えられるが、事業推進の方向で歩み続けることは非現実的な選択であり、いつまでも対話を拒否していくことが、鞆町のまちづくりを停滞させる結果に終わる状況となっている。

5 「国際社会からの声」の影響

先述のとおり、知事が事業に反対する住民や国際的な声に沿う方向性で判断をし、埋立架橋計画は中止となった。その検討過程には、行政の執行上での現実的な制約となる①国土交通省から埋立免許の認可の取得、②埋立差止訴訟における勝訴、があったものと考えられる。ここで、この2点についての国際的な声の影響を考察しておきたい。

埋立免許の認可との関連については、先述のとおりICOMOSより2008年の年次総会で決議された認可の延期を要請する勧告文が国土交通省に直接寄せられていたため、国際社会からの声が一定の影響を及ぼしていたと判断することができる。また、「外国人から見た観光まちづくり懇談会」については、委員からの指摘を受けた小泉元首相の指示で、当時の国交相が現地を視察するなどして鞆の状況を把握し、事業実施についての検討を行なっていた点からも明らかなように、一定の影響があったと判断することができる。さらに、国土交通省による事業認可については、「埋め立てによる利益と損害の客観的・明瞭な

証明」、すなわち利益と損害の比較衡量のために、事業により失われることになる現在の景観から得られる利益を数値化するといった「難しい宿題」が出されており、背後には海外からの指摘の影響があると判断することが妥当である。

　これらのことを検討していくと、次のような判断が成り立つものと思われる。すなわち今日の地方分権社会においては、国と対等の関係にあるとされる地方自治体が、自らの法解釈で地域の実情に応じた政策を形成するときに、国がその動きを止める方向で動くことは時代に逆行しているともとられかねない。それにもかかわらず鞆港の埋立架橋事業について国が慎重な姿勢を保ち、認可を出さない点を検討すると、これまで述べてきた国際社会からの指摘が一定の影響を及ぼしていると判断できる。

　一方、埋立免許差止訴訟との関連については、景観保護に関する国際的な声の高まりがある状況において、良好な景観の恵沢を享受できるといった「景観利益」を法律上保護に値するものと解し、知事による埋立の免許処分を裁量権の逸脱や濫用として差止の判決を下している点に、国際社会からの声が一定の影響を及ぼしていると判断することができよう。WMWプログラムへの選定、ICOMOSの宣言や勧告、「外国人から見たまちづくり懇談会」での意見等といった海外からの声は、鞆港の景観の単なる美しさを主張しているのではなく、万葉の昔から潮待ちの港として発展し、商業都市として栄え、江戸時代の港湾施設がそのままのかたちで残り、現在もなお生活の一部として活用されているという歴史的・文化的な価値を有する景観であることを指摘しており、その点が判決における景観利益という言葉となって表現されているものであると考えられる。また、海外からの指摘のなかには、鞆の浦の景観が世界遺産級であるとするものもあったが、判決文で鞆の景観が「国民の財産」であると述べている点にその関連性も見え、国際社会からの声や指摘が差止訴訟に一定の影響を及ぼしていたと考えることが妥当といえる。

　これらのことから、国際社会からの声は直接的な決定的な要因であるとは言いきれないが、それらが地方自治の実践とも言うべき自治体の政策形成へ影響を及ぼしていると考えることができる。そして、このように国際社会からの声は当初は想定していなかったところに間接的に影響を及ぼし、かたちを変えて

第３章　グローバル化社会における地方自治

より重い制約となって政策形成主体に降りかかってきていることがわかる。

6 政策形成への示唆

これまで鞆町の事例をもとに、国際社会からの声が自治体の政策形成に一定の影響を及ぼしていた点を述べてきた。次に、国際社会からの声が届くなかで政策形成はどうあるべきかについて、検討を加えてみたい。

（１）指摘の影響範囲の見極め

グローバル化の進展により、「世界のなかにおける地域」という位置づけとなり、国際社会から寄せられる声や指摘が自らの元に届くことになるが、社会の進展や多様化により、その声は想定外のところに影響が及び、そこから違ったかたちでより重い制約となって再度わが身に降りかかってくる事態が生じることもある。寄せられた指摘を聞き置き、局所的に判断して政策形成を行なっても、大局的にはその指摘がより高い次元での制約となって出現し、気がつけば袋小路に入ってしまい身動きすら取れない状況に陥る。

このことにかんがみると、特定地域の政策形成に携わる各主体については、グローバルな潮流を前提に国際社会から寄せられる声や指摘内容について理解や学習に努め、その指摘がどこにどのようなかたちで影響が及ぶかを分析していく資質を持ちながら決断を下していく必要がある。政策形成過程のどこにかかわる場合でも、すなわち住民参加による議論による調整のフェイズ、または、その結論を踏まえた首長や議会による最終決定のフェイズにかかわる場合でも、そのような資質を備えていなければ、特定地域の運営を規定するさらに大きなしくみにより、自分たちの利害に関係する決定がなされてしまうこともある。その結果、地方自治を手段に自らの生活を豊かで潤いのあるものにしていくことが困難な状況に陥る可能性がある。

（２）国レベルの政策との整合性

本章で確認した「外国人から見た観光まちづくり懇談会」の事例で見られたように、政府が観光立国をめざして国際競争力のある観光地づくりや美しい景観づくりを行なう政策を実施しているにもかかわらず[29]、地方では地域の事情か

ら判断し、一般的に高い評価を得ている景観を破壊する施策が盛り込まれた一連の政策が形成されるといった不整合が生じていた。

　近年のわが国における文化遺産や自然遺産の保存に見られるように、高度成長期の開発を優先させる思考から、古いものを保存し活用する方向に価値観のシフトが起きているといえ、国レベルでの実践として世界遺産への登録を行ない、遺産の保護・保全に一層の努力をし、世界的な責任を全うすることで国際社会からの信頼を得ている側面がある。確かに地方分権社会においては、住民参加を踏まえたうえで、自治体が自らの判断で政策を形成していくことが必要となるが、国レベルで行なわれている政策が国際社会で一定の評価を得ている点を充分に考慮しながら、政策形成における判断を行なっていくことが必要となる。その場合には、過度に地方の利益を優先するような判断を行なっていくことが、国際社会におけるわが国の評価を下げてしまいかねない危険性も孕む点を認識しておく必要がある。

（3）外部アクターとの協働による政策形成

　近年、公共領域を担う新たな主体の登場により、各主体の対等な結びつきを強調するながれから、多くの自治体で「**協働**」という言葉が使われている。しかし、その「協働」という言葉には明確な定義が存在せず、「横浜コード」[30]にも見られるように、住民と行政が何か一緒に行なえば協働であると解釈する定義も存在すれば、自治基本条例等で「協働」を定める自治体もあり、行政と住民・NPOとの関係のあり方から①目的を共有する、②異なる主体が一緒に解決に取り組む、③対等な立場で連携するという3点で一致を見ている。しかし、①については参加や意思決定の過程を自治体が認識せず、課題をどう解決するかや、どのように連携するかといった実施レベルのみの議論となりがちで、二元代表制における責任の所在の観点からは否定的に「協働」をとらえる論者もいる。[31]

　これらの議論のなかでは、基本的に地域内に存在する主体を想定しており、国際社会で活躍するアクターとの連携までは整理されていない。グローバル社会においては、地域の殻に閉じこもり内々だけの議論を進めていくのではなく、国内はもちろん海外の研究者やNGOといった多様な主体が参加し、さま

ざまな問題点や複雑な課題を明らかにしながら、参加者が相互に理解を深めたうえで政策形成を行なっていくことが必要となってこよう。この点に関して鞆町の事例では、2012年6月25日の埋立架橋の中止を受け、ICOMOSの日本団体である「日本ICOMOS国内委員会」が、歴史や文化に関わる専門家集団として今後の鞆町のまちづくりに対して惜しみなく協力する旨の声明文を出しており[32]、実現すれば多様な主体が議論をし、相互に理解を深めながら政策形成を行なっていくかたちが実現することになる。しかしながらそこでは、いわゆる「口を出して終わり」といったかたちにならぬような配慮が求められる。すなわち専門的知識の提供のみならず、理論を地域に落とし込み実践へとつなげていくような役割や、実施過程においても地域の人々と協力して目的を達成していくことが求められよう。このような専門的な知識を有する主体と対等な立場で相互に連携し、責任を分有しながら政策形成を行なっていくという協働関係の構築がグローバル社会においては必要となる。

7 グローバル化社会における住民自治

　これまでの議論を踏まえ、最後にグローバル化社会における地方自治について住民自治の視点から言及しておきたい。

　地域において賛否が分かれる問題が発生し、その利害調整を行ないながら解決に向けた政策を形成していく場合、直接的な当事者でない者から発せられる自らの主張に不利な指摘については、理由をつけて排除しがちである。特に当事者にほど遠い海外からの指摘については、「足を引っぱるよそ者からの声」という言葉で片付けてしまいがちである。

　本章では、その「よそ者」からの指摘のすべてに敏感に反応していく必要性を強調したのではなく、それらの指摘への見極めや学習が必要となる点を述べてきた。国際社会からの声は、社会の進展や多様化により、想定外のチャンネルを経由して**住民自治**や**団体自治**に影響を及ぼすこともある。そして、その声がとりわけ団体自治に大きな影響を及ぼすと、団体自治が住民自治を規定する方向に作用するようになり、身近な課題解決にあたっての意思決定における方向性が、当事者である地域から離れた第三者的な別の主体により決定されかねない状況に陥ることになる。したがって、このことから導かれる結論として

第Ⅰ部　政策形成過程と住民自治

は、「よそ者」、とりわけ国際社会からの指摘への見極めを誤ると、住民自治を通じた社会環境のコントロールが機能しない状況に陥るということである。

　地方分権が唱えられる今日、住民については、政策形成過程に参加し、自治社会の主人公として地域の実情に応じた観点からさまざまな利害調整を行なっていくことが求められている。一方、自治体については、住民参加の結果を踏まえながら、法律を主体的に解釈して、政策を形成していくことが求められている。これらの政策形成過程にかかわる各主体は、「世界のなかにおける地域」という認識を持ち、国際世論や国際的な議論の趨勢を学習し、地域のあるべき姿（価値）を追求していくことが求められる。とりわけ住民については、そのような認識を持って実践していくことが必要であり、そのことが今日のグローバル社会において、住民が地域を民主的に統治するガバナンス、すなわち住民自治が団体自治を規定していくながれを生み出していくことになる。

1）　たとえば、2005年に開催された愛知万博における会場誘致計画は、愛知県が推進していた都市開発事業とセットにしたものであり、反対の意思を表明する住民や自然保護団体の指摘にもかかわらず、自然環境が豊かな「海上の森」の開発を前提として進められていった。自然保護3団体は、それぞれが関係する国際団体に万博の会場誘致計画の問題点や自然環境の保全を求める親書を提出し、国際的なネットワークを駆使して、博覧会国際事務局（BIE）に自然保護への意見書を提出した。これを受けたBIEは、開発による会場造成計画を「跡地利用は自然破壊」「万博理念と対極」「開発至上にほかならぬ」と非難し、万博誘致者（通産省、愛知県、中京圏の財界）に計画の変更を迫った。その結果、①都市開発事業と都市計画道路の中止、②「海上の森」南地区での博覧会の開催、③「海上の森」の将来的な保全策の検討、が行なわれることになった。なお、これらの詳細の経緯については、町村・吉見［2005］を参照されたい。
2）　鞆町の地域問題は非常に多面的であるため、本章で取り上げる一面がすべてというわけではない。鞆町の地域問題を体系的に把握するには藤井［2013a］を参照されたい。
3）　鞆の浦の申請は、「鞆の浦・海の子」（松居秀子代表）が申請していた。
4）　中國新聞（2001年10月13日付）を参照。
5）　河、海、湖、沼等の埋め立てには、申請者は公有水面埋立法にもとづき都道府県知事の免許を受ける必要がある。その手続きは、出願、3週間の縦覧、詳細な内容審査、地元市町村長の意見聴取や議会の議決、を経て国土交通省へ認可申請を行なう。その認可が下り知事が免許を与えれば、申請者は事業に着手できる手続きとなる。
6）　中國新聞（2001年10月13日付）を参照。
7）　中國新聞（2002年5月30日付）を参照。
8）　中國新聞（2002年5月30日付）を参照。

第 3 章　グローバル化社会における地方自治

9) 日本 ICOMOS のホームページを参照。
10) 委員会のテーマである民家建築についての視点から、鞆町での空き家再生活動への支援を訴えるとともに、一旦は凍結としていた埋立架橋計画を強い反対があるなかで復活させたことへの懸念を政府、広島県、福山市に対して表明する宣言となっている。この宣言に直接は記載されていないが、2003年の埋立架橋計画の断念とともに廃止された町並み保存事業の凍結が背景にあり、その方針への批判がこの宣言のなかから読み取れる。
11) 鞆が歴史的な港湾都市として特別に重要な価値を持つ場所であると総会において決議している点に、その指摘の重さを認識することができる。また、先述の「鞆の浦に関する宣言」では必要ならば代替手段を検討するように述べていたが、西安での総会決議では代替手段の検討を要求している点において、不便を強いられている住民の生活への配慮がなされていると考えることができる。
12) 毎日新聞（2005年10月26日付）を参照。
13) 中國新聞（2005年10月26日付）を参照。
14) 学術委員会の総括会議議長を務めるクリストフ・マハット氏（ドイツ）、民家建築学術委員会の元副会長のマイルス・ルイス氏（オーストラリア）、朝鮮通信使を研究する金光植氏（韓国）の3人。
15) 日本国内委員会委員長前野まさる氏と事務局長矢野和之氏の2人。
16) 朝日新聞（2005年11月29日付）、中國新聞（2005年11月29日付）を参照。
17) 中國新聞（2006年3月26日付）を参照。
18) 太陽新聞（2006年11月29日付）を参照。
19) 朝日新聞（2006年11月28日付）を参照。
20) この委員会の趣旨は、世界遺産である構造物等自体の周辺地域（バッファゾーン、緩衝地帯）についての保護、規制の問題を取り扱うものであったため、これまでとは違った角度からの指摘であったといえる。
21) ICOMOS の総会において、同一文化遺産の保護を2回連続して採択決議することは初めてのことであり、それだけ鞆の歴史的な価値を評価した重い指摘であると判断することができる。また、広島での「鞆の浦に関する勧告」を踏まえ、緩衝地帯の保存という観点からの指摘も行なわれている。
22) 中國新聞（2008年10月18日付）を参照。
23) 2007年5月に日本建築学会から県知事と市長宛に出された埋立架橋計画見直しの要望書を参照した。
24) 朝日新聞（2006年5月25日付）を参照。
25) 中國新聞（2006年4月18日付）を参照。
26) 朝日新聞（2006年5月26日付）を参照。
27) 埋立架橋の必要性や公共性について、調査検討が不十分であり合理性を欠くといった趣旨の判決が下されている。
28) 詳細については藤井［2013a］を参照されたい。
29) 政府は観光を国の成長戦略の柱のひとつととらえ、観光立国の実現に向けて2007年に

第Ⅰ部　政策形成過程と住民自治

「観光立国推進基本法」を制定した。また、それにもとづく「観光立国推進基本計画」で具体的な目標を掲げ、政府が講ずるべき施策等について定めた。そこでは、国際競争力の高い魅力ある観光地の形成、観光産業の国際競争力の強化および観光の振興に寄与する人材の育成、国際観光の振興、観光旅行の促進のための環境の整備等の目標が掲げられている。なお、2012年3月に同計画は改定され、今後の5年間にさらなる飛躍をするために「観光の裾野の拡大」と「観光の質の向上」を掲げるようになった。

30) 横浜市市民活動推進検討委員会［1999］参照。
31) 新藤［2003］、松下［2005］では、市民主権の観点から「協働」を批判的に述べている。
32) 日本ICOMOSホームページ「鞆の浦の埋め立て架橋中止と今後のまちづくりについて」参照。

【藤井誠一郎】

第4章

行政現場における政策形成過程と施策形成過程

　大阪府高槻市は市域の約2分の1の森林面積を擁し、下流域に36万市民の多くを抱える地勢から、森林整備ならびに森林資源の活用を通じて、集中豪雨などの災害発生から「市民の安全・安心」を守るまちづくりがひとつの課題である。この課題解決に向けて政策形成および施策形成する場合、単なる農林業施策では意味がなく、広く環境施策にも影響を及ぼし、新しい事業によって市民の関心をも喚起するものでなければならない。

　現在、地方分権の進展があり、ガバナンスの時代的な背景をふまえるならば、そのめざすべき方向性は、ローカル・ガバナンスの推進によって達成される分権型社会の構築であろう。自治体としても、政策形成および施策形成とその具体化の過程それぞれにおいて、広くガバナンスの状況を視野に入れて対応するとともに、常に住民自治の推進を念頭に置いて、「自助」「共助」「公助」を助長する方向づけが欠かせない。

　本章は、課題解決に向けて、具体的事例に沿って検討を行ない、「自助」「共助」を助長するには何が最適かを見極めながら「公助」のかかわりを決め、どのように政策形成と施策形成を行ない、事業を実施してきたかについて、筆者の実践をもとに述べたものである。

　✐ キーワード：　分権型社会、ガバナンス、ローカル・ガバメント、住民自治、自助、共助、公助、認識型問題、探索型問題、政策形成、施策形成

1 地域の状況と地域的特色としての森林および森林資源の状況

（1）森林整備と森林資源の有効活用施策の視点

　社会と生活をテーマに詩作活動を続けた詩人石垣りんの詩に「地方」と題する作品がある。ふるさとの人は、山に木を植え、木は40年も50年もかかってやっと用材になった。成人してから自分で植えたのであれば一生の間に合わないため、いつも次の世代のために、短い命の申し送りのように木が植えられてきた。「地方」には、小さな杉林、小さな檜林があり、自然とともに成り立つ

生業があったけれど、都市では売り買いの市場があるばかりであり、その市場ばかりが繁栄すると詠われる。

　これから述べる高槻市は、石垣りんの詩にある「地方」とはいえないかもしれないが、この詩の「地方」と同じように次世代のために植林された小さな杉林、檜林から成る森林がある。昭和30年代後半から始まった拡大造林のながれに沿って植林されてきたスギやヒノキが、現在、用材利用が可能になった40年、50年も経って、間伐適期になっているにもかかわらず、折からの国産材価格の低迷から抜け出せず、放置されたままとなっている。間伐が行なわれた場合であっても、切り捨てられた木材は山林内に放置され、下流域に多くの人口周密地域を抱える高槻市では、最近の集中豪雨などによる災害発生が懸念される状況を生んでいる。この小さな杉林、檜林から成る森林が、未利用資源の有効活用なども含めて持続可能なものとして再生され、高槻市に住まう市民の共通の財産として、安全・安心な生活を送ることができる「まちづくり」に貢献していくために、果断に施策を実行することが、今、まさに求められている。

　こうした状況に対応するため、高槻市では森林整備と森林資源の有効活用を図るためバイオコークス生産事業を立ち上げた。幸いにして、この事業は技術的な斬新さからも大きな反響を呼び、全国各地のみならず、韓国、スリランカ、ブラジル、イタリアなどからも多くの視察を受けることとなり、2011年度の「新エネ大賞」で資源エネルギー庁長官賞を受賞し、2012年度にはCO_2削減活動に対して環境大臣表彰を受けることとなった。

　本章においては、この高槻市での具体的事例をひとつの参考として、**カバナンス**[1]の時代を視野に入れ、住民自治が団体自治のあり方を規定するとらえなおすことによって、住民ニーズに沿った新たな地平を切りひらくことに繋がっていくとの視点に立って、どのような政策を構築し、その具体化を図るための施策形成が実現されてきたかについて、その政策形成過程と施策形成過程について説明することにしたい。

（２）地域的特色としての森林および森林資源の状況等

　高槻市は、1943年に大阪府下で9番目に市制が施行され、昭和30年代前半までは田園都市の面影を残しながらも緩やかな発展を遂げてきた。高度経済成長

第4章　行政現場における政策形成過程と施策形成過程

期には、京阪神都市圏のベッドタウンとして宅地開発が急速に進み、市制施行当時約3万2000人であった人口が、2003年4月には、約35万5000人の人口を擁する全国で31番目の中核市に変貌を遂げた。大阪府の北東地域にあって大阪市と京都市のほぼ中間に位置し、北は北摂連山の山々に接し、南は淀川に面し、東西10.4キロメートル、南北22.7キロメートルで、大阪府域の約5.6パーセントの面積を占める総面積105.33平方キロメートルを擁している。府下では大阪市、堺市、河内長野市に次ぐ広さとなっており、森林面積では能勢町、河内長野市に次ぐ。市の土地利用状況を見ると、山林面積が50.8平方キロメートルで47.6パーセントを占め、農地が8.6平方キロメートルで8.3パーセント、宅地が30.0平方キロメートルで28.6パーセント、その他16.3平方キロメートルで15.5パーセントとなっており、市域の約50パーセントを占める森林面積を有していることが、高槻市の地域的特色であるといえる。

　この地域の特色でもある市域の約50パーセントを占める森林の状況を見ると次のようになる。民有林が森林面積の96パーセントを占め、4627ヘクタールの面積を有している。そのうち、樹林地面積4428ヘクタールの内訳は、人工林面積は2426ヘクタール、天然林面積は2002ヘクタールとなっており、現状では松枯れなどの影響により、針葉樹面積は漸減する傾向にある。

　市域の森林の多くは、古くから農業と一体となった里山利用が続けられ、落葉落枝は田畑に肥料として敷かれ、材は農具や生活用具、薪炭など生活の必需品として利用されてきた。昭和30年代以降、急速な勢いで肥料は化学肥料に、燃料は化石燃料へと変換され、昭和40年代には、拡大造林のながれに乗って、里山にもスギ、ヒノキの造林が進み、市の人工林率は府下の平均を上回る51パーセント（2426ヘクタール）となっている。

　市域の森林の現状は、昭和40年代後半から続く松くい虫の被害により、優良なマツ林は姿を消し、里山のクヌギ、コナラの林は過熟化が進み、山裾にあった竹林が拡大するなど、生物の多様性確保のうえからも課題を残している。一方、スギ、ヒノキの人工林は**表4-1**のとおり、21年生から45年生までの適期の間伐が進まず、林床植生が発達しないことから、災害や病虫害の発生が危惧される。また、里山としての森林は、材価の長期低迷を背景とする森林管理意欲の低下、森林所有者の高齢化や後継者の不足などもあって、多くは放置状態

第Ⅰ部　政策形成過程と住民自治

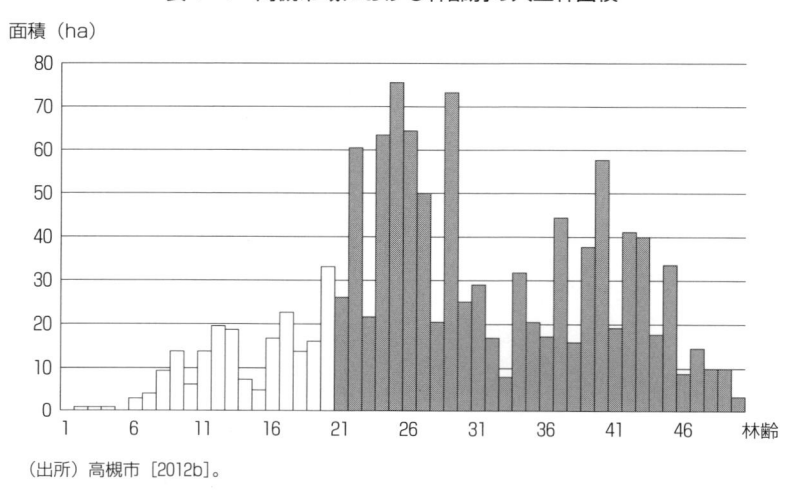

表4-1　高槻市域における林齢別の人工林面積

（出所）高槻市［2012b］。

が続いてきた。現在は、育成林業的側面が強いものの、拡大造林により造成されたスギ、ヒノキ林は成熟期にあり、木材利用の観点からも、森林の健全化（適切な管理）と資源の有効活用とが好循環を生むよう、森林保全の上に立った活用の方策を早急に検討することが喫緊の課題となっている。林業の側面から見て後発地でもあり、産業としても「林業」といったものが成立している状況にはない。

　一方、森林の状況を森林資源の側面から見てみると、**表4-2**に示すとおり、これを木質バイオマス資源[2]としてとらえると、これらの貴重な資源を用材あるいはエネルギー源として有効利用することによって、健全な森林の育成を図ることにもつながり、森林の有する多面的機能の向上にも資することがわかる。また、山林内での路網整備と高性能林業機械の導入に伴い搬出コストの低減化などにより、利用間伐材については搬出率を上げ、材としてのマテリアル利用を積極的に進める一方で、材として販売が困難なB、C級材[3]については、チップ（自家発電用）、木質ペレット[4]、パルプ用チップなどの原料としての活用が十分に可能な状況にある。

　次に、高槻市における森林・林業の担い手の状況についても触れておくと、1941年3月に旧・高槻町森林組合として発足した歴史を有し、森林所有者の出

表4-2　高槻市の森林の現状（森林資源蓄積量）

（単位：千㎥）

総　数	人工林			天然林			竹　林
	小　計	針葉樹	広葉樹	小　計	針葉樹	広葉樹	
652	432	419	14	220	176	44	140

（出所）高槻市［2012c］。

資により運営する公共的団体として森林組合があげられる。1951年の森林法改正に伴い新たに森林組合法が制定され、旧・高槻市森林組合として組織改変を行なうなどの経過を経て、2001年には大阪府下の森林組合の一本化が図られ、現在の大阪府森林組合三島支店に継承された。大阪府森林組合は協同組合組織として組合員数7115名の組合員を擁し、4支店と木材総合センター、木材加工所等を運営している。高槻市だけで見ると約800名程度の組合員がおり、その所有山林は市内森林面積の約70パーセント程度を占める。主な事業としては、森林造成事業、素材生産事業、森林リサイクル事業、建築事業等をあげることができる。現在、木質バイオマス利用へのシフトを進め、木質資源を原料として木質ペレットの生産や樹皮などの堆肥化とともに、新たな木質バイオマス活用にも積極的に取り組み、エネルギー利用など利活用が進んでいない間伐材等の利用価値の拡大を図り、新たな循環型バイオマス利用のシステムづくりを進めている。

2 政策形成過程ならびに施策形成過程の背景

社会状況や地域環境など地域の状況を一番よく知る立場にあるのは自治体であるところから、中長期的な視点に立って**政策形成**と**施策形成**を行ない、課題解決に向けて方向性を見出していくのが自治体行政の大きな役割である。そこで、高槻市の課題である森林整備ならびに森林資源の活用にかかる政策形成過程と施策形成過程について取り上げることとする。

（1）「探索型問題」の解決に向けての政策形成過程と施策形成過程

　今回、具体的事例として取り上げようとする政策形成過程と施策形成過程については、新しい事業を構築することによって、森林・林業に対する市民への関心を呼び起こすことに併せ、単に森林整備などの農林業施策にとどまることなく、地域におけるバイオマス利用の推進など地球温暖化防止への環境施策とも共管事業として実施してきたものである。さらに、これまでの政策ならびに施策上不十分であった点については施策を追加補強し、その具体化を通じて停滞する森林整備にインパクトを与え、「市民の安全・安心」を守るためのまちづくりに強く貢献していくことをめざそうとしたところである。

　さて、真山達志は、政策形成能力との関係から問題を「認識型問題」と「探索型問題」とに分類している。「認識型問題」とは、誰もが取り上げる認識可能な問題で、現状を少しでも改善することが課題となり、受動的、対処療法的政策形成であるとする。一方、「探索型問題」とは、本質的問題や将来の問題を発見し、より良い状態や新しい価値を追求する問題で、能動的・問題解決的政策形成であると規定する。今回、取り組もうとする森林整備ならびに森林資源の活用を通じて、「市民の安全・安心」を守るまちづくりに貢献しようとする問題は、まさに「探索型問題」ということができる。付け加えるならば、高槻市が抱える地域的特性からも避けて通れない、高槻市自らが答えを見出すべき公共的問題であるともいえる。

　この高槻市における地域的な特色でもある森林資源の状況等をふまえて、その課題の解決に向けた政策形成過程および施策形成過程のそれぞれの段階において意識したものとして次の4点をあげることができる。1点目は、現在の時代背景として地方分権のながれへの対応を行なうこと。2点目としては、ローカル・ガバナンスの問題である。今や事業を構築していくうえにおいては、関係する団体それぞれがひとつの目的に向けて対等・協力の立場から、持てる力を相互に補完し合いながら進めていくガバナンスをふまえての事業推進は避けて通れない。さらに、3点目としては、政策形成過程ならびに施策形成過程、事業実施のそれぞれの段階において、審議会、懇話会、検討委員会、バイオコークス創出地域協議会などを配置し、さまざまな議論と意見聴取を行ないながら事業を進めること。最後に、4点目としては、ガバナンスの推進上からも

行政のかかわり方は非常に重要であるとの認識のもとに、すべての段階においてサポートするように努めることであった。

特に3点目と4点目は、1点目の地方分権へのながれと2点目のローカル・ガバナンスをふまえたものでもあるため、以下においては、この1点目、2点目について説明することにしたい。

(2)「自助」「共助」「公助」にもとづく政策形成と施策形成

まず、時代背景として地方分権の時代について触れると、その趣旨は、地域のことは地域で決める「自己決定権の拡充」と、地域のことは、地域で責任を持つ「自己責任の拡大」であるといえる。めざすべき自立した**分権型社会**とは、個人で解決できることは個人で（**自助**）、地域で解決できることは地域で（**共助**）、個人でも地域でも解決できないことを自治体が担う（**公助**）という多様な担い手や補完性の原理が機能する社会状況をつくり出すことにある。地域が抱える課題解決に向けて自治体が行なう政策形成ならびに施策形成する場合においても「自助」「共助」「公助」を十分に考慮し、常に明確な方向づけを行なっていくことが必要である。まさに、住民自治が基盤となって団体自治が機能していく社会をつくり出していくことにあるといえる。

しかしながら、当然に地域によって抱える課題はさまざまであり、「自助」のみを待たず、「共助」を優先しなければならないこともあり、その「共助」の育成を図っていくためには、その「共助」機能が果たせるように、「公助」が支援していくといった政策形成ならびに施策形成が求められる場合も生じる。特に、今回の森林整備と森林資源活用の場合については、「自助」の点において、森林所有者による間伐などの保育管理ができていない状況があり、これらにどのようにインセンティブを与え「自助」をどう助長していくのかということが大きな課題である。森林整備と森林資源の活用の場合、「共助」をどう位置づけ、その「共助」をどのように育成していくのかといった問題もある。また、「公助」がどのようにかかわれば、「自助」と「共助」とともに、市域の森林整備が進み森林資源活用が効率よく進められるのかといった点が重要なポイントである。

さて、現在の状況では、社会状況とも絡んで「自助」としての森林所有者に

よる森林整備は、時間が経てば簡単に進行するといった状況が生み出せるとはとても考えられない。こうした場合、まず「共助」を優先することが効果的であり、その「共助」を推進できる核となる組織として、森林所有者の協同組織でもあり、NPO法人とのかかわりも深い大阪府森林組合の存在がある。森林組合として木質バイオマスを利活用する新しい事業を構築することで、間伐材利用の拡大と付加価値を付けることによって、所有者に費用還元する道を開拓し、森林所有者への間伐などの保育管理にインセンティブを与えることが可能となる。このことは、未利用バイオマスの利用拡大にもつながる。こうしたことが可能な組織は森林組合しか存在せず、「共助」組織として育成を積極的に進めることで、森林整備をより効率よく効果的に進めることができる。「共助」組織が、確実に事業を運営することにより「共助」を助長し、「自助」「公助」への波及効果を及ぼすことにつながる。こうした場合、「公助」については、施策遂行上からも政策的判断にもとづき「共助」の事業の確立とその展開を容易にできるように支援していくことが施策の選択肢となる。

　以上が、地方分権のながれをふまえ、「自助」「共助」「公助」を基準において、森林整備と森林資源活用における政策形成過程ならびに施策形成過程を進めてきたスキームである。

（3）ローカル・ガバナンスの推進

　次に、ローカル・ガバナンスの問題がある。これも地方分権が進展するなかで、企業を含めて各種団体等と行政がパートナーシップを組み、目的を共有することによって、協力・協調して事業が推進されるようにガバナンスを意識して取り組みを進めていく必要がある。後ほど述べる「バイオコークス事業」の実施について、まず、ガバナンスを意識して、パートナーシップとして産官学連携を選択することとした。この事業を支援する組織として、林業者をはじめとして、学識経験者3名と関係する事業者、企業も参画した高槻市バイオコークス事業創出地域協議会を設置し事業を進めてきたところである。いずれにしろ、自治体については、ガバナンスを推進していくうえでは、常に目的を共有する事業者それぞれが、政策形成および施策形成の基準に置いた「自助」「共助」「公助」の立場から、「協働」して事業を実施していけるよう、事業推進の

第4章　行政現場における政策形成過程と施策形成過程

核となってコーディネートなりマネジメントしていく役割に徹することにより、ローカル・ガバナンスを意識して事業の推進を図っていかなければならないことは言うまでもない。

3 政策形成および施策形成への基本的な枠組み

それでは、「自助」「共助」「公助」を基準として進めてきた政策形成過程、施策形成過程ならびに施策にもとづく事業について、その具体的事例に沿って説明していくこととしたい。

（1）「政策」「施策」「事業」について

まず、政策形成および施策形成過程の枠組みを説明する前に、「政策」「施策」「事業」それぞれの位置づけを明確にしておくこととする。行政実務を取り扱うサイドから見て「政策」は、比較的類似している「施策」や「事業」と区別されることが多く、抽象度の高い概念から具体的かつ実務的な概念という基準で並べると、政策→施策→事業という順に理解されるのが一般的であるとされる（同志社大学大学院総合政策科学研究科編［2005］69頁）。このなかで、「政策」とは、国または自治体として、一定の分野や問題についてどのような方針と理念で取り組むのかを示すものとして定義する。同じく、「施策」については、政策を実現するためのさまざまな取り組みを一定のグループにまとめたものとし、「事業」は特定の施策のなかに含まれる具体的な取り組みであると規定し、大半の行政組織はこの事業の執行を仕事としていると説明されている。これらの定義については、これから述べる「政策形成」「施策形成」「事業実施」のそれぞれの説明が整理しやすいため、これらの定義によることとする。したがって、これらの分類からすると、以下に説明する『第4次・第5次高槻市総合計画』に示される「基本構想」が「政策」であり、この『総合計画』の基本計画、実施計画の施策体系を含め、「高槻市環境基本条例」『環境基本計画』『地域新エネルギービジョン』、さらに「高槻市農林業の活性化に関する条例」（以下、「条例」とする）や『高槻市農林業振興ビジョン』（以下、「ビジョン」とする）は「施策」の範疇に入ることになる。また、環境基本計画ならびにビジョンの『実施計画』と『高槻市バイオマスタウン構想』（以下、「バイオマスタ

第Ⅰ部　政策形成過程と住民自治

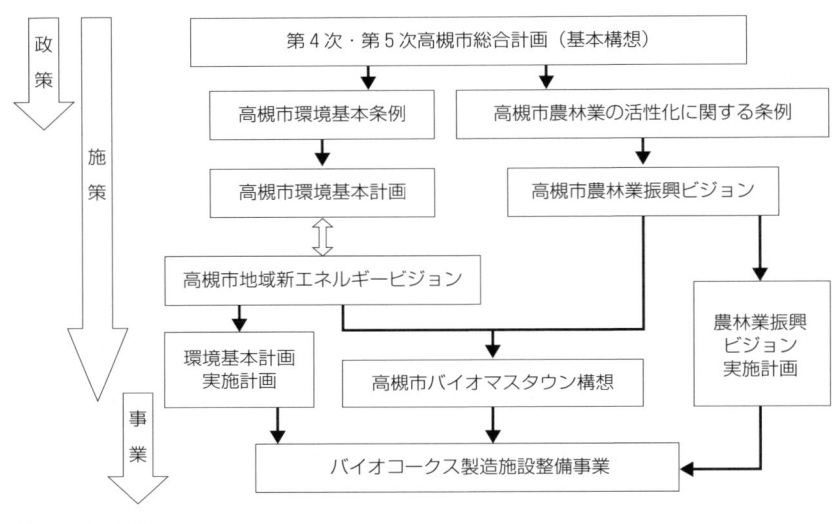

図4-1　高槻市における政策形成および施策形成の体系

```
政策 ─→  第4次・第5次高槻市総合計画（基本構想）
          ├─────────────┬─────────────┐
          ↓                             ↓
    高槻市環境基本条例              高槻市農林業の活性化に関する条例
施策         ↓                             ↓
    高槻市環境基本計画              高槻市農林業振興ビジョン
          ↕
    高槻市地域新エネルギービジョン
          ↓              ↓                ↓
    環境基本計画      高槻市バイオマス    農林業振興
    実施計画          タウン構想          ビジョン実施計画
          ↓              ↓                ↓
事業 ─→      バイオコークス製造施設整備事業
```

（出所）筆者作成。

ウン構想」とする）も「施策」に包含される。その他、本章の**6**で述べる「バイオコークス事業」については、その名のとおり施策にもとづき実施する「事業」のなかに位置づけられる。これらの政策レベル、施策レベルおよび事業レベルにおける関係をまとめると図4-1のようになる。

（2）政策形成と施策形成に向けての4つの視点

　地方分権には、好むと好まざるとにかかわらず、それぞれの地域が抱える問題は、地域自らの力で解決していくといった意味が込められている。高槻市が抱える市域の約2分の1を占める森林保全の課題解決の問題については、他の地域には見られない地域的特色を有していることからも、自らが自らの力でしか解決方策を提供できない地方分権時代の格好の題材であるといえる。さらに、高槻市における森林保全に関する課題については、市域に居住する市民への安全・安心につながる「まちづくり」に貢献する問題でもあることからも、広く意見を聞く場を設けるとともに、ネットワークづくりなどについても十分に心がけることを重視した。

第4章　行政現場における政策形成過程と施策形成過程

　これらをふまえて、以下の4点の基本的な枠組みによって、政策形成および施策形成の方向性を見出していくこととした。

　まず、1点目としては、森林の災害防止や水源の涵養、地球温暖化防止等の公益的機能が叫ばれ、市域の半分を占める森林は地域環境に占める重要なファクターであることから、市域の森林全体をいわゆるマクロ的な観点から、あらためて「コモンズ（共有資源）[7]」的な位置づけとしてとらえなおすこととした。いわゆる産業としての「林業」が成り立っていない市域の森林をその地域環境的側面から意義を見出し、「コモンズ（共有資源）」といった位置づけにすることによって、市民共有の財産を守っていくという姿勢が明確となり、森林保全を図っていく施策遂行の意義が明確となる。現在、市域森林の所有者は約800戸以上を数えるが、その山林所有者自らが、自らの森林を守り育てることを通じて環境財産としての健全な森林の育成を図ることにつながり、市民共通の財産である「コモンズ（共有資源）」を守り育てていくことになる。

　2点目としては、農林施策からの具体化施策を農林行政の範疇にとどまることなく、環境施策としても貢献する共管的な事業として構築する。加えて、木質バイオマス利用という地域的特色を活かして、農林業分野から新エネルギーとして、地球温暖化防止に役立つ新しい技術を高槻市から発信する。

　3点目としては、政策形成および施策形成段階のそれぞれにおいて、1人でも多くの意見を聞く場を設定し、その議論の過程のなかでSWOT分析[8]など利用可能な分析ツールを積極的に活用し問題点を絞り込むこととする。

　4点目としては、「バイオマスタウン構想」を策定するなど行政施策として公的なものとしての正統化に努めるなど、行政の姿勢を明確化することによって、関係する事業者等の進むべき方向性を明らかにする。その事業の具体化については、しっかりとしたマネージャー役ならびにコーディネーター役に徹することにより事業をサポートする。

　以上の4点を柱として、地方分権が着実に進行していくなかで、地域的な課題を同じ目線に立って解決していくために、これまでのガバメント的な発想のみにとらわれることなく、関係する団体それぞれが持つ長所を最大限活かせるように、ネットワークを形成して取り組みを進めることとしたところである。

第Ⅰ部　政策形成過程と住民自治

4 森林保全の課題解決に向けての政策形成過程

　次に、高槻市における環境政策ならびに農林政策の政策形成過程について説明していくこととする。2001年度から2010年度を計画期間とした第4次高槻市総合計画のもとで、環境政策については環境基本条例を2001年4月から施行し、本条例にもとづく環境基本計画を2002年3月に策定し、これまで実施計画に沿って、「地球環境にやさしいエコ・シティたかつき」をめざし、地球温暖化防止への取り組みが進められてきた。さらに、2007年3月には、市域内での新エネルギーの導入指針となる「地域新エネルギービジョン」を策定し、太陽光発電、風力発電、バイオマス発電・熱利用・燃料製造などの推進を図ることとした。

　一方、農林政策においては、2005年3月に2014年度を目標年次とする「ビジョン」を策定し、その実施計画にもとづき農林業の振興に努めてきたところである。こうしたなかで、2008年4月には「大阪府都市農業の推進及び農空間の保全と活用に関する条例」が施行されるなどの情勢変化と現行ビジョンの中間見直しなども視野に入れて、今後の農林業の活性化策を探るため、2008年1月に「高槻市農林業の活性化に関する方策検討懇話会」（以下、「懇話会」とする）が設置され、2009年3月に提言をまとめた。懇話会については、学識経験者、関係団体、大阪府等行政関係者9名で構成し、同時にその関係者から成る作業部会も設置し議論を進めた。特に森林分野では、「間伐などによる伐採木の有効活用に向けた取り組みとして、『地域新エネルギービジョン』に示されている木質ペレットやさらに付加価値の高いバイオマスエネルギーなどへの活用のため、未利用バイオマス資源の利用も念頭に置いた『バイオマスタウン構想』を策定し、本市における地球温暖化防止に向けた具体的貢献手法を措置すべきである」（高槻市［2009］）とし、「バイオコークス生産による間伐材利用・森林整備の推進」や「多様な環境機能を持続的に発揮する森林管理の確立」などにも言及し、提言の実効性を担保するには条例化による制度化が不可欠であるとした。環境行政における施策形成と比較して、基本条例がないなど農林行政の施策上からも不十分な点をもふまえたものである。なお、現在は、2010年10月に「条例」を施行し、同条例にもとづき市民公募委員も参画した「高槻市

農林業活性化審議会」が設置され、2012年3月には「ビジョン」の改訂が行なわれることとなった。

　ところで、この懇話会からの提言の検討に併せて、今後の市域の森林の活性化を目的として、大阪府、高槻市農林課、環境政策課、大阪府森林組合の職員から成る「高槻市森林健全化研究会」（以下、「研究会」とする）を立ち上げ検討を進めた。検討課題としては、高槻市の森林・林業の実情と課題、森林組合における「環境林業」への展開と組合運営の核となる事業の確立、「バイオマスタウン構想」の策定と新たな木質バイオマス技術導入の可能性などについて、懇話会「提言」に盛り込むべく議論を行なった。この議論の過程では、利用可能な政策研究のツールとしてSWOT分析を活用し、今後の活用方策を絞り込んだ。この研究会のなかで、具体的な事業として、新たな木質バイオマス技術として「バイオコークス」が導入の可能性として浮上し、この事業の可能性や導入後の使用先の絞り込みと事業の将来性などについて、研究会メンバーとともに開発者でもある近畿大学の井田民男准教授をはじめ、プラントメーカーなどとワーキンググループを構成し、実験プラントへの現地調査も含め検討を重ね、その結果にもとづき事業実施の可能性を探り、提言に盛り込むことになったことも付け加えておく。

5　施策形成過程と施策にもとづく事業への取り組み

　さて、現在、2009年6月に「バイオマス活用推進基本法」が策定され、都道府県ならびに市町村においては、「バイオマスタウン構想」の有無にかかわらず推進計画を策定することとなった。しかし、今回の施策形成過程については、この「構想」に関係しているため、その策定過程を中心に説明する。

　いわゆる「バイオマスタウン構想」については、2002年12月の閣議決定された「バイオマス・ニッポン総合戦略」にもとづき、地球温暖化防止や循環型社会形成等の観点からバイオマスの利活用の推進を図るため、2006年3月には京都議定書発効等の情勢の変化をふまえ、農林水産省をはじめ関係府省が協力して、市町村における国産バイオ燃料の本格的導入、林地残材などの未利用バイオマスの活用等による「バイオマスタウン」構築を目的として施策が推進されてきたものである。ちなみに、高槻市の「構想」については、大阪府下3番目

として2010年4月に認定・公表された。

ところで、施策形成過程としての「構想」の策定については、前述した研究会による検討結果をふまえた懇話会からの提言にもとづくものである。この「構想」の策定については、学識経験者、JAたかつき、大阪府森林組合、NPO法人、大阪府などの代表者から成る「高槻市バイオマスタウン構想策定検討委員会」を設置し、議論を進めた。同時に、庁内組織としては、当時の政策企画室など10課で構成する「バイオマスタウン構想策定庁内検討会議」を組織し「構想」の原案を調整のうえ、検討委員会に提案していくこととした。

この「構想」については、国が推進する「バイオマス・ニッポン総合戦略」に沿うものであるが、単なる構想にとどまることなく、高槻市の地域課題の解決にも影響を及ぼすように「バイオコークス」という具体的事業を実現することによって、名実ともに「バイオマスタウン」として、森林保全と災害防止を図り、地球温暖化防止への貢献をめざす実践的な内容とした。

なお、この「構想」策定を期して、市民への周知を図るために、「構想」策定検討委員会メンバーとともに、農林水産省環境バイオマス政策課長の参加を得て「バイオマスタウンたかつき」シンポジウムを開催し、多くの参加者を得ることができたところである。

6 産官学連携事業としてのバイオコークス事業への取り組みと事業効果

次に、「構想」の具体化事業として位置づけた「バイオコークス事業」の取り組みと事業実施後の効果について説明することとしたい。

(1)「バイオコークス事業」について

バイオコークス事業を説明する前に、まず「バイオコークス」とは何かについて簡単に触れておくこととする。バイオコークスとは、光合成に起因するすべての植物から形成できる固形燃料の総称であり、バイオマス資源を加熱圧縮しコークス化することにより、原料重量100に対して同量の製品を生産することができる。石炭コークスとのエネルギー収率の比較でも単位容積あたりのエネルギー収率はバイオコークスのほうが高く、鋳物用石炭コークスの代替燃料として利用しようとするものである。

その特徴としては、石炭コークスの代替エネルギーとして、カーボンニュートラル[9]で温室効果ガス排出量の削減効果が高く、新たな木質バイオマス活用方策として素材の買取りなどにより高付加価値化が期待できることから、間伐や間伐材利用の推進にインセンティブを与えることなどをあげることができる。大阪府森林組合が事業主体となって、国ならびに高槻市からも補助を受けて、2010年度から2011年度にかけて施設整備を進めたものである。バイオコークス反応容器36基、乾燥機1基、熱冷媒循環装置等を備え、総事業費5億円をかけて高槻市内に設置したところである。数少ない川上事業のなかで、1996年頃からの未利用材のチップ化によるリサイクル事業から始まり、2001年にはペレット加工場を稼働させ、さらに今回のバイオコークス事業へと発展させてきたものである。

(2) 産官学連携事業としての「バイオコークス事業」への取り組み

次に、バイオコークス事業の取り組みについて説明していくこととする。同事業は、国内でも初めての新しい事業であったことから、しっかりと支援体制を構築していくことからスタートさせた。前述した地域資源利用型産業創出緊急対策事業にもとづき、高槻市バイオコークス事業創出地域協議会を設置することとした。同協議会においては、同事業の政策評価まで行なう機能を持たせることを念頭に置き、行政としても同事業をサポートする姿勢を明確にするため、その事務局を高槻市に置くことにした。協議会の構成員としては、学識経験者、林業者代表、プラントメーカーN社、バイオコークスを取り扱う商社D社、大阪府等で構成し、オブザーバー委員としてユーザー企業であるT社、K社の2社についても参加いただくこととした。バイオコークス事業については、ガバナンスを意識して、近畿大学、N社、大阪府森林組合、高槻市が共同覚書を締結することによって、ネットワークを形成し、対等・平等にそれぞれの力を活かすことを重視し産官学連携事業の形態をとって事業を立ち上げていくこととした。自治体の役割は、あくまでもマネージャーおよびコーディネーター役として同事業をサポートし、側面的な支援に徹することにより取り組みを進めたところである。

（3）「バイオコークス事業」稼働後の森林整備の動き

では、「バイオコークス事業」の導入後、高槻市域において森林整備と森林資源活用状況はどのように進展したかを簡単に触れておく。

まず、高槻市では2010年から2012年にかけて、市内森林のなかで比較的蓄積量が多く間伐適齢期に達した人工林3か所約137ヘクタールを選定し、このうち2か所において高性能林業機械の導入により林内作業の効率化を図るため、2路線の基幹作業道約660メートルの開設を行なった。大阪府森林組合では、この基幹作業道2路線を中心として、3か所それぞれにおいて森林経営計画を策定し、2013年現在でスギ、ヒノキを中心に1250立方メートルの搬出間伐を行なったところである。この間伐材については、一部のA級材については市場出荷し、残る大半は木質チップ化によってバイオコークス原料として使用した。バイオコークスの生産量としては、2012年6月から2013年5月までの生産量が約513トンで、全量を鋳物用石炭コークスの代替燃料として販売を行なった。間伐材を搬出しても、市場価格の低迷と資源として活用方途がなければ森林整備は進まない現状がある。今回のバイオコークス事業の導入によって、間伐適期に達した森林を対象に、搬出可能なところから徐々に間伐に弾みがついてきた状況がうかがえるが、引き続き、未利用資源の有効活用と森林所有者へのインセンティブを与える施策の継続が必要である。

7 政策形成ならびに施策形成過程から見た自治体のあり方とガバナンスの課題

以上が、森林整備と森林資源の有効活用に関する政策形成過程と施策形成過程とそれらにもとづく事業の具体化までの経過とその後の展開状況の内容である。これらの過程のなかから、住民自治をめざしてローカル・ガバメントとしてのあり方やガバナンスの推進に向けての課題なども浮かび上がってくる。最後に、それらについて触れておくことにしたい。

（1）ローカル・ガバメントとしてのあり方について

現在、地方分権の進展があり、ローカル・ガバナンスの状況を迎えた時代的背景をふまえるならば、その理念としてめざすべき方向性となるのは、ロー

カル・ガバナンスの推進によって達成される分権型社会の構築であろう。分権型社会とは、自治体と住民とが適度な緊張感を保ちながら政策能力を高めていくことによって、地域の問題は自分たちの力で解決していくといった自立した社会である。このことは、住民が自らの決定と行動によって地域の公共的問題を解決するという**住民自治**がその基礎となる。住民自治が優先される社会は、「自助」「共助」「公助」それぞれの相互補完関係によって、地域の公共的な問題が処理されていく活気のある社会であろう。したがって、自治体としても政策形成ならびに施策形成を行なう場合、住民自治をめざして、常に「自助」「共助」「公助」が助長されていくような方向づけを強く意識して実践していく必要がある。自治体サイドからも実践することによって、地域住民とのさまざまな緊張感を生み出し、そのなかから自治体と市民それぞれに、新たな気づきと自覚も生まれてこよう。住民自治を優先することによって、団体自治のあり方を規定する時代を迎えていることを自治体としてもしっかりと認識しておかなければならないだろう。

　そこで、住民自治と政策形成との関係をまとめておくと、まず、自治体としては、さまざまな情報のなかから、「探索型問題」を見つけ出し、議論の俎上に載せることから始まり、時代的背景をしっかりとふまえたうえで、この「探索型問題」の解決に向けて、多くの意見を聞きながら、政策形成ならびに施策形成による方向づけを明確にして、それぞれの事業への参入者の活動に正統性を与えることである。加えて、「探索型問題」の解決に向けて、住民自治を念頭に置いて、その状況と課題の内容に応じて「自助」「共助」には何が最適かを見極めながら、「公助」のかかわりを決めていくといったことが重要である。「公助」のかかわりについては、あくまでもマネージャーおよびコーディネーター役として事業のサポート役に徹することであり、「自助」「共助」のそれぞれが軌道に乗れば、「公助」は距離を置くといったことも忘れてはならない重要な点である。自治体として、ガバナンスの時代を迎えた今、住民自治に向けてガバメントの重要性は増すことはあれ減ることはなく、自治体の役割に大きな変化が起こっていることをしっかりと認識しておく必要がある。

（2）ガバナンスの推進に向けての課題について

　次に、住民自治に向けてのガバナンスの課題についても触れておく。森林という「共有資源」を背景として森林整備ならびに森林資源活用を考えた場合、行政、森林組合、山林所有者といった既存の枠組みに加えて、森林ボランティアの取り組みや森林整備に対する企業のCSR活動なども含め、多くのアクターの協働が欠かせない。

　まず、NPO法人の活動について見ると、活動が始まってすでに9年が経過するが、市内の里山での森林整備活動を行なう場合、多くの森林所有者の理解を得て、自由に森林内に立ち入り森林整備活動ができているかといえば必ずしもそうではない。一方、森林に対する企業のCSR活動の取り組みについても同様のことがいえる。参加各社は、荒廃林や竹やぶを対象として間伐や竹林整備などの活動費用を自社負担するなど積極的であるにもかかわらず、一部の理解ある森林所有者を待つか、自治体や森林組合からの森林所有者への仲介なくして活動が成立しえない閉鎖的な地域状況が存在する。森林所有者サイドにおいても、高齢化や後継者不足などもあって、森林整備ができず、多くが放置されている現状を抱えている。地域での森林・林業におけるガバナンスを進めていくうえで、既存の枠組みでもある山間部地域、森林組合、森林所有者に加え、NPO法人等や企業のCSR活動との相互依存関係を構築することが欠かせない。こうした課題の解決のためには、ローカル・ガバメントとしての行政が橋渡し役となり、積極的に交流の場などの協働のプラットフォーム[10]を立ち上げていくなど、徐々にでも地域社会に残る閉鎖性を取り除いていく努力が待たれる。ガバナンスの進展に向けてアクター間の相互依存関係を構築していく仲介的な役割を果たせるのは行政以外には存在せず、ローカル・ガバメントとしての積極的な行動によって、地域におけるガバナンスを中長期的な視点に立って構築していくことが喫緊の課題となっている。

　こうした地域内での課題が克服され、森林・林業においてもガバナンスが進展することによって、今後の持続的な発展の可能性の拡大を期待するとともに、住民自治が団体自治を規定するといったパラダイムシフトの時代を迎えて、自治体自らが政策形成や施策形成の実践を通じて、住民自治に向けて取り組みが進むことを願って考察を終えることとしたい。

第4章 行政現場における政策形成過程と施策形成過程

付記

　本章は、同志社大学政策学会が発行する『同志社政策科学研究』第15巻第2号に収録された「高槻市における森林整備と森林資源活用施策の構築に向けて」を加筆修正したものである。また、本章において説明している政策形成および施策形成の基準として採用した「自助」「共助」「公助」をはじめ、住民自治および団体自治、政策形成および施策形成等についての考え方は、あくまでも筆者の考えにもとづくものであり、高槻市において公式的な方針、基準または見解として採用されているものではない。

1) ガバナンス概念については、真山［2002］97頁を参照した。
2) バイオマスとは、生物資源（bio）の量（mass）を表す言葉であり、「再生可能な、生物由来の有機性資源（化石燃料は除く）」のことを指し、そのなかで、木材から成るバイオマスのことを「木質バイオマス」と呼ぶ。木質バイオマスには、主に、樹木の伐採や造材のときに発生した枝、葉などの林地残材、製材工場などから発生する樹皮やのこ屑などのほか、住宅の解体材や街路樹の剪定枝などの種類がある（林野庁［2011］）。
3) A・B・C・D材とは、木材を品質（主に曲がりなどの形状）や用途によって分類する通称。基本的に、A材は製材、B材は集成材や合板、C材はチップや木質ボードに用いられる。D材は搬出されない林地残材などをいい、木質バイオマスエネルギーの燃料などとして利用する場合が多い。
4) 木質ペレットとは、丸太、樹皮、枝葉など木質バイオマスを原料につくられる。これらの原料を細かい顆粒状まで砕き、それを圧縮して棒状に固めて成形したものがペレットである。大きさは長さ1〜2センチ、直径6〜12ミリのものが主流である。ペレットの特徴のひとつとして接着剤の必要がない。成形するときにおが粉状のものを圧縮して固めるが、このときに接着剤は使用せず、木材の構成要素のひとつである物質（リグニン）が軟化して、接着剤のような役割を果たしている。
5)「認識型問題」と「探索型問題」については、真山［2001］108頁を参照した。
6)「政策」「施策」「事業」については、同志社大学大学院総合政策科学研究科編［2005］69頁、および真山［2001］48頁を参照した。
7) コモンズについては、佐々木・金編［2002］10〜31頁を参照した。
8) SWOT分析とは、戦略マネジメントの起点としてのビジョン（将来像）や政策目標を導く分析手法を指す。SWOTとは、強み（Strength）、弱み（Weakness）、機会（Opportunity）、脅威（Threat）の頭文字を取ったものである。詳細については、大住［2006］69〜77頁を参照した。
9) カーボンニュートラルとは、生物資源であるバイオマスは、成長過程で光合成により吸収したCO_2を排出しているところから、ライフサイクルで見ると大気中のCO_2を増加させることにならず、このCO_2の増減に影響を与えない性質のことをいう。
10) 協働のプラットフォームについては、田中［2012］82頁を参照した。

【北建夫】

第 5 章

自治体行政と協働

　近年、多くの地方自治の現場において、自治体行政と NPO などの外部アクターによる協働が積極的に行なわれている。そのため、自治体行政は、地域で活動するアクターをバックアップしていく役割が求められてくることになる。しかし、自治体組織に視点を移せば、地域活動をバックアップできるだけの組織体制が整っていないのが現状としてある。特に、課題としてあげられるのは縦割り行政の弊害である。
　今後、自治体行政が外部アクターとの協働を進めていくうえで、検討しなければならない課題のひとつとして組織内部の管理体制があげられる。そこで、本章では、X 市の市民協働提案制度を事例として、協働における自治体組織内部の対応について考察し、協働・ガバナンス時代における自治体組織管理について検討している。
　これらの考察から、「計画による調整」「トップマネジメントによる調整」「現場職員による調整」の3つの調整手法について、協働を進めていくうえで検討していく必要があることを指摘している。これからの自治体行政は、外部アクターに開かれた組織であるとあらためて認識する必要があり、協働するアクターとの関係をふまえた組織管理のあり方が求められてくる。

　🔖 キーワード：　自治体組織、協働、ガバナンス、市民協働提案制度、計画による調整、トップマネジメントによる調整、現場職員による調整、縦割り

1 住民自治と自治体組織

　近年、NPO などのアクターは、地域の自治活動の重要な役割の担い手として位置づけられ、急成長を見せている。そのため自治体行政は、NPO などの地域で活動するアクターをサポートし、一緒に地域課題を解決していくために両者のあいだで協働関係を結ぶことが多くなっている。こうした現場の実態にあわせて行政学や地方自治論においては、ガバナンスや協働という概念がよく議論されるようになった。しかし、ガバナンスや協働という概念が登場して

も、自治体行政が地域の中心的なアクターとしてネットワークの維持・管理をしていく役割が今後はより求められてくると考える。

ところが、その**自治体組織**の内部管理に視点を移せば、地域のネットワークを維持・管理することや、NPOなどの地域活動をバックアップできる組織管理体制が整っていないのが現状である。特に、問題としてよくあげられるのが、縦割り行政による組織内部の調整不足である。地域の抱える課題は、自治体組織内部の各部局をまたがるものが多くなっており、組織内部における調整のあり方が問われている[1]。

ここで序章の問題提起と本章の関連性について述べておく。「住民自治が団体自治を規定する」という全体的なテーマをふまえ、他の章では住民やコミュニティの動向に焦点を当てて考察されているが、本章ではあえて自治体行政の対応に焦点を当てている。その理由として、「住民自治を制約するものは何か」という序の問題提起に対して、本章で明らかにするような自治体行政の協働に対する組織的な取り組み姿勢がひとつの回答になると考えたからである。

こうした問題意識をふまえて、本章ではX市の市民協働提案制度を事例として、外部アクターの意向に対して自治体組織はどのように受け止め対応しているのかを見ていくことで、協働における自治体組織の管理について考察することが目的である。

2 協働・ガバナンスにおける自治体行政の役割

近年、「ガバメントからガバナンスへ」と言われるように、行政学・地方自治論においてガバナンスの議論が盛んに行なわれている。**ガバナンス**は、多様なとらえられ方がされているが、そこに共通する部分として、政策過程それ自体が多様な主体によって担われるようになり、そのネットワークの働きのなかで相互作用的に公共政策が進んでいくことにあると指摘されている（新川[2012] 4頁）。そのため、これまで公共空間において中心的なアクターとされてきた行政は、ネットワークのなかの一構成員とされ、他の参加アクターと協力し合いながら公共的な諸問題の解決に動いていくことになる。これまでの政府が市民を管理し、支配するというタテ志向のガバメントから、政府、民間セクター、市民の関係は水平的なヨコ志向の強いガバナンスへと変化していくこ

とが現代において求められているのである（中邨［2001］6頁）。

地方自治の現場では、ガバナンスの考え方が**協働**という概念によって取り入れられている。協働の考え方にもさまざまなものがあるが、どの論者も共通して主張しているのが自治体行政と市民の対等性である。たとえば荒木昭次郎は、インディアナ大学のヴィンセント・オストロム教授の造語である「コプロダクション」から協働について述べている。「コプロダクション」の「コ」は、コミュニティやコーディネーターの「コ」に該当し、その意味は共同・協働・協調のことである。そのため、「コプロダクション」は、市民と自治体職員とが相互に平等な立場で協働しつつ、ある価値を持つ財やサービスを生産することであると理解されている（荒木［1990］6～7頁）。

他にも佐藤俊一は、これまでの自治体行政における市民参加の特徴として、「主宰者」は自治体行政であり、市民は会議等への参加者に終わりがちであることや、課題設定から政策の構想・立案・決定段階に集中し、政策の実施や評価は自治体行政任せであることをあげている。これら市民参加の特徴をふまえて今日における協働とは、「政策過程全体にわたり自治体行政と住民が対等な立場・関係のもとで共通課題を実現するため、まさに共に考え、共に汗を流し、共にリスクを負う行為システム」（佐藤［2006］175頁）であると述べている。

しかし、こうしたガバナンスや協働という概念が登場して、公共空間において市民の役割が大きくなっているとしても、自治体行政の位置づけや機能が低下しているわけではない。むしろ、地域のネットワークを構築していくうえで、自治体行政は中心的な役割が求められるようになっているという考え方がある。その理由として、唯一自治体行政が地域のネットワークのなかで正統性や強制力を持っているアクターであることがあげられている（真山［2011］615頁）。そのため自治体行政は、単にサービスを供給する主体ではなく、地域ネットワークの管理・支援を行なう役割へと変容していくことが求められている。

3 自治体組織管理の検討の必要性

以上のように、今日において公共空間は自治体行政だけが独占するのではな

く、市民もその担い手とされ、両者の関係は対等な協働関係が理想であると言われている。しかし、ネットワークの管理と支援の中心となるのはあくまでも自治体行政であり、市民の地域活動をまとめていく役割が求められている。

ところが、自治体組織内部の管理に視点を移せば、そうしたことを担うだけの体制となっていないのが現状である。たとえば、協働を推進していくうえで自治体行政側がよくあげる問題のひとつは組織管理のあり方であり、**縦割り**による組織内部の調整不足である。これまで多くの批判がなされてきた自治体組織における縦割り行政は、中央省庁による縦割り構造が自治体行政にもそのまま貫かれ、それが総合行政を困難にしていると言われてきた（今村［2006a］146頁）。一方、今日、地域活動において市民が抱える課題は、自治体行政の各部局をまたがるものが多くなっている。そのため自治体行政は、多岐にわたって市民が抱える地域課題に対して柔軟に対処していけるような組織管理体制の構築の必要性を認識しているが、そうなっていないのが現状である[5]。

こうした現状のなかで、これまでの自治体行政と市民との協働研究では、自治体組織の内部管理まで引き付けた議論はほとんどなされてこなかった。さらに、これまでの行政管理論の研究を見ても、外部アクターとの関係をふまえた議論とはなっていないとの主張もある。たとえば足立忠夫は、行政管理論は人事、財務、調整等のごとく、主として組織の内部の問題にもっぱら視点を向けてきたことを指摘している（足立［1988］198頁）。また、近年においても、多くの自治体行政で実施されてきたNPM（New Public Management）改革は、組織内部に視点が限定されており、外部アクターとの関係をふまえた組織管理の議論とはなっていないとの主張もある（入江［2009］17頁）。

地域のネットワークの中心として、市民と協働して公共空間における政策課題を解決していこうとすれば、これまで以上に自治体組織は外部アクターからの影響を受けることになるだろう[6]。そうなれば、外部アクターからの影響に対して自治体組織内部において具体的にどのように対処しているのか、その内部管理のあり方まで考えていくことが必要になってくると考える。つまり、ローカル・ガバナンスの議論が盛んななかで、それにあわせて自治体行政のあり方も検討していく必要があるということである[7]。

では実際、自治体行政は協働を実施していく際に、外部アクターからの意向

に対してどのように組織内部において対応しているのであろうか。本章では、このような問題意識をもとに、X市での市民協働における組織内部の対応を見ていくことで、具体的な自治体組織の内部管理の課題を抽出していくことにする。

4 X市の概要と協働の取り組み

(1) X市の概要

　X市では、市外で勤務する市民は少なく、自営業や兼業農業を基盤とする生活経済圏が形成されていることから、地域のつながりが極めて強いまちである。

　近年では、昔からの地縁団体だけではなく、NPO団体も多く設立されるようになってきている。X市のNPO数は、31団体あり、他にも任意の市民活動団体も約140団体ある。このようにX市では、地域のつながりが強く、現在でもNPO活動が盛んに行なわれており、市民相互の助け合いが機能しているまちであるといえる。

(2) X市の協働の取り組み

　こうした地域の特性を背景として、X市ではさまざまな協働事業を展開している。具体的な事業として地域自治組織を設立し、その後には市民、大学、自治体行政の3者で協働に関する協定を締結している。さらには協働によるまちづくりの指針の策定も行なわれている。

　このような協働事業の展開にあわせて、自治体組織の部局も改編している。当初は、企画担当部に協働担当課が設置された。その後、協働を所管する課は企画担当部から市民担当部へ移行している。このねらいとして、職員は地域に積極的にかかわっていくことが必要であるとし、市民にとって最も身近な市民担当部へと移行させることになったのである。

5 市民協働における自治体組織内部の対応

　ではX市では、外部アクターである市民との協働を推進していくうえで、具体的に自治体組織内部はどのように対応していたのであろうか。その実態につ

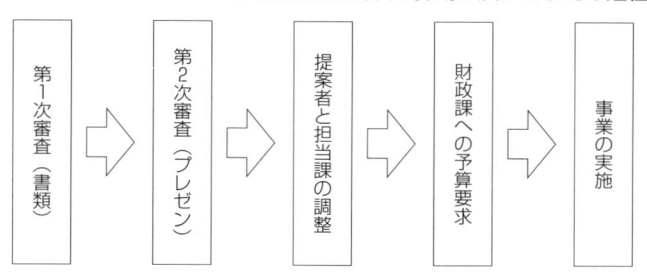

図 5-1　X市における市民協働提案制度の採用が決まるまでの過程

第1次審査（書類） ⇒ 第2次審査（プレゼン） ⇒ 提案者と担当課の調整 ⇒ 財政課への予算要求 ⇒ 事業の実施

（出所）　X市へのヒアリングをもとに筆者作成。

いては、多くの自治体で実施されている「市民協働提案制度」に着目していくなかで考察する。

(1) 市民協働提案制度における各部局の対応

「**市民協働提案制度**」とは、市民活動団体や企業の多様な外部アクターから市の新たな政策課題を募集し、自治体行政と提案者がともにその解決に向かって事業を実施していく制度である。この事業は、市民協働の推進を目的として設置された協働担当課が所管しており、協働担当課が中心となって市民の事業提案を募集し積極的に実施されている。

募集するテーマには、自治体行政が課題を設定する「行政提案型」と市民の側が自由に課題設定することができる「市民提案型」のふたつがある。これまでに募集した「行政提案型」のテーマの例として、ごみ問題、観光政策、健康政策などがある[8]。自治体によって過程はさまざまであるが、X市において事業の採用が決まるまでの過程は**図5-1**のとおりである。

書類審査による第1次審査があり、その後に提案者のプレゼンテーションによる第2次審査が実施されて、最終的に審査委員の評価によって決められる。審査委員は、学識経験者やNPOをサポートする中間支援組織の関係者、副市長、部長級の市職員が務めている。

採用された事業は、その事業を担当する課と提案者によって具体的に立案され、財政課へ予算を要求し、自治体行政から提案者に対して委託ないし補助をすることで事業が実施される。しかし、事業を担当する課と市民とのあいだで

具体的に事業立案していく過程において、以下で記述していく要因が重なり両者のあいだで協議が難航したケースがあった。そのひとつとしてあったのが観光政策である。

　行政が募集した「行政提案型」のテーマに観光政策があり、森林体験型観光が提案され実施に至った。これを提案した市民活動団体は、森林再生と環境保全および都市交流を目的として、地域の人々の精神的な拠り所である学有林の伐採跡地に、地元産の広葉樹を植樹する体験型観光を企画していた。

　一方、この提案を受けた観光担当課は、観光とは観光客の安全性を第一に確保するものであるという観光政策の理念は譲ることはできない、学有林を拠点地とした活動は事故の危険性が高いなどを理由に、提案された事業をそのまま実施していくのは難しいという立場であった。また、そもそも植林活動については、森林担当課が林野庁からの補助事業として、すでに計画を立てて継続して実施しているので急に方針を転換するのは困難であり、提案者側が今後も継続して樹木の維持管理の対応ができるのかという懸念もあった。さらに観光担当課は、年間の観光客数に関する具体的な数値目標を掲げており、ある程度の観光客数が見込める観光事業を企画していきたいという考えも持っていた。そのため、観光担当課は、今回の市民側の提案とは少し異なる代替案を市民に提案している。

　しかし、提案者側も、今回の提案内容において学有林での植林活動は肝の部分であり、学有林を拠点地とした植林活動を外してはこの事業を実施する意味がなく、各施策を相互に連携させたほうが効果もあがるなど、自らの意見を譲らなかったことから、両者は納得するまで幾度も議論し、協議に多大な時間を費やした。ただ、こうして双方が時間をかけて議論を積み重ねることができたことで、最終的には双方が合意したうえで学有林の植林活動を外してのテストツアーを企画し実施している。

　この協議にかかわった職員は、観光担当課と提案者側の調整が難航したひとつの要因として、自治体行政側の組織管理体制にもいくつかの課題があったことを述べている。自治体行政は、これまでの政策の理念や方針を転換することなく、それを踏襲して事業を立案しがちであることや、一度、計画を立てればそれにもとづいて各課は継続して事業を実施していくことになり、急に方針を

転換することは難しいということである。また、そもそも既存事業の踏襲になりがちなのも、現在の各事業担当課における人員体制では新たな事業を受け入れる余裕がないということも要因としてあげている。これは人員が削減されるなかで、個々の職員の職務が増え続けていることも重なり、各事業担当課は新たな提案事業をそのまま受け入れて事業を実施する余裕がないということである。

　次に、市民からの提案に対して、自治体組織内部において調整が難航したケースとして教育に関する政策があった。提案者側は、地域資源を活用して人づくり事業を提案している。この事業は、中高生を対象にPBL（Problem Based Learning）を用いた問題解決型体験学習であり、教育委員会事務局が事業を実施していく予定で調整がなされていた。しかし、教育委員会事務局が事業を立案する期間が短いこと、対象とする受講生が限定的で公共的教育への広がりが期待できないことを理由に、この提案を受け入れるのが難しかった。その後、協働担当課と教育委員会事務局のあいだで何度も折衝が行なわれたが、部局間の政策目標の差異が問題となり、両者の理解の隔たりは埋まることなく、最終的には協働担当課が事業を引き受けて実施している。

　一方、提案者側の提案内容を尊重して事業が立案されたケースもあった。そのひとつとして市民の健康政策があげられる。健康政策を所管する健康担当課では、専門職である何人かの保健師がさまざまな事業を担当している。保健師は、常日頃から市民と接しながら職務を遂行する機会が多いことから、市民協働の主旨を理解しており、提案者とうまくコミュニケーションを図る能力が高いとされている。

　市民協働提案制度の際も、提案者側の地元企業は、自ら保有する資源を有効に活用して市民の健康、体力づくりに関する事業を提案しているが、保健師が提案者側の考えを尊重してうまく事業が企画された。実施段階の役割分担においても、事業内容そのものの実践は提案者側に委ね、参加者の健康管理や相談役を保健師が担うという役割分担によって、お互いの弱点を補っていくことができたのである。ただ、両者のあいだの調整がスムーズに行なえたのも、自治体行政の方針と提案者側の提案内容の主旨が合致していたからである。

（2）まちづくり推進本部における対応

次に、副市長をトップとする組織を横断した会議体である「まちづくり推進本部」を取り上げ、市民協働に対してどのように対応しているのか、その実態を見ていくことにする。

X市では、市長、副市長、教育長の3役会議があり、それに部長級の職員を含めた政策調整会議が定期的に開催されている。こうした会議の内容をふまえて、さらに具体的にどのように政策を実施していくのかを議論していくために、政策分野別にプロジェクト会議や推進本部がつくられている。ここで取り上げるまちづくり推進本部は、そのひとつになる。

同市では、協働によるまちづくりの指針を策定したことで、それを全部局をあげて実現していくことをめざして、まちづくり推進本部を設置している。まちづくり推進本部の設置要綱の第1条の設置目的には、X市における市民協働の方針を、あらゆる分野で総合的かつ効果的に推進するために、まちづくり推進本部を設置すると明記されている（X市配布資料より）。

まちづくり推進本部の構成員は、副市長を本部長とし、副本部長を市民担当部の部長が担い、本部員として各課の課長クラスの職員、支所の支所長、監査委員事務局長、農業委員会事務局、教育委員会教育総務課長などで構成されている。

当初、まちづくり推進本部の目的は、X市における市民協働とは何かを、具体的に検討していくことで今後のX市の市民協働をどのように推進していくのかを全部局において理解を深めることにあった。他にも、市民協働における部局間の調整について議論していく役割を担うことが想定された。

しかし、まちづくり推進本部の実態としては、こうした機能を担うことができずに、これまで取り上げてきた「市民協働提案制度」の連絡会議となっており、年に2、3回しか開かれることはなかったのである。そのため、協働に関する政策理念や、部局間の調整を行なうという当初想定していた本質的な役割に迫ることができなかったのが実態である。

こうした現状の背景には、まちづくり推進本部という組織をうまくリードしていくための事務局となる協働担当課が、専門性や知見を蓄積できる人事制度となっていなかったことがひとつの要因として考えられている。X市において

第5章　自治体行政と協働

は、3年ほどで定期的に人事異動がなされており、前任者が市民協働に対する専門知識やノウハウを異動してきた職員に伝えることが必要になる。しかし、個人が培ってきた市民協働に関する経験、ノウハウ、人間関係までをも伝えることは困難であり、協働担当課は市民協働に対する専門性を蓄積できなかった。実際にX市では、協働担当課が企画担当部から市民担当部へと移行した際には部局内の職員が総入れ替えしている。そのため、まちづくり推進本部において協働担当課は、組織全体を引っ張っていくことが難しかったのが現状としてあった。

　また、それに関連して協働担当課は、市民協働に関する政策理念を議論するより、実際にさまざまな市民協働事業を実施していくなかで協働に対する組織全体の共通認識が得られるとも考えていた。これは当初、各部局を協働事業の当事者として経験させることで、市民協働にかかわる当事者とすることによって共通認識を深めようと想定していた。つまり、机上の論よりは、実践を通して市民協働の理解を深めようとしたのである。実際には、協働事業にかかわった職員の意識は飛躍的に変化していったものの、組織全体としての広がりと深まりを考えると十分なものではなかった。そこには、やはり全庁的な議論と合意形成の場面が不足していたのである。まちづくり推進本部が本来果たすべき部局間における本質的な議論と調整機能を果たしつつ、これと並行して実践を絡めていく必要があったのである。

（3）論点整理

　これまでX市を事例として、市民からの協働提案に対して自治体組織がどのように対処しているのかを見てきた。ここで事例を総括すれば以下のようになろう。

　まず、提案者からの提案内容に対して自治体行政の各課の方針と異なることから、調整が難航したケースがあった。それが表れていたのが観光政策のケースである。提案者側が提案した植林活動については、すでに中央省庁の補助というかたちで計画を立てて継続していることを理由に、双方の思いは交わることがなかった。しかし、時間をかけて議論を積み重ねていく過程を経て、最終的には双方が納得する事業を立案し実施している。一方、健康担当課では、市

民とのコミュニケーションをとることに慣れている保健師が担当していたが、これまでの自治体行政の方針や計画と提案者側の事業主旨と合致していた分、提案者側とスムーズな調整を図ることができた。

こうした自治体行政側の対応が示すのは、外部アクターである提案者側の意向をすべて受け入れることは組織として難しいということであろう。提案者からの提案をすべて受け入れることになれば、これまでの政策方針や計画、職務の進め方の変更で、自治体組織内部における調整の負担が増すことが十分に考えられる。現に事例においても、縦割り組織が影響して教育委員会事務局との調整において協働担当課が組織内部において大きな調整の負担を負っていた。市民協働において自治体行政側は外部アクターの意向を受け入れていくことも必要となってくる。しかし、あらかじめ定めている計画や方針をもとに活動している自治体組織側からすれば、外部アクターの意向をすべて柔軟に受け入れることになれば組織が機能しなくなることも十分に考えられるだろう。

このように事例をふまえれば、外部アクターが持つ事業の主旨と自治体組織内部における計画や方針をどのように調整していくのかを考えていくことが、これからの協働・ガバナンス時代における自治体行政の組織管理の検討課題のひとつであると考えられる。その課題を考えるうえで検討しなければならないのは、事例でも記述したトップマネジメントのあり方と、外部アクターと直接に接する現場職員の役割である。

今回の事例では、自治体組織の内部において提案者の意向をふまえて調整が図れなかった要因として、まちづくり推進本部が本来の機能を発揮できなかったこともあると考えられる。自治体組織内部における計画や方針のあり方について議論するのがトップマネジメントの役割であることから、協働事業を推進していくうえで計画や方針の変更に迫られた場合、組織内部の調整を図るということはトップマネジメントの重要な役割なのではないだろうか。

ただ、今回のような市民協働における自治体組織内部の調整は、トップマネジメントのみでうまく調整を図ることは難しいだろう。最も地域に近い現場職員も、対外部アクターとの調整において重要な役割を担うと考えられる。事例では、保健師や観光担当課職員による度重なる提案者側との協議、調整が行なわれていた。また、事業部局と提案者側の仲介役として調整業務を行なってい

第5章　自治体行政と協働

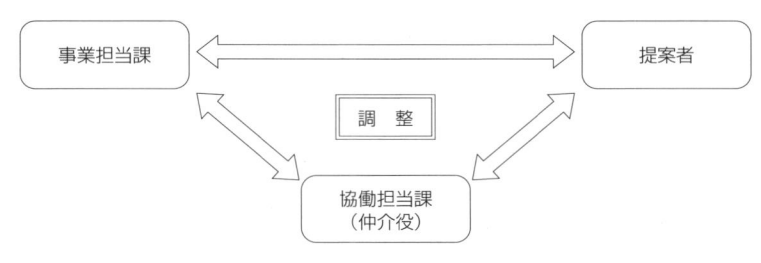

図 5-2　市民協働提案制度における3者の関係

事業担当課 ⇔ 提案者
　　　　　調整
　　協働担当課
　　　（仲介役）

（出所）　X市へのヒアリングをもとに筆者作成。

た協働担当課の役割もあった。これら3者の関係は図5-2のようになるであろう。

　こうした事例での検討をふまえ、続いて今後における協働、ガバナンス時代における自治体組織管理の課題を「計画による調整」「トップマネジメントによる調整」「現場職員による調整」という3つの調整の観点から考察していくことにする。

6　協働における自治体組織管理の課題

（1）計画による調整

　自治体行政と外部アクターとのあいだで調整がスムーズにいかなかったのは、自治体行政が定める計画や方針と外部アクターが提案した事業の主旨が異なるケースであった。これは行政組織が行動をできるだけプログラム化して、組織目的の達成を図り管理を容易にする傾向があるとする指摘と関係があり（真山［2012b］104頁）、この組織のプログラム化による調整についてさらに詳細に検討しているのがジェームズ・マーチ＝ハーバート・サイモンの研究である[9]。

　マーチ＝サイモンは、調整[10]について「相互依存的に条件づけられる活動の信号体系を整備する問題」としてとらえており、それを考えるキーワードとしてプログラム化がある（マーチ／サイモン［1977］42頁）。彼らは組織におけるプログラム化の機能としてふたつあげている。ひとつ目が組織のコントロールシステムの一部として、組織構成員をコントロールするものであり、ふたつ目が、

109

組織内部の調整システムの重要な部分を成していることである(マーチ/サイモン［1977］220〜221頁)。そのため組織構成員は、環境からルーチンな刺激に対して、プログラム化された手続きにもとづいて行動することから、他の組織構成員や部局は行動および行動結果の予測が可能となり、組織内部の調整がなされると考えられている。こうした具体的な調整の手法は、前もって各部局間の活動内容が設定された進行計画によって部局間の調整を図っていく「計画による調整」によって説明されている(マーチ/サイモン［1977］245頁)。「**計画による調整**」は、あらかじめ設定された計画によって各部局はスケジュールどおり活動していくことで調整が容易に図れるというものである。

　自治体行政側は、組織として活動している以上、こうした「計画による調整」によって安定的な組織活動を実施していかなければならないということがある。自治体行政側の方針や計画と異なる外部アクターの考え方を受け入れることになれば、すでに設定した職務遂行のスケジュールを変更する必要があり、組織内部における調整の負担が増すことになってしまう可能性が十分に考えられる。これは縦割り組織もあいまって自治体組織内部における調整の負担はさらに増すことになるだろう。実際、X市の事例では、協働担当課が教育委員会事務局に対する調整において、縦割り組織も影響して協働担当課が大きな調整の負担を負っていた。こうした要因から、自治体組織は柔軟に協働する外部アクターの意向を受け入れるのは難しく、対外部アクターとのあいだで調整が難航していたのである。

　ただ、自治体行政があらかじめ設定した計画や方針に固執して組織活動を実施していけば、自治体行政の考え方とは異なる外部アクターの提案を受け入れなくなることも十分に考えられる。そうなれば多くの外部アクターとの協働を実施していくことは難しく、ともに地域の政策課題を解決していくことは不可能となってくると考える。協働は、外部アクターからの新しい考え方を取り入れて政策が形成、実施されるところにメリットがあることから、自治体行政は外部アクターからの強い影響を受けながら組織管理を行なっていかなければならない。

　マーチ=サイモンが指摘しているように、「計画による調整」に依存できるのは、環境が安定的であるときに限られている(マーチ/サイモン［1977］245

頁)。NPO活動が活発な地域で自治体行政が協働を推進していくことになれば、常にさまざまな考え方を持つ外部アクターの影響を大きく受けることになり、自治体行政を取り巻く環境は安定的であるとは言いがたい。外部アクターの意向に対して、それをどのように受け止め対応していくのか自治体組織の管理体制のあり方が問われているといえる。

　しかし、ここで留意しなければならないのは、自治体行政が定める計画はさまざまな利害関係者がかかわるなかで策定されることが多く、その方針を変更するのは容易ではないといえることである。今回のX市では、中央省庁との関係で計画が策定されているため、計画内容の変更は容易ではなかったと考えられる。そのため、今後、さまざまな利害関係者の意向をふまえて策定した方針や計画の主旨と、それとは異なる考え方を持つ外部アクターと協働していく場合、どのように折り合いをつけていくのかを検討していく必要がある。その課題を考えるうえで検討しなければならないのは、以下で詳しく考察する自治体組織のトップマネジメントのあり方と、外部との境界部分に位置する現場職員の役割であると考える。

（2）トップマネジメントによる調整

　組織の調整におけるトップマネジメントの重要性は、ルーサー・ギューリックなどによって昔から主張されている。ギューリックは、「観念による調整」、すなわちトップマネジメントによる調整の必要性を主張している。そのなかで、トップの最も困難な任務はリーダーシップであるとし、組織構成員を同じ目的に向かって活動させるように働きかけることが重要な役割であると指摘している（Gulick［1969］p.37）。

　市民協働は、自治体職員にとって普段の職務がどのように変化するのかイメージしづらいものである。組織上位層の会議体が、市民協働を推進していくうえでの政策理念を明確にし、それを組織に浸透させ、市民協働を全職員に理解させることはトップとして重要な役割である[11]。

　さらに、組織内部の調整においてもトップマネジメントの役割は重要となってくる。先ほどあげたマーチ＝サイモンによれば、組織を取り巻く環境が不安定である場合、事前に定めた計画の変更が必要になることから、「フィード

バックによる調整」に依存しなくてはならない度合いが大きくなることを指摘している（マーチ／サイモン［1977］245頁）。「フィードバックによる調整」は、あらかじめ定めた計画には想定していない偶発的な変化に対応するための組織内部の調整方法である。この調整方法では、状況の変化によって新しい情報を組織が受け入れ、トップマネジメントが大きく関与することで組織内部の調整（トップマネジメントによる調整）を行なうことになる（マーチ／サイモン［1977］304頁）。

　この「フィードバックによる調整」の考え方をふまえれば、市民協働を推進していくうえで、自治体組織内部における方針や計画の変更が必要になってくるケースが多くなってくることが想定できることから、トップマネジメントの関与の度合いが大きいといえる。そのため、市民協働における自治体組織内部の調整においてトップマネジメントの役割が重要であり、外部アクターが何を求めているのかを常に考え柔軟に対処していくことが必要である。

　しかし、ここでも留意しなければならないのは、市民協働に関する組織内部の調整を自治体行政のトップが強いリーダーシップをもって行なうことが最善な方法であるかということである。今回のまちづくり推進本部は、主に自治体職員によって構成されており、ここでの決定事項を外部アクターに対して一方的に押し付けてしまう可能性もあるといえる。そうなれば、トップマネジメントによる調整だけに依存することができないのではないだろうか。トップマネジメントの役割と同じように、次に検討する現場職員の役割が重要となってくると考えられる。

（3）現場職員による調整

　自治体行政が外部アクターとの協働を推進していくことになれば、多くの自治体職員は、自治体組織内部において外部環境・アクターとの境界に位置することになり、自治体行政－外部アクターとの関係を構築する重要な役割を担う協働における現場職員と位置づけられるだろう[12]。今回の事例のように市民協働提案制度では、外部アクターと一緒になって事業を立案し、実施していくことになる職員がそれにあたる。こうした職員は、外部アクターと直接に議論し合うことで提案の主旨を理解し、自治体行政の方針をふまえたうえで外部アク

ターとの関係を調整（現場職員による調整）していくことができるような能力が求められる。

　前述したように自治体行政は、あらかじめ定めた計画や方針にもとづいて組織として活動していることもあり、常に外部アクターの意向を柔軟に受け入れることが難しいといえる。その場合、外部アクターとの調整を図るうえで重要な役割を担っているのが、自治体組織と外部アクターの境界に位置する現場職員である。自治体行政の外部アクターと協働していくことになれば、両者の境界において激しくやりとりされることになる。そうなれば、自治体組織と外部アクターの双方が納得し、事業の目的を共有していけるように現場職員の高い調整能力が求められてくるだろう。また、現場に近い職員にある程度の裁量を与えて、外部アクターとの調整を図りやすくするため、積極的に権限を現場に委譲していくことも同時に考えていく必要がある。

　このように考えれば協働・ガバナンス時代における自治体組織管理のあり方は、トップマネジメントのリーダーシップが求められる一方で、現場職員も外部アクターとの調整において重要な役割を担っていることから、ある程度の現場レベルに権限を委譲していくことも必要になる。そのため、権限委譲を目的として多くの自治体行政で実施されているフラット組織などのタテの組織構造のあり方について議論が必要になってくるだろう。もちろん、同時に部局間の縦割りの組織構造のなかで、どのように部局間のヨコの連携をとりながら組織内部の調整を行なっていけるのかも考えていかなければならない課題である。

7 住民自治と自治体組織の管理

　本章では、X市の市民協働提案制度を事例として、協働における自治体組織管理のあり方について考察してきた。自治体組織が地域で活動するアクターと協働していくことになれば、両者の考え方を調整していけるような組織管理のあり方について模索していくことが必要になってくるだろう。しかし、本章で考察してきたとおり、そうした自治体組織の管理体制に転換していくには多くの課題はあることもわかった。協働によって自治体組織が外部アクターとの調整が必要になってくる以上、現場職員は重要な役割を担っている。また、協働を進めていくうえで、これまでの自治体行政の方針を修正することが求められ

るケースもあると考えられることから、その際はトップマネジメントの役割が重要となってくると考えられる。外部アクターを無視した自治体行政の組織管理のあり方では、地域の自治活動を阻害する可能性も出てくるといえる。

　また、これまでほとんど触れていないが、自治体組織にとって外部アクターとの調整過程は新たな考えを得る学習する機会となることが考えられる。近年、組織論において組織間学習について研究が盛んになされている[13]。組織にとって他の組織と組織間関係を結ぶことは、新しい考え方や知識を吸収する機会になると言われている。この議論をふまえれば、自治体組織にとってNPOなどのアクターと協働関係を結ぶことは、自治体組織にとって地域で自治活動をする人々の考え方を吸収する機会であり、同時にそれを組織に浸透させることで地域事情を考慮したうえでの組織変革を引き起こすことにもつながると考えられる。もちろん、外部アクターにとっても学習する機会ともなり、両者がより成長していくことで地域の自治活動もより活発になっていく可能性もあるだろう。こうした観点からも協働するアクターとの関係から、今後の自治体行政の組織管理を展望していくことが必要となってくると思われる。

付記
　本章では先方への配慮から、X市について具体名を出すことを控えた。そのため、X市の資料等でも具体名は示していない。

1)　詳しい組織の調整のしくみについては後述する。
2)　本章での協働における対等性は、序章において記述されているように、法的権限が付与され、税金の予算執行権を握っている行政との対等性はこの面ではありえず、個別の領域の政策形成過程等で目的の共有化のための協議、その後の実施における役割分担や連携の調整での対等性と位置づけてとらえている。
3)　「コプロダクション」だけではなく「パートナーシップ」を協働と訳す論者もいるが、意味することはそれほど隔たりがないと言われる（牛山［2009］51頁）。
4)　同じ考え方として中邨章は、行政はさまざまな政策課題を引き受けることができる能力を持つが、NGOなどのアクターではそうした能力がないことから、行政の役割を後退させる考え方はできないと指摘する（中邨［2001］13頁）。
5)　たとえば、滋賀県草津市の『住民自治と協働に関する調査研究報告書』において、地域の課題が自治体行政の部局間をまたがるものが多くなっている一方で、自治体行政の縦割りによる組織内の連携不足を課題としてあげている。そのため、地域との協働を進めるには、関係各課が連携できるしくみづくりなど、自治体行政の内部改革の必要性を

6）　田尾雅夫によれば、自治体組織は、市民や市民活動団体などの外部環境から影響を受けやすく、最も開放的な組織のひとつであることを述べている（田尾［1988］32頁）。
7）　真山達志は、今日、ガバナンス論の名のもとに、とりわけ自治体行政についての検討がないがしろになっているのではないかという指摘をしている。そのため、現代の自治体行政において行政の役割を再認識する必要があることから、ローカル・ガバナンス論ではなく、ローカル・ガバメント論の必要性を主張している（真山［2012a］9～11頁）。また、今川晃も同様の指摘をしており、ガバナンス議論はもてはやされる一方で、ガバメント議論がその陰に隠れてしまっていると述べている（今川［2009］1頁）。
8）　ある年の事業の応募状況として、「行政提案型」が9件あり、「市民提案型」が11件の全20件であった。そのなかで、最終的に実施されたのが、「行政提案型」が4件、「市民提案型」が3件である（Ｘ市配布資料より）。
9）　本章では、主にマーチ＝サイモンの組織理論をもとに事例の分析を行なっているが、外部環境をふまえて組織の内部管理を分析していくためには、「コンティンジェンシー理論」や、組織を外部アクターとの関係から考察する「組織間関係論」という組織理論からも分析することが必要になってくると考える。この点については今後の研究課題である。今村都南雄は、「コンティンジェンシー理論」の行政組織分析への適用可能性について積極的に考えてよいと述べている（今村［2006b］59頁）。
10）　これまで調整概念については、多くの行政学者による検討がなされている。たとえば、本田弘は、「調整とは、組織における部分活動を特定の目的に向かって調和統合せしめる過程」と述べている（本田［1991］76頁）。
11）　自治体行政の政策形成において最も必要なのは、政策－施策－事業のなかで方針や理念である政策をしっかりと明確にすることであるとの指摘がある（真山［2001］50～51頁）。
12）　これまで行政学において現場職員における実態は、マイケル・リプスキーなどの研究者によってストリート・レベルの官僚制の研究としてなされてきた。ここでの研究では、政策実施過程を想定しており、行政とサービスを受給する市民との境界関係について議論されている（リプスキー［1986］）。しかし、協働における現場職員は、一緒に事業を実施していく市民などとの関係をふまえた議論であり、これまでのストリート・レベルの官僚制の境界関係とは異なっている実態があると考えられる。
13）　組織間学習の研究については、吉田［2004］に詳細な検討がなされている。

【加藤洋平】

第 II 部

コミュニティの活性化と住民自治

第6章

地域住民協議会の運営と展望

　わが国の大都市のなかには現在、小学校区や中学校区程度の範域で「地域住民協議会」を設置し、住民自治の拡充を推し進めている事例がある。もっとも、同様の取り組みは1970年代から東京都中野区が実践してきた。そこで、本章では中野区の「地域センター及び住区協議会構想」を取り上げる。なかでも住区協議会（中野区での地域住民協議会に相当）の活動に焦点を当て、一連の検討を通じて協議会活動に影響を与える要因を探る。

　実際に住区協議会の活動を検証すると、住区ごとで温度差があった実態が観察される。たとえば、野方住区では協議会活動が長年にわたって停滞し続けた一方、江古田住区では熱心な協議会活動が見られる。また、双方の比較からは「町内会との関係のあり方」「地域内のニーズ」のふたつが協議会活動に影響を与える要因として抽出できる。

　本章での検討をふまえると、大都市で地域住民協議会が活動するうえでは、町内会の存在を前提にしつつ、協議会への各参加主体には自らの現状および他の主体の特性を理解する姿勢が求められるといえる。同時に、自治体行政には地域社会でのネットワーク管理という新たな役割も期待される。

　🔑 キーワード：　住民自治の拡充、地域住民協議会、町内会、地域センター及び住区協議会構想（地・住構想）、住区協議会、地域センター、大都市自治体

1　地域住民協議会への注目

　わが国では現在、大都市制度改革が進むなかで「住民自治をいかにして拡充するか」が論点となっている。**大都市自治体**のなかには、小学校区や中学校区で協議会づくりを促し、住民自治の拡充につとめているところもある。こうした協議会は「まちづくり協議会」「コミュニティ協議会」など名称はさまざまだが、本章では「**地域住民協議会**」と呼ぶことにする。参加者としては地縁団体関係者のみならず、市民活動団体関係者など多様な主体が想定され、機能・

役割も多岐にわたる。ただ、その活動は多くの場合、試行錯誤の段階にあるように思われる。

　もっとも、大都市の狭域エリアで協議会づくりを早期に進め、住民自治の拡充をめざしてきた自治体もある。それは、東京都中野区である。中野区は現在の論議とおよそ同様の文脈で、1970年代の革新区政期から住民自治の重要性を認識していた。そうした当時の趨勢のなかで独自に「地域センター及び住区協議会構想」(以下、「地・住構想」)を掲げ、「住区協議会」と「地域センター」の連携による住民自治の拡充を促してきた経緯がある。

　そこで、本章では中野区の地・住構想を手がかりとし、特にこの構想における住区協議会の実践に焦点を当てる。大都市の地域住民協議会のなかで、30年にわたり活動した数少ない事例であり、その検証からは豊富な含意の獲得が期待できるからである。一連の分析では、活動が停滞した住区協議会と、住民自治の拡充をめざして熱心に活動した住区協議会との比較を通じ、協議会活動に影響を与える要因を探る。そのうえで、大都市における地域住民協議会の将来展望を提示したい。

2 住民自治と地域住民協議会

　これまでわが国では、住民自治と団体自治が車の両輪のように機能するところに地方自治の本旨が成立する、と言われてきた。しかし、地域社会が抱える問題は一層複雑化し、自治体行政も予算規模の縮小や職員数の削減に迫られる今日、こうした通説は再考すべき時期にきている。そうなると、序章における問題提起のとおり、団体自治に優先して住民自治をどのように機能させるかというパラダイム転換が求められることになる。現在の地域社会をめぐる状況にかんがみても、そこで深刻化する問題は、まずは住民自身の主体性が伴わなければ、将来的な解決が展望できない。

　本章が注目する**地域住民協議会**は、市区町村の範域よりは狭く、単位町内会の活動範囲よりは広域のエリアに設置される。具体的には小学校区や中学校区に相当し、これらは歴史的にもコミュニティづくりの対象エリアであった（三浦［2014a］25〜43頁）。そこには住民同士に一定のつながりがあり、住民生活を支える多様な活動が現在も展開されている。

このような範域に置かれる協議会は、町内会に代表される地縁団体の関係者、NPOやボランティア団体など市民活動団体の関係者といった多様な主体によって構成される。協議会の機能・役割については、地域に関する事項への意思決定、地区が抱える課題の発見と解決のための政策提案、地域事情に即したサービスの供給や調整、地域活動の担い手の人材育成、地域コミュニティの活性化など多岐にわたる（長野・杉崎［2011］380頁）。ただ、いずれに重点を置くかは、地域事情による。

大都市でこのような協議会の設置が進む背景には、主に3つの事情がある。第1は、大都市特有の人口規模の大きさゆえに住民と政治・行政との距離が今日でも依然として大きく、こうした状況への対応が要請されている、という事情である。この点は長年にわたる論点であったが、現在は大都市制度の改革論議を重ねている第30次地方制度調査会でも焦点となっている（地方制度調査会［2013］8～9頁）。そこでは、想定されている範域は行政区であるが、協議会という恒常的な住民参加の機会を設けてさまざまな地域ニーズを水平的に調整し、政治・行政との距離を解消する方向性が模索されている。

第2は、大都市でも地域課題が顕著に複雑化し、住民ニーズも多様化する一方、自治体行政は資源の制約から従来のような地域課題の解決が困難となり、こうした状況への対応が迫られている、という事情である。そのため、地域住民協議会の設置と運営を通じて多様な主体の問題解決能力（地域力）を引き出し、地域課題の解決をめざすことになる。

第3は、今日まで地域社会で大きな役割を果たしてきた地縁団体、とりわけ**町内会**が現在、加入率の低下、担い手の高齢化、後継者の人材不足といった問題に直面し、地域住民協議会の形成を契機とした状況改善が求められている、という事情である。とりわけ大都市では、NPOやボランティア団体の数も多く、こうした団体の協議会参加が期待される。

以上から、地域住民協議会の設置は大都市における**住民自治の拡充**を実際に推し進める可能性を有しているといえる。これは、序章で言及された自治体行政と町内会との伝統的な相互依存関係に変革をもたらしうることを意味しよう。さらに、協議会での議論や調整を基盤にした政策提案が行なわれ、自治体行政がそれらをふまえた政策の展開を進める段階にまで達すれば、序章でいう

「住民自治が団体自治を規定する」方途もひらけてくる。こうした点に、協議会の設置意義が求められよう。

3 地・住構想とその展開

(1) 中野区と地・住構想

　地域住民協議会の設置をめぐっては、しばしば「町内会が地域で活動するなかで協議会を設置するのは、屋上屋を架すにすぎないのではないか」「協議会と議会の決定が異なる場合はどうなるのか」といった疑問が投げかけられる。中野区の住区協議会は、すでに30年近く前の時点でこうした論点に向き合っていた事実がある（中野区［1987］143〜147頁）。

　中野区は東京23区の西側に位置する特別区のひとつで、人口は31万4158人、世帯数は18万8322世帯、面積は15.59平方キロメートルとなっている（2013年9月現在）。中野区の特徴としては、住宅地の多さを指摘することができる。都心への近さや交通の便の良さなどの理由で、戦前から宅地開発が進行し、結果的に住宅密集地が数多く生まれてきた。

　このような中野区の**地・住構想**は、中野区内を15の住区に分け、それぞれに「住区協議会」と「地域センター」を設置して、**図6-1**のとおり双方の連携によって住民自治の拡充を促す内容を指す。このうち、**住区協議会**は「施設の建設、環境の改善などの居住地域にかかわる問題を検討し、住区で一定の合意を形成して、区政担当者へ具体的な提案を行うこと」「居住地域にかかわる広聴・広報活動、社会教育活動、集会施設の利用などの実施計画を作成すること」のふたつが主な役割となる。また、住区内での多様な意見と利害を広く代表しうる委員（地域の団体の推薦する人、行政協力員のなかで推薦された人、公募に応じた人）が構成し、民主的な運営が期待された。今日的な地域住民協議会の先駆けといえる。

　他方、**地域センター**は「区政に対する要望・苦情の受付、住民との対話集会の開催、各種情報・資料の提供」「地域にかかわる区の施設への参画」「区民の自主的活動に対する援助」「集会施設の管理と運営」「一般窓口業務」の5機能を果たすことになっていた。一般的な支所機能に加え、身近な行政機関として住民活動や住民参加を支える役割が期待されていたことがわかる。

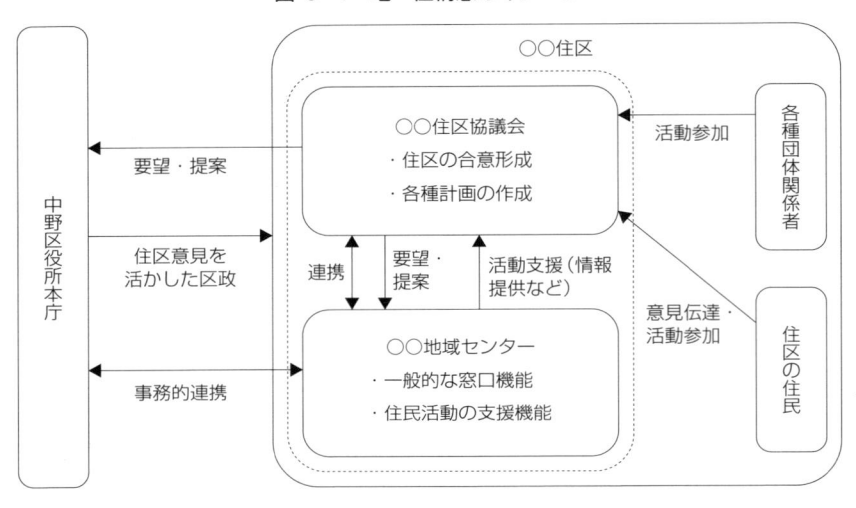

第Ⅱ部 コミュニティの活性化と住民自治

図 6-1 地・住構想のイメージ

○○住区
- ○○住区協議会
  ・住区の合意形成
  ・各種計画の作成
- ○○地域センター
  ・一般的な窓口機能
  ・住民活動の支援機能

中野区役所本庁 ― 要望・提案 → ○○住区協議会
中野区役所本庁 ← 住区意見を活かした区政 ―
中野区役所本庁 ― 事務的連携 → ○○地域センター

○○住区協議会 ⇔ 連携／要望・提案 ⇔ ○○地域センター

各種団体関係者 → 活動参加 → ○○住区協議会
住区の住民 → 意見伝達・活動参加 →
○○地域センター → 活動支援（情報提供など）→ 住区の住民

（出所）中野区 [1986] を参照して筆者作成。

　このように見ると、多様な主体による参加と活動を基盤に、住区内の利害調整・合意形成・政策提案を進める住区協議会と、協議会活動を側面支援する地域センターによって、**住民自治の拡充**をめざす一連の実践が、地・住構想の要点になる。とりわけ住区協議会は、構想段階では積極的な政策提案までも期待されていた[1]。中野区の地・住構想は「住民自治が団体自治を規定する」という本書のテーマと親和的な内容であったことがわかる。

（2）地・住構想の展開
　地・住構想は30年にわたり展開されたが、その全体的な経過も確認したい。1960年代前半に、中野区では出張所窓口の事務配分のあり方が問題となり、1968年10月から総合窓口制度をスタートさせた。他方、同時期には上鷺宮地区の道路建設反対運動を契機に、関係者が住民同士で合意形成を図る常設型の住民参加の機会を求める動きも生じた。こうした動向の延長線上で、中野区特別区制度調査会の答申（1974年4月）が地・住構想の外郭を示した。
　この答申を受けたのち、中野区行政当局は庁内で検討を重ね、区内に15の住

区を設定して体制が整ったところから随時、住区協議会および地域センターを設置していった。住区ごとで時期的なずれも生じたが、こうして1970年代後半から1980年代前半にかけて住区づくりが進んだのである。

　もっとも、時間が経つにつれて、大半の住区協議会では理想と現実のずれが生じた。そもそも、地・住構想がつくられる時期と重複する1971年1月に補助金等検討協議会が答申を示し、中野区行政当局はこれを受けて町内会への補助金を整理した経緯がある[2]。そのため、町内会関係者からは「地・住構想は町内会つぶしが目的ではないか」との反発が生じ、多くの住区ではスタート時から町内会と住区協議会とのあいだに軋轢が生じてしまった。

　また、構想が推移するなかで、多くの住区協議会で地縁団体関係者が委員に就いていたが、彼らの交代が進まずにメンバーが固定化し、高齢化が進んだ。町内会連合会との機能・役割分担も不鮮明で、独自性を示すのに苦労を重ねた。住区協議会は活動を続けるものの認知度が上がらず、多くの住民には疎遠な存在のままであった（三浦［2011］71～73頁）。

　結果として、大半の住区協議会は、地域課題に関する協議をふまえて中野区行政当局に政策提案する段階にまでは発展しなかったといえる。たしかに、一部の住区協議会は提案活動も試みたが、提案を受ける中野区行政当局がなかなか回答を示さなかったという（細木［2002］31頁）。住区協議会を通じた住民自治の拡充に関しては、中野区行政当局の対応にこれを制約する一端を垣間見ることができよう。実際に、住区協議会の活動意欲が減退してしまった場合も見られた。

　このような地・住構想は、2002年に転機を迎える。同年に新たに就任した田中大輔区長は、住区協議会の代表性に繰り返し疑問を投げかけ、地・住構想を中核に据えた「参加による区政」からの決別を宣言したのである。最終的に2006年、中野区行政当局が住区協議会に関する事務を取り扱う根拠規定であった「住区協議会事務取扱要領」も廃止している。これにより各地域センターの担当職員は、連絡調整や会議録作成といった協議会活動の支援機能を終了したのである。この時点から、各住区協議会は住区内の任意団体という位置づけとなり、地・住構想は実質的に終焉を迎えた。

（3）分析の視点

　もっとも、各住区の動向をつぶさに観察すると、後述のとおり熱心に活動した住区協議会と、そうならなかった協議会の存在が確認される。また、構想が廃止となった2006年以降は、解散した住区協議会もあれば、今日まで存続している協議会もある。このことは、活動を通じて住民自治の拡充をめざした協議会と、めざさなかった協議会が見受けられる事実を意味しよう。分析単位を15住区の現場に落とした場合、多様な姿が見えてくる。

　以下では、協議会活動が停滞した事例として野方住区協議会を、熱心に協議会活動を展開した事例として江古田住区協議会を取り上げ、比較・考察を進める。双方の協議会を検討対象とするのは、15の住区協議会のなかで当時の活動を知る資料が豊富に残されていること、実際の協議会活動に携わった当事者の証言が得られること、の2点に由来する。分析にあたっては、「どのような経緯で住区協議会が設置されたのか」「どのような属性の委員が協議会活動を主導したのか」「協議会の運営や活動内容は経年的に変化したのか」「地・住構想の廃止に対してどのように向き合ったのか」を中心に見ていく。そこから、協議会活動に影響を与える要因を抽出したい。

4 野方住区協議会とその実践

（1）野方住区協議会の発足

　野方住区は中野区のやや北部に位置するエリアで、人口が約3万7000人、世帯数が約2万2000世帯、面積が約1.8平方キロメートルである（2010年国勢調査）。新青梅街道と西武新宿線が東西に、環状7号線が南北に住区内を貫いている。また、西武新宿線野方駅が住区の中心部に位置し、駅周辺の商店街は現在も活気に満ちている。

　この野方住区の協議会づくりは、1978年5月に野方出張所が野方地域センターへと移行し、地・住構想の実践に向けた体制整備が始まったことに端を発する。すでに他の住区で住区協議会が発足していたこともあり、野方地域センターの職員が地縁団体活動に取り組む住民有志にはたらきかけ、「野方地域センターを考える会」が結成された。この考える会が意見交換を進め、1980年3月には野方住区でも住区協議会を立ち上げることに決め、各団体に参加を呼び

かけて同年6月に今度は野方住区協議会準備会が発足した。

　この準備会はその後、地・住構想の趣旨を確認しながら、野方住区協議会の規約づくりや運営方針の調整を進めた。この規約における野方住区協議会の位置づけは、あくまでも「民主的な話し合いの場」であった。1982年9月には委員の応募を実施し、ようやく1983年3月に49名から構成される野方住区協議会が発足している。

　こうした一連の過程でポイントとなるのは、以下の2点である。第1は、野方住区協議会が発足するまでに主導的役割を果たしたのは地縁団体関係者であった、という点である。考える会に参加した住民有志は町内会をはじめとする地縁団体の活動に携わる面々であり、準備会の段階でも地縁団体関係者がメンバーの多くを占めていた。このような事情が、のちに野方住区協議会の性格を大きく左右することになる。

　第2は、野方住区協議会は必ずしも住民の求めに応じて発足したわけではなかった、という点である。むしろ、地縁団体関係者には住区協議会に対して消極的な立場を取る者も多く[3]、協議会の発足が全15住区のなかで最も遅れた。ただ、ほかの住区で協議会整備が進んだために野方住区のみ発足しないのでは体裁が悪く、また一部の女性グループの求めもあって発足を余儀なくされた。この局面では、協議会設置の賛成派と反対派の双方が折り合いをつけるために、反対派のリーダーであった町内会関係者の代表が協議会の運営委員長に就任するというパラドクスも生じている。この事情もまた、のちに野方住区協議会の性格を強く規定してしまうことになる。

（2）野方住区協議会の活動展開

　野方住区協議会は発足後に運営委員会を組織し、役員体制を固めた。そこで中心的な役割を果たしたのが、考える会から準備会まで協議会づくりを主導した地縁団体関係者であった。このことは、野方住区協議会の活動は当初から地縁団体活動との棲み分けが不鮮明な状態で始まった経緯を意味する。

　野方住区協議会は地縁団体関係者が中心の役員体制のもと、1983年から2007年までの12期・24年間にわたり活動を続けた。このうち、発足当初の第1期（1983～1985年）には、協議会内に環境部会・教育部会・福祉部会の3つを設置

し、部会ごとに地区要望を取りまとめて中野区行政当局に提示している。その内容は、地域センター・区民ホールの整備、北原児童館と学童クラブの建設整備、環七沿道の騒音・振動の防止対策などであり、野方地区の町内会連合会の要望活動とおよそ同質だった。

その後の第2期から第11期（1985〜2005年）までのあいだに、野方住区協議会の部会活動の中心は意見交換会および学習会へと移行していった。たとえば、環境部会は関係当局への要望提示やイベント開催に取り組んだ時期もあったが、1990年代に入ると住区内の環境問題などを学ぶ場へと変容した。教育部会でも一時期は史誌編纂に取り組んだが、当初から活動の中心は野方住区に関する教育問題の話し合いだった。福祉部会においては、「野方の福祉を考える会」（有志による有償ボランティア）の発足までは精力的に準備や調整をこなしたが、この会の発足以降は野方住区における高齢者問題や福祉施設問題に関する意見交換が主たる活動となった。結果として、野方住区協議会は次第に「活動を協議の場に自己限定する住区協議会」（江藤［1998］133頁）となっていった。しかも、日ごろの活動では、いずれの部会とも住区の住民との接点はほとんど持たなかったのである。

ここで注目したいのは、以下の2点である。第1に、野方住区協議会が活動した一連の過程で、発足当初から同一人物が運営委員長を務め続けるとともに、地縁団体関係者が運営委員会を実質的に動かしてきた、という点である。この委員長は野方住区でさまざまな地縁団体に携わり、その大半で会長職に就き、熱心に地縁団体活動を続けた人物であった。考える会の結成当時の中心メンバーでもあり、のちに東京都町会連合会会長や全国自治連合会副会長まで務めあげている。委員間の事前の調整、運営委員会の取り仕切り、地域センター担当職員との折衝など、彼は住区協議会活動のさまざまな局面でイニシアティブを発揮し続けたと言われる[4]。彼が町内会関係者の代表として野方住区協議会の設置に反対したものの、結果的には設置を受け入れる一方で自らが運営委員長に就いた経緯は、先に触れたとおりである。

第2に、その結果として、野方住区協議会の運営は地縁団体関係者の意向に大きく左右され、協議会は独自性を発揮できなかった、という点である。たとえば、毎期に新規委員を選出するが、多くの場合に地縁団体関係者の意向に

沿った人物が就いてきた。この背景には、熱心な活動家が委員に就くと、協議会運営のイニシアティブが握られるおそれが地縁団体関係者にはあったものと推察される。このような実態ゆえに、体質の改善を主張した公募委員の活動意欲は削がれ、彼らが委員を続けることはなかった。

(3) 野方住区協議会の解散

　一貫して地縁団体関係者が主導権を握った野方住区協議会は、2006年には地・住構想の廃止を受け、今後のあり方を判断する局面に立つことになる。このときには、中野区行政当局からスムーズに情報提供が受けられなくなるとの理由で、一部の委員からは存続を求める声もあがった。しかし、大半の委員は住区協議会の解散に賛同し、野方住区協議会は委員の任期終了まで形式的に続いたのち、2007年3月末で24年間の活動に幕を閉じた。

　現在の野方住区では、地縁団体が地域活動の中心となり、野方地区まつりをはじめとする親睦活動、野方駅周辺の放置自転車対策といった環境改善活動に取り組んでいる。いずれにしろ、住区協議会そのものは消滅し、その活動の面影は見受けられない。

　このような動向からもうかがえるように、野方住区協議会は地・住構想の廃止という局面では、大半の委員は協議会の解散に反対することなく、中野区行政当局の判断を受け入れたのだった。たしかに、一部の委員からは存続を求める声もあったが、大きな反対運動には発展しなかった。

5 江古田住区協議会とその実践

(1) 江古田住区協議会の発足

　江古田住区は中野区の北東部に位置するエリアで、人口が約2万2000人、世帯数が約1万1000世帯、面積が1.44平方キロメートルとなっている（2010年国勢調査）。住区内ではないが、徒歩圏内にいくつかの鉄道路線の駅が位置しており、交通の利便性が高い。また、「江古田の森公園」という大きな公園もあり、良好な住環境が保たれている。

　地・住構想が始まる以前に、このエリアでは江原小学校の建替問題が生じ、学校・PTA・近隣住民のあいだで利害が衝突する事態が生じている。1970年

には、狭隘な校庭の一部に幼稚園を建設する計画が持ち上がったが、PTA 関係者が反対運動を繰り返して白紙にさせた。その後、1972年には新たに校舎改築計画が持ち上がり、このときには一旦 PTA 関係者の要望を汲んだ校舎改築基本計画案が受け入れられたが、のちに周辺住民と PTA との意向が対立して最終的に周辺住民に配慮した校舎改築となった。

　こうした経緯もあり、このエリアでは当初からさまざまな立場の住民が集い、地域の問題を協議する場の設置がのぞまれていた。その後、地・住構想の話が持ち上がり、江古田住区でも住区協議会の発足にむけた準備を進めていくことになった。1981年1月には、地縁団体関係者・商店会関係者・PTA 関係者などが集まり、「江古田住区協議会準備会設立のための世話人会」がスタートしている。この世話人会は中野区行政当局の担当者と地・住構想の内容についての意見交換を進めていった。同年5月には、世話人会として江古田住区の多くの団体や個人に呼びかけ、46名の参加を得て江古田住区協議会準備会を結成している。さらに、この準備会が1年にわたり規約づくりや委員選任について協議を繰り返した。最終的には1982年6月に、124名が参加して江古田住区協議会が発足した。初代の会長には町内会関係者が就いたが、委員の属性は地縁団体関係者・PTA 関係者・商店会関係者・消費者団体関係者・公募委員など多岐にわたった。

　ここで留意したいのは、以下の2点である。第1は、江古田住区協議会が発足するまでの過程では、野方住区のように地縁団体関係者のみが主導するのではなしに、商店会関係者や PTA 関係者なども議論に加わっていた、という点である。江古田住区でも野方住区と同様に、地域センター職員の求めに応じて有志の会を立ち上げ、その後に準備会を経て協議会を発足させる手順を踏んでいる。ただ、一連の過程では、協議に加わっていた当事者は自らの所属団体の事情はあるものの、対等な立場での議論を心がけたという[5]。

　第2は、江古田住区では住区協議会が発足する以前に、地域社会のさまざまな主体が集い、地域内の問題状況への対応を協議する場の設置を求める機運が高まっていた、という点である。先に見たとおり、地・住構想がスタートする前段階で江原小学校の建替問題を経験しており、そのような状況下で持ち上がった地・住構想、そして住区協議会の設置は、まさに地域のニーズに即した

第6章　地域住民協議会の運営と展望

内容であった。

(2) 江古田住区協議会の活動展開

　発足後の江古田住区協議会は、はじめの3年間（第1～3期、1982～1985年）は紆余曲折を繰り返し、手探りの状態が続いた。当面の活動の中心は委員で議論を積み重ね、委員数の多さゆえに課題別委員会を設置するなど活動基盤を形成することにあった。他方で、江古田地域センターの担当職員も、連絡調整、活動場所の提供、会議録の作成、地域ニュースの発行という役割に徹し、個別具体の活動内容については指南しなかった。

　もっとも、江古田住区協議会では次第に町内会関係者とそれ以外の委員とのあいだで意見のちがいも表面化した。というのも、話し合いに終始する協議会に対して、町内会関係者が疑問を抱くようになったからである。他方で、それ以外の委員には、「地域の合意形成の場」という地・住構想の理念をふまえ、委員同士の話し合いを主たる活動と認識する者も少なくなかった。結果的には、町内会関係者は協議会から離れ、江古田住区協議会は町内会との役割分担が進むことになる。

　ただ、こうした動きもあり、協議会委員には具体的な活動を実践する機運が高まった事実もある。会議では「話し合いによって課題が見えてきたのだから、その解決にも着手すべきではないか」という声もあがった。そこで、第4期以降（1985年～）は、主にふたつの活動を展開している。

　ひとつは、中野区行政当局への提案活動である。江古田住区協議会ではそれまで、地域図書館やみずの塔ふれあいの家（児童館機能と老人会館機能を併せ持った複合施設）など、住区内で新たな施設の建設計画が持ち上がったときには、機能・内容に関する意見書を提出してきた経緯がある。第4期以降には、江古田住区協議会は江原小学校の予備教室を活用して生涯学習の拠点とした「江原キャンパス」の開設、老人福祉施設である「松が丘シニアプラザ」の建設では、協議会の意向を積極的に伝達している。また、中野区行政当局からこのような施設の計画案が提示された段階では協議会の対案を取りまとめ、その反映を促した。施設のオープン後にも協議会委員が運営委員に就くなどして、積極的に施設運営にもかかわっていった。

ふたつは、住区協議会での話し合いをふまえた、地域活動である。たとえば、住区協議会の認知度向上や協議会活動への参加者拡大を意図した寄席の定期開催がある。また、寄席の運営資金を確保するために始めたリサイクル市（フリーマーケット）の定期開催もある。住区協議会が主催者となり、2か月に1回のペースで開催を続けたこのイベントは、収益を中野区社会福祉協議会への寄付などに役立てたこともあった。さらに、江古田図書館における「おしゃべり講座」の開催にも取り組んだ。「自分たちが要望を反映させて造られた図書館なのだから、住区協議会としてもその運営に積極的に関わっていく必要がある」という理念のもと、住区協議会委員が図書館職員と連携して毎回の企画と運営を担当してきたのである。

　ここで注目したいのは、以下の2点である。第1に、江古田住区協議会として中野区行政当局に対して積極的に提案活動を進めたが、その性格が町内会連合会による陳情活動とは異なっていた点である。協議会に参加するさまざまな主体が協議した内容を基盤に提案を行ない、施設が整備された段階ではその運営にも携わった。単なる陳情活動にとどまらず、多様な主体同士の調整をふまえて時には具体的な対案を示していったのだった。

　第2に、江古田住区協議会では町内会関係者が協議会活動から離れた結果、町内会活動と協議会活動のあいだに役割分担が生じ、双方の活動が推移した点である。たしかに、町内会関係者とそれ以外の委員とで意見のちがいが表面化したのは事実であった。しかし、その後は相互に正面から衝突することなく、役割分担するかたちでともに江古田住区の発展につとめた。当時に地縁団体活動と協議会活動の双方に携わった委員によると、お互いに活動を尊重し、妨害をすることはなかったという[6]。結果として、住区協議会が地縁団体関係者に包摂され、活動が抑制されてしまう事態は生じなかった。むしろ、住区の住民生活に寄与する施設運営や催事開催に取り組むことで、住区協議会として独自性を発揮し続けた。

（3）現在の江古田住区協議会

　このような状況のなか、2006年には地・住構想の廃止が決まり、江古田住区協議会もその後の対応を迫られることとなった。当時の江古田住区協議会の主

第6章 地域住民協議会の運営と展望

表6-1 ふたつの協議会のちがい

	野方住区協議会	江古田住区協議会
設立の経緯	ほかの住区で住区協議会の設立が進み、やむをえず設立した	住民同士が協議する場が求められ、住区協議会が設立された
主導者	協議会の発足以前から、常に地縁団体関係者が主導した	協議会の発足以前から、さまざまな主体が参加して協議を重ねてきた
運営の推移	地縁団体関係者が中心となり、内向きの協議会運営が継続した	町内会と役割分担する一方、多様な主体が協議会運営に関与した
廃止の対応	大きな反対運動は生じず、中野区の方針にしたがって解散した	公共施設の運営への参加や催事の開催を継続させ、今日に至っている
住民自治の拡充	地縁団体に包摂され、協議会は住民自治の拡充を果たせなかった	町内会と役割分担しながら独自性を発揮し、住民自治の拡充を進めた

（出所）筆者作成。

たる活動は「リサイクル市」と「おしゃべり講座」の運営にあったが、いずれも地・住構想の廃止による影響は特に見られなかった。ともに地域センターの支援に左右される内容ではなかったからである。

　たしかに、地域センターの職員が担当してきた協議会活動の広報チラシを中野区の街頭掲示板に掲示する作業は、協議会委員が自ら担当しなければならなくなったという変化はあった。しかし、構想廃止後にも、たとえば地域センターの広報誌（江古田地域ニュース）にも協議会活動に関する情報は以前と変わらず掲載されており、活動に支障が生じたわけではない。結果として構想廃止後も、今日まで協議会活動を継続しているのである。

　現在の江古田住区協議会の活動は、主にふたつある。第1は毎月の定例全体会であり、その時々に中野区や江古田住区で問題となっているテーマについて、区の担当者や議員を招いて説明を受け、参加者で意見交換している。第2はイベントや講座の開催であり、「リサイクル市」や「おしゃべり講座」の企画・運営を担っている。[7]

6 比較と考察

（1）ふたつの協議会の比較

　ここまで見てきたふたつの協議会のちがいをまとめると、表6-1のとおり

となろう。野方住区では地域の側からは特段の求めがないなかで、住区協議会の設置が進んだ。その過程では地縁団体関係者が主導し、協議会が発足する前段階で彼らを中心とする運営体質が醸成されていった。実際に協議会活動がスタートしたのちは、地縁団体関係者が運営の中核を担い、活動も次第に内輪での意見交換や学習会へと傾斜していった。結果として、野方住区の住民とのつながりを深められず、地域に根ざした協議会とはなりえなかった。中野区行政当局の判断で地・住構想が廃止となった段階では、大きな反対の動きも生じず、24年間の活動を終えている。こうした一連の動向からは、町内会を中心とする地縁団体の関係者に包摂されたことにより、協議会は多様な主体による水平的な調整の場とならず、住民自治の拡充も果たされなかった実態をうかがい知ることができよう。

他方、江古田住区ではもともと小学校の建替問題があり、住民同士が話し合いを行なう場が地域の側から要請されていた。住区協議会の設置はそうした状況のもとで進んでいった。その過程では地縁団体関係者のみならず、商店会関係者やPTA関係者など地域で活動する多様な主体が協議を積み重ね、発足に向けた準備に取り組んだ。実際に発足した江古田住区協議会は、途中で町内会関係者が離れたものの、さまざまな立場の者が活動にかかわった。中野区行政当局に対しては協議会としての提案を行ない、地域事情に即した施設整備を実現させてその運営にも積極的に携わった。同時に、催事の開催を担うことで住区の生活環境の向上をめざし、住民とのつながりも深めた。2006年には地・住構想が廃止されたが、協議会は解散することなく今日まで活動を続けている。こうした経過からは、協議会として独自性を発揮し、さまざまな成果をあげてきた実績が把握される。とりわけ、公共施設の整備に関する提案やそれらの運営に携わる動きには、「住民自治が団体自治を規定する」萌芽を見出せるように思われる。

(2) 協議会活動に影響を与える要因

こうした野方住区協議会と江古田住区協議会の比較からは、協議会活動に影響を与える要因として以下の2点が抽出できるように思われる。

第1は、「町内会との関係のあり方」である。野方住区協議会では考える会

の時点から地縁団体関係者、なかでも町内会関係者が主導し、発足後も運営委員長は24年にわたって同一人物がつとめてきた。このような運営体制であったために、協議会はおよそ地縁団体と変わらない性格に陥り、独自性が発揮されなかった。時にはこのような体質の協議会を変えたいという思いを抱く委員が問題提起することもあったが、実らなかった。他方、江古田住区協議会ではそのような状況にはなく、世話人会から準備会に至る段階では地縁団体関係者のみならず、商店会関係者やPTA関係者も積極的に意見し、多様な主体による協議会運営をめざした。発足後は町内会関係者が活動から離れる事態も生じたが、双方の役割分担が進み、協議会としても住区の問題に関する利害調整や合意形成を担っていった。そのため、協議会の運営とその活動を町内会関係者が主導し、町内会連合会と住区協議会との区別がつかなくなるようなことはなかった。

　第2には、「地域内のニーズ」である。野方住区では地・住構想が持ち上がったとき、町内会関係者を中心に住区協議会への疑問が噴出した経緯がある。すでに町内会が地域社会で多くの役割を果たし、住区協議会を設立する必要はないとの意見が多数を占めたからである。しかし、他の住区で協議会が次々と立ち上がり、やむなく発足させている。換言すると、ニーズがあるなかで協議会がスタートしたわけではなかったのである。他方、江古田住区では江原小学校の建替問題に代表されるように、住区協議会を発足させてさまざまな問題を協議し、住区を改善していく機運が高まっていた。住民同士が多様な問題を協議する機会が求められていたなかで、協議会づくりが進んでいったのである。このように元来ニーズが高かった江古田住区では、発足後の協議会活動は上記のとおり一定の成果をあげ、現在まで続いている。

　このように見てみると、地域住民協議会の活動にとって「町内会との関係のあり方をどのように保つか」「地域内のニーズが高まっているか」のふたつがポイントとなることがわかる。それでは、大都市で地域住民協議会の活動を促し、住民自治の拡充を推し進めていくうえで、どのような対応が必要となるのか。これらふたつのポイントのうち、紙幅の都合から前者に力点を置き、最後にこの点について考えたい。

7 大都市における地域住民協議会の展望

　ここまでの内容からも明らかなように、地域社会の問題を検討するにあたっては、すでに幅広い領域で活動している既存の地縁団体、とりわけ町内会の存在を抜きには考えられない（大石田［2009］65頁）。実際に、本章でも見てきたとおり、現在の野方住区では町内会を中心とする地縁団体の関係者が放置自転車対策など生活環境の改善に向けたさまざまな取り組みを展開している事実もある。そうであるならば、地域住民協議会が活動するうえでは、町内会との関係のあり方を整理しておく必要がある。

　地域住民協議会と町内会との関係に関しては、たとえば町内会連合会を地域住民協議会の中核に据えつつ多様な主体の参加を促し、既存の町内会体制を改変していくかたちが考えられる。あるいは、町内会連合会もひとつの主体として協議会に参加し、そこでの多様な主体同士の水平的な調整や情報共有を個々の主体の活動に活かしていくかたちもありうる。協議会そのものをどのように位置づけ、どのような機能・役割を持たせ、双方の関係をどのような形態とするかは、地域ごとの事情に由来しよう[8]。

　このような内容を念頭に入れ、大都市の地域住民協議会の方向性として、以下の2点に触れておきたい。第1は、協議会に参加する主体はそれぞれ、自らの現状を丹念に把握・整理する必要がある、という点である。その際、可能な限り活動内容の「見える化」に取り組むとともに、自らの強みと弱みを整理しておくことが求められる。主体間の強みと弱みが明確化されることで、連携の深化が期待できるからである。町内会に代表される地縁団体に関して言うと、加入率の低下、担い手の高齢化、後継者の人材不足などに直面し、持続可能性に乏しい状況にある。地縁団体関係者にはこのような実態について、数値データなどを用いて真正面から把握する姿勢を持つことが要請される。客観的に自らの現状を知り、改善が求められている状況を認識することが連携の土壌を育む契機となろう。

　第2は、多様な主体が携わる地域住民協議会の特徴をふまえ、参加者同士が互いの特性を理解し、相互に尊重し合う体質づくりが求められる、という点である。地縁団体と市民活動団体の双方には、さまざまな活動原理や体質のちが

いがあると言われる（今里［2003］169～170頁）。たとえば、地縁団体は活動範囲が限定的である一方、市民活動団体は必要に応じて活動範囲を拡張させる場合がある。また、地縁団体は行政補完的・協力的な姿勢を取る場合が多い一方、市民活動団体は自らのミッションを貫いて時に行政対立的な姿勢を見せるかもしれない。こうしたちがいが時に双方のあいだに緊張関係を生むことになる。

　大都市の地域社会の実相は、極めて複雑といえる。本章における野方住区のように伝統的に地縁団体の活動が盛んなところでは、市民活動団体が協議会への参加の意向を有しても、相互の歩み寄りは困難を極めるものと推察される。しかし、繰り返しになるが、地縁団体を取り巻く状況は厳しさを増し、持続可能性が問われている。旧来の自治体行政と町内会との相互依存関係は今日、もはや行き詰まりを見せている。

　本章でここまで扱ってきた地域住民協議会は、大都市の地域社会の特性でもある多様性を活かし、運営と活動のあり方次第では状況の改善を推し進める可能性を持つ。そもそも、地域課題の解決を通じて、よりよい生活環境を獲得したいという意向は、地縁団体と市民活動団体の双方に共通する。重要なのは、相互補完の関係を構築しうる可能性を有している点をいかにして浸透させるかであろう。そのためには、参加者同士がたとえばワークショップを通じて相互に認識の共有を図り、また町内会関係者には協議会の設置と活動が現在の町内会の過重な負担を改善する可能性もあることを伝達するなど、立場のちがいを越えた連携が促される素地を整えていく必要がある。

　そこで当面は、自治体行政による地域住民協議会への支援が要請される。今日では中野区の地域センターのように、自治体行政としての対応を連絡調整や情報提供に限定していては、多くの場合、大都市における地域住民協議会の展望の実現には困難が伴う。これからの自治体行政に求められる役割のひとつに、ネットワーク管理がある（真山［2011］603～626頁）。本章に関連づけると、自治体行政は従来のように率先して地域課題解決を担うのではなく、地域住民協議会に携わる多様な主体間のネットワークをよりよい方向に調整・維持していく役割が当面は期待されるということである。

　ただ、一連の対応において、自治体行政として地域住民協議会の活動内容を

逐一指南していては、協議会の主体性がいつまでも高まらないおそれがある。また、大都市自治体の行政組織ゆえに、地域住民協議会の担当部局と地縁団体の担当部局とのあいだで、相互に水平的調整が図られない場合も想定される。こうした事態は協議会と町内会との連携を阻害しかねないゆえに、回避する必要があろう。

　主体間の連携が進んで活動も安定した段階では、協議会が自ら事務局体制（連絡調整、情報発信、活動資金の調達・管理などを担当）を整え、自立への道を歩むことがのぞましい。その先では本書の主題である「住民自治のパラダイム転換」が問われてくる。大都市の地域住民協議会が活動を継続させ、実践を積み重ねることで「住民自治が団体自治を規定する」方途がひらかれてこよう。

　本章で扱ってきた動向をふまえると、道のりは決して容易ではない。それでも、地縁団体と市民活動団体との垣根を越えた連携のもとでの協議会活動の継続、そしてその成就のための自治体行政支援が、住民自治のパラダイム転換を支える基盤形成の第一歩となるように思われる。

1）　地・住構想の原点と言われる中野区特別区制度調査会の答申『特別区の制度とその運営について』（1974年4月）も、「区民が一定地域の共通問題の解決策を、自らの手で、あるいは区政担当者と共同して作成し、それを区の施策の一環として実現することができなければならない」（中野区特別区制度調査会［1974］の文面より）と謳っていた。
2）　中野区では町内会のことを「町会」と呼んでいるが、本章においては全体を通して「町内会」という表記を用いる。
3）　この背景には、先述した中野区行政当局による補助金整理の動きがあった。実際に、野方住区ではこの話が表面化した際に、町内会こそが地域の主たる担い手であり、そうした事情もふまえずに補助金を整理するのはおかしいとの声があがったという（野方住区協議会の元委員へのヒアリング調査による（2012年12月））。
4）　野方住区協議会の元委員へのヒアリング調査による（2012年12月）。
5）　江古田住区協議会の委員へのヒアリング調査による（2011年6月）。
6）　同上。
7）　ただし、江古田住区協議会は現在、活動の中核を担う委員の減少とともに高齢化が進んでおり、かつてほどの活動量を保つのが困難となってきているのも事実である。そのため、これまで協議会としての独自性を発揮してきたものの、その持続可能性に課題を抱える状況に直面している点には留意を要する。
8）　大都市の今日的な例でいうと、たとえば大阪市では町内会（大阪市では「地域振興会」と呼ばれる）など各種の地縁団体とともに、市民活動団体が参加する「地域活動協議会」の設置を進め、従来の町内会体制の変革を促している（三浦［2014b］20〜31

頁)。24行政区ごとに地域社会の実相が大きく異なる大阪市の特性もあり、協議会の形態や活動も多岐にわたる。

【三浦哲司】

第7章

住民自治と地域活動

　近年各地で説かれる「まちづくり」や「地域活性化」には、その掛け声の大きさほど成功事例は多くない。この一因として、「よりよいまち」を実現するための政策の基礎となるもの、すなわち地域コミュニティに関わるアクターの意識や関係性についての調査・分析が不十分なことがあげられる。

　本章では、この調査・分析に関して、2011年度に開講された同志社大学プロジェクト科目のなかで受講生が実施した調査の結果を紹介し、考察を行なった。これを通じて、各アクターの意識や課題、他のアクターに対する意見などが明らかとなった。特に、学生と地域住民の情報伝達手段の相違の理解や、大学による教員の地域活動の集約、志縁組織の積極的な広報活動などは、地域コミュニティ活性化のための今後の課題といえる。同時に、行政はこの調査結果をこれからの政策形成や政策立案に活かすことが期待される。

　他方、住民自治の視点からは、住民自身が各アクターと積極的な調整や働きかけを行ない、行政に政策を提案することが理想である。そして、これが制度的に保障されるように住民が活動することこそ、住民自治が団体自治を規定する姿である。この実現のためには、行政も職員の意識改革や組織改善に一層取り組む必要がある。

　✎ キーワード： 住民自治、ガバメント、地域コミュニティ、地域活動の担い手の意識、志縁組織、地縁組織、大学、行政、学生

1 地域活動の現状と課題

　近年、「まちづくり」や「地域活性化」という言葉を耳にする機会が増えつつある。これらは、これまでの地域コミュニティのあり方がうまく機能しなくなったことの裏返しでもある。その背景には科学技術の加速度的な発展やグローバル化、少子高齢化などによる生活様式の変化など、現代社会の急速な変化の存在が指摘される。ここから公の担い手の議論やガバナンス論が提起され、行政だけでなくNPOや大学、企業などとの協働やパートナーシップが模

索されている。また、最近では2011年に発生した東日本大震災を契機として、個人が地域とのつながりを持っておくことの重要性があらためて注目され、「まちづくり」や「地域活性化」の意義が全国各地で説かれている。

こうした規範が説かれる一方で、実際にこの「まちづくり」や「地域活性化」が成功した事例は多くない。その原因のひとつに、**地域コミュニティ**にかかわるアクターの意識や関係性についての調査・分析がこれまで十分でなかったことがあげられる。つまり、まちや地域の姿はこうあるべき（＝規範）とは説かれても、それぞれの担い手やアクターがどのような意識を持っており（＝分析）、それをふまえたうえで何ができるのか（＝政策）についての検討が不十分だったと考えられるのである。

そこで本章では、まず**地域活動の担い手の意識**や関係性を明らかにする。これらの調査・分析を通じて、地域コミュニティをめぐる各アクターの相互連携を進めるうえでの留意点が示され、より実効性の高い政策を立案できると考えられるからである。以下では、志縁組織、地縁組織、大学、学生という4つのアクターの意識や関係性、行政とのかかわりなどについて、2011年度に同志社大学プロジェクト科目として開講された「上京区活性化プロジェクト～区民との協働で地域課題の解決を！～」で受講生が実施した調査の結果を紹介し、考察を行なう。そして、これらと住民自治との関係性や今後の課題について述べる。

なお、本章でいう志縁組織とは特定の地域に由来するものではなく、ボランティア団体・NPO法人など、ある特定の目的で集まった組織を指す。学生が立ち上げたNPOもこれに含まれている。同じく地縁組織とは、体育振興会、少年補導委員会、自主防災会、女性会、敬老会などを包括する住民福祉協議会（社会福祉協議会）を指す。その活動範囲は旧小学校区であり、メンバーはボランティアで活動を行なっている。

2 各アクターへの聞き取り調査

(1) 志縁組織

志縁組織については、地域交流の学生サークル、コミュニティ再生を目的とするNPO、まち歩きをコーディネートするNPOの3つを取り上げる。

第Ⅱ部 コミュニティの活性化と住民自治

　地域交流の学生サークルでは、大学生と近隣の小学校の児童とのスポーツ交流の企画や小学校での土曜学習のプログラムづくりなどの活動が行なわれている。同サークルは、大学からは学生支援を担う部署から各アクターとの要望の調整や活動補助金を受けるなど、仲介役としてのその役割の大きさを感じていた。行政とは放置自転車問題に警察とともに取り組むなどしている。彼らは各アクターに対する課題として次のことをあげている。地縁組織については、大学生は普通に大学生活を送るなかでは自治会や町内会とかかわる機会に乏しいため、両者をつなぐ役割の人が必要だという。大学は自らのサークル活動の広報協力と地域における教員の活動の把握をあげていた。前者は、自らのサークル活動を知れば学生が地域行事に参加する機会が増えること、後者は、まちづくり活動を行なっている教員やゼミを大学が包括的に把握できていないため、学生と地域とのつながりが希薄であることがその理由だという。学生には就職活動を考慮してなるべく早い時期からまちづくり活動に参加することを、行政には区役所と大学生が直接つながることを望んでいた。

　次に、コミュニティ再生を目的とするNPOであるが、このNPOは地元の祭りの保全活動、高齢者向けの自治会のイベントの企画、地域ならではの付加価値の高い観光ツアーの企画などを通じて地域コミュニティの再生をめざしている。ヒアリングを行なったこのNPOの代表者は、地縁組織と大学との関係で、地域行事が大学内に伝わりにくいことを課題としてあげていた。大学については、教員の研究や活動内容などの内部情報が十分に共有できていないために互いに協力できないことや、学生を受け入れて地域に振り分ける調整機能に欠けること、外部から見て地域との窓口がわかりにくいことが課題であるという。学生には、ひとりひとりがもっと積極的かつ持続的に地域とかかわることを望んでいた。行政に対しては、地縁組織内部の各アクターが活動を行なう際に、行政自ら積極的に調整を行なうといったコーディネート機能が不十分だと述べていた。

　最後に、まち歩きをコーディネートするNPOでは、その事務局の代表者にヒアリングを行なった。このNPOは、京都の地域住民が自らのまちの歴史や物語を知り、そのまちに誇りを持って紹介し合える文化を醸成することをめざして、さまざまなまち歩きツアーのあっせんを行なっている。この代表者にど

うすれば学生が地縁組織とかかわるようになるか尋ねたところ、町内会長の積極性やマンション管理者ないしは大家の意識改革、学生が参加しやすい地域づくりが必要だと述べるなど、主に地縁組織側に課題を見出していた。大学に対しては、自らのNPOの活動が地域を知る契機となるように活動の広報に協力してほしいことや、地域とのかかわりを持つために学生が生活のすべてを大学内で完結できないようにすること、地域とかかわる講義を必修科目にすることなどを通じて学生の意識改革を促してほしいと訴えていた。学生には同年代で固まらないことや寺子屋のように自分たちで誰かに教えることが重要だと、行政には文化活動に対する金銭的補助を止めるべきだと述べていた。後者の理由としては、自由競争によって活動の質が向上することや、安価な文化イベントの実施が民間の芽をつぶしかねないことなど、市場原理の阻害によるデメリットをあげていた。

(2) 地縁組織

　地縁組織については、上京区内のA学区の住民福祉協議会の会長と、B学区の住民福祉協議会の顧問、会長、副会長の同席する3名に対してヒアリングを行なった。

　A学区は学区内の組織同士のつながりが強く、地域住民のコミュニケーションが密なようだった。また、学生の受け入れについては寛容で、複数の大学の学生とゼミ単位で交流していた。このA学区の会長は、学生に対しては「何事もやってみないとわからないから学生は積極的に地域に入るべき」「互いに相手の立場を理解することで、学生も地域の人に対して意見を言えるようになることが一番よい」などの意見を述べていた。

　B学区では、学生に対しては各種行事や広報誌の作成などの手伝いを望んではいるものの、継続性がないことを課題としてあげていた。また、学生は就職活動があるため、できるだけ早い段階で学生とつながるしくみをつくる必要性を感じているようであった。学生の地域活動への参加方法については、まず準備や当日の手伝いから始め、継続性が担保されて信頼関係が築ければ企画段階からの参加も歓迎するとの考えであった。学生のなかには最初から企画を行ないたいと考える者もいるが、このB学区のように、そうした学生の意識と受け

第Ⅱ部　コミュニティの活性化と住民自治

入れ先の地域の意向とはズレがある。

　大学に対してB学区はあまり良い印象を持っていないようであった。その理由として、担当部署に協力を要請すれば担当者がやってくるが続かないことや、担当者の異動が激しいため、そのたびに新しい担当者に地域事情などを説明する必要があって煩わしいことをあげていた。その他、大学行事と地域行事の日程が重なることや、地域行事の際に大学施設を無償で提供してくれないことなどにも不満を持っていた。

　この2学区の比較からは次の2点も明らかとなった。まず、共通点として、地域には小学校を中心とした密接な関係が存在することがあげられる。これは番組小学校を中心に地域がまとまっていた京都の歴史的背景によるところが大きい。このため、各地域では小学生以下の児童が特に大切にされており、彼らを中心に地域コミュニティが形成されている。もうひとつは学生に対する考え方が学区ごとで異なることである。A学区のように以前から積極的に学生を受け入れ、今の状況で十分な学区もあれば、B学区のように「（学生は）いたらいい」という立場の学区もある。また、「現状ではボランティアが多いが、将来的には学生を受け入れることが必要」と認識している学区もある。

　また、このふたつの学区のヒアリング調査を通じて次の課題も見出された。まず、学生と地域住民との情報伝達手段の違いである。地域の各種団体の役員は60歳以上の高齢者が多いが、彼らの情報源はポスター、市の広報版、回覧板などが中心である。一方、学生はインターネット、ソーシャルメディア、電子メールを主な情報源としている。意識の高い学生やパソコンに明るい高齢者であれば相手と同じ情報に触れることができるが、そのような人は少数であろう。

　このすれ違いの状況をさらに悪化させている要因がマンションやアパートの建設増加である。以前は大家を通じて地域住民と学生とがつながることがあったが、これによって不在地主が増えたためにそうした機会は減っている。また、地域住民のなかには町内会に入っていない学生に対して消極的な態度をとる人もおり、住民側も学生に対する意識改革が必要であるように感じられた。このように、地域活動の前提となる「地域を知る」ことはまだ十分でないと思われる。

第7章　住民自治と地域活動

(3) 大　　学

　大学については、京都市内にある3つの大学に赴き、学生と地域をつなぐ窓口を担う部署でヒアリングを行なった。まず、大学所在地付近の地域住民や地縁組織との関係については、すべての大学でゼミやサークル単位で地域との交流が行なわれていた。ゼミでは教員個人とかかわりのある地域や地縁組織に学生が赴くことが一般的なようである。サークルでは落語、邦楽、茶道などの文化的活動を通じた交流が行なわれていた。また、大学が地域住民になじみ深いものになるように、夏祭りや一般公開講座などの開催、フィットネス施設や大学内のレストランの一般利用などの取り組みがなされていた。この他にも地域交流活動を目的とした学生主体のプロジェクトチーム制度を創設したり、学生が地域に対して行なうボランティア活動を対象に交通手段や交通費等を支援したりと、それぞれの大学が独自の制度を持っていた。一方で、学生に対する地域住民からの苦情は、いまだに担当部署の大きな課題となっていた。

　次に、学生との関係については、「国際」「子ども」「福祉」など、学生個々人が興味を持つ分野でのボランティア活動は各大学とも活発なようである。独自の取り組みとしては、地域活動を行なうことを単位化した大学があった。その概要は、大学が地域とかかわるルールや特性、知識、課題などを講義した後、学生が地域で活動を実施し、再度講義形式で評価やふりかえりを行ない、最後にレポートを提出するというものである[6]。さらに、学生企画のまちづくりプロジェクトを進めている大学もあった。これは、学生が地域と協働してまちづくりを企画・推進することを目的に、大学が学生団体やサークルなどに対して企画案を公募し、採択した企画についてその経費を補助しながら学生と協働して実施するものである[7]。この他に、学生ボランティアを募る地域の情報や学生が参加できる地域内のイベントをメールで学生に周知し、広く参加を呼びかけている大学もあった。そこでは担当部署から依頼を受けた広報部署が、月2回程度全学生の学内メールアドレスに情報を送信する方法がとられている。

　こうした先進的な取り組みが行なわれている一方で、大学側はいくつかの課題も認識しているようである。具体的には、「住民としての学生はほとんど地域に入らない」「地域活動に対する学生の継続的な参加があまりない（一度きり）」「アルバイトやサークル活動等のため、休日に地域活動に参加する学生は

限定的」「新入生が地域になじむアプローチがない（活動が本格化する頃には就職活動が始まる）」などがあげられていた。

　地域をめぐる大学間の取り組みについては、各大学とも他大学との交流を進めていると述べるにとどまり、具体的な取り組み等はあまり語られなかった。むしろ学内の課題をあげることが多く、たとえば大学コンソーシアム京都を[8]もっと活用するべきであるとか、そもそも学内組織の統合が不十分だといった意見があった。また、学生と地域をめぐる先の課題にもかかわるが、各大学とも学生が自主的に行なう地域活動をほとんど把握できていないようであった。1年生など地域活動の未経験者にとっては、活動地域が明らかでない状態から地域コミュニティに積極的に入ることは一般的に難しい。まずはある特定の地域ですでに行なわれている地域活動に参加し、経験を積むことが自主的な地域活動を行なう前提になるからである。これらの点は、地域活動に参加する大学生を増やす際の課題である。

　行政との関係では、大学所在地の行政区と地域連携をめぐる協定を結んだり、国や自治体で認められた地域活性化のための活動について資金援助を受けたりしていた。なお、志縁団体との関係についてはほとんど聞くことができなかった。志縁団体とは大学が直接かかわるのではなく、学生と志縁団体が協働して行なう活動を大学が支援するにとどまっているようである。

3 学生に対するアンケート

　地域活動に対する学生の関心度を調査するため、下記の要領でアンケートを実施した。

- 実施時期：2011年12月～2012年1月
- 実施場所：同志社大学等
- 実施対象：大学生・大学院生（同志社大学に在籍する学生が大半）
- 回答人数：310名

　これらを集計した結果と考察は以下のとおりである。まず、地域活動に参加したことがあると答えた学生は105人（34パーセント）で、このうち具体的な活動内容はお祭り（78人）が最も多く、他の活動と比較しても圧倒的であった。[9]

参加回数については、「1回」「2回」と「5回以上」に二極化する傾向が見られた。参加した理由はおもに「ゼミ・サークル」（44人）、「活動に興味があった」（37人）であった。逆に、地域活動に参加したことがないと答えた学生は191人（62パーセント）で、その理由は「知らなかった」（99人）が最も多かった。一般的に大きな理由と考えられている「地域住民が排他的」や「人間関係がわずらわしい」はそれぞれ10人程度で、今回の調査では少数派であった。

また、「何らかの組織に所属して地域とのかかわりを持っているか」という設問ではゼミが圧倒的（132人）で、ゼミが学生と地域の結びつきに大きな役割を果たしているようであった。参加してみたい地域活動についての設問ではお祭りが突出しており（194人）、続いて子どもとの触れ合い（48人）、運動会（45人）、芸術活動（40人）、音楽会（33人）、清掃活動（32人）と続いた[10]。その一方で、防災会議、町内会会議、防犯講習などには学生の関心がほとんどないようであった。「どのような大学の（地域の）活動があれば参加してみたいか」という設問では、アルバイトが108人、フィールドワークが87人、ゼミが72人、講義が70人、インターンが65人、ボランティアが42人、残りは20人以下という結果であった[11]。やはり活動に対して何らかの見返りを求める学生が多いものの、見返りを求めずに地域とかかわりたいと答えた学生も少なからずいた。「どのようなメリットがあれば地域での活動に参加したいと思うか」という設問でも、単位認定が125人、スキルアップが113人、地域住民との交流が93人、就職活動対策が83人、学生交流が79人、お金や景品が77人、地域貢献が72人[12]など、多くの学生は地域活動が自らに何らかの実利をもたらすことを求めている一方で、地域住民との交流という純粋な理由の選択肢にも一定数の回答があった。

以上が設問に対するおもな回答結果であるが、さらに詳細な実態を知るためにクロス集計もあわせて実施した。まず、学年と地域活動の有無については**表7-1**のとおりであった。全体的には地域活動に参加したことがある学生よりもない学生のほうが多かった。集計対象の多くが属する政策学部では2年生の秋学期からゼミが始まるが、学年ごとで大きな変化は見られなかった。ここから、地域活動に関心がある学生はゼミで地域活動に参加する以前に、自ら地域活動に積極的に参加していることが推察される。また、就職活動が終了した4年生も2～3年生と比べてあまり変化がないことから、大学生活を通じて「そ

第Ⅱ部　コミュニティの活性化と住民自治

表7-1　学年と地域活動の有無

(単位：人)

	1年生		2年生		3年生		4年生		院生		その他		計
ある	1	1%	25	24%	51	49%	23	22%	4	4%	1	1%	105
ない	1	1%	53	28%	85	45%	46	24%	3	2%	3	2%	191
計	2	1%	78	26%	136	46%	69	23%	7	2%	4	1%	296

（出所）筆者作成。

表7-2　住居の種別と地域住民へのあいさつの頻度

(単位：人)

	毎回する		ほとんど		ときどき		あまり		まったくない		計
実家	29	21%	34	25%	41	30%	13	9%	21	15%	138
実家以外	8	7%	7	6%	31	27%	33	29%	34	30%	113
計	37	15%	41	16%	72	29%	46	18%	55	22%	251

	毎回する		ほとんど		ときどき		あまり		まったくない		計
学生マンション	1	3%	0	0%	8	21%	16	42%	13	34%	38
マンション	4	6%	7	11%	20	30%	16	24%	19	29%	66
学生寮	2	33%	0	0%	2	33%	1	17%	1	17%	6
間借り	2	100%	0	0%	0	0%	0	0%	0	0%	2
その他	0	0%	0	0%	1	50%	0	0%	1	50%	2
計	9	8%	7	6%	31	27%	33	29%	34	30%	114

（出所）筆者作成。

表7-3　住居の種別と食料品購入場所

(単位：人)

	コンビニ		スーパー		商店街		外食		その他		計
実家	49	32%	84	56%	3	2%	9	6%	6	4%	151
実家以外	19	15%	99	76%	8	6%	4	3%	0	0%	130
計	68	24%	183	65%	11	4%	13	5%	6	2%	281

（出所）筆者作成。

第 7 章　住民自治と地域活動

表 7-4　住居の種別と日用品購入場所

(単位：人)

	コンビニ		スーパー		商店街		ドラッグストア		その他		計
実　家	16	11%	62	41%	1	1%	64	42%	9	6%	152
実家以外	9	7%	37	27%	4	3%	85	63%	0	0%	135
計	25	9%	99	34%	5	2%	149	52%	9	3%	287

(出所)　筆者作成。

表 7-5　住居の種別と観光の頻度

(単位：人)

	毎　日		週1、2回		月1、2回		年1、2回		ほぼ無し		計
実　家	1	1%	7	5%	20	13%	70	46%	55	36%	153
実家以外	3	21%	8	6%	51	38%	53	39%	21	15%	136
計	4	3%	15	5%	71	25%	123	43%	76	26%	289

(出所)　筆者作成。

表 7-6　出身地と観光の頻度

(単位：人)

	毎　日		週1、2回		月1、2回		年1、2回		ほぼ無し		計
中部以北	2	3%	2	3%	29	43%	22	32%	13	19%	68
近　畿	1	1%	12	7%	26	14%	85	47%	57	31%	181
中国以南	0	0%	1	3%	16	42%	15	39%	6	16%	38
その他	1	50%	0	0%	0	0%	1	50%	0	0%	2
計	4	1%	15	5%	71	25%	123	43%	76	26%	289

(出所)　筆者作成。

表 7-7　住居の種別と市広報物の閲覧頻度

(単位：人)

	毎　日		週1回		月1回		まったく見ない		計
実　家	4	3%	14	9%	54	35%	83	54%	155
実家以外	4	3%	10	7%	35	26%	88	64%	137
計	8	3%	24	8%	89	30%	171	59%	292

(出所)　筆者作成。

表7-8　性別と市広報物の閲覧頻度

(単位：人)

	毎日		週1回		月1回		まったく見ない		計
男	2	1%	13	8%	46	27%	112	65%	173
女	6	5%	11	9%	42	36%	59	50%	118
計	8	3%	24	8%	88	30%	171	59%	291

(出所)　筆者作成。

表7-9　学年と市広報物の閲覧頻度

(単位：人)

	毎日		週1回		月1回		まったく見ない		計
1年生	0	0%	0	0%	0	0%	2	100%	2
2年生	1	1%	6	8%	25	32%	46	59%	78
3年生	4	3%	10	7%	40	29%	84	61%	138
4年生	2	3%	5	8%	20	32%	36	57%	63
大学院	1	14%	1	14%	3	43%	2	29%	7
その他	0	0%	2	50%	1	25%	1	25%	4
計	8	3%	24	8%	89	30%	171	59%	292

(出所)　筆者作成。

もそも地域活動に興味がない」あるいは「地域活動について知らない」学生が一定数存在することが予想される。

　ところで、自らが居住する地域の活動に参加するためには、まずその地域に暮らす住民との関係が良好でなければならない。その指標のひとつとして、地域住民とあいさつをする頻度を取り上げた。これについて学生の住居の種別との関係で調査したところ、実家以外に住む学生よりも実家暮らしの学生のほうがあいさつをするようであった（**表7-2**参照）。実家以外の内訳では、間借り、学生寮、マンション、学生マンションの順であいさつをする割合が小さくなっていることから、家主や大家などとの関係の深浅が地域とのかかわりの深浅につながっていることが予想される。

　また、学生と地域とのつながりを知るため、食料品や日用品の購入場所、観光の頻度[13]について調査したところ、食品購入はスーパーが多く、この傾向は実

家以外で顕著であった（表7-3参照）。日用品購入については、実家でスーパーやドラッグストアがほぼ同じ程度、実家以外ではドラッグストアが多かったが、商店街で購入する割合はどちらも非常に小さい（表7-4参照）。これらの結果から、学生は地域住民とのつながりに乏しい実態が見て取れる。観光の頻度については一般的に考えられているように実家以外のほうが高かった（表7-5参照）。出身地との関係でも、近畿圏出身の学生が観光に出かけることはまれで、遠方出身の学生のほうが頻度が高かった（表7-6参照）。最後に、行政とのつながりを知るために調査した市の広報物の閲覧頻度については、住居の種別ではほぼ同程度（表7-7参照）、性別では若干女性のほうが多かった（表7-8参照）。また、学年との関係では、学部生では母数の小さい1年生を除いて約60パーセントが「まったく見ない」と回答するなど、従来からの行政の広報手段はあまり有効でないことがわかった（表7-9参照）。

4 調査結果のまとめと各アクターの課題

　これまでの分析から、各アクターが取り組むべき課題は次のとおりとなる。地縁組織については、まず自ら他のアクターに働きかける積極性が必要だろう。「自ら動く」ことが住民自治の第一歩だからである。特に学生に対してはきっかけづくりが重要であり、その手段としては地域資源を活用した観光やお祭りが有効である。あるいは、旧小学校単位でコミュニティが形成されている京都の特性を活かし、子どもを通じて学生とかかわることも効果的であろう。また、学生とのコミュニケーションをより豊かにするため、電子メール、ホームページ、各種ソーシャルメディアなどの情報伝達手段の理解と習熟も重要である。

　このように、住民は他のアクターを敬遠せず、彼らと共生していく策を自ら考えることが住民自治の理想像といえる。いわゆる「おまかせ民主主義」や「顧客としての住民」から脱却し、住民が積極的に他のアクターとの調整を行ない、彼らと意見を交わすなかで決定した事柄については責任を持つことが求められるのである。

　志縁組織については、他のアクターからのヒアリングにおいてあまり言及がなかったことから、まずその活動が認知されるように積極的な広報活動や営業

活動を行なう必要がある。より多くのアクターにその活動内容を知ってもらえれば、それだけ関係も広範なものになり、結果として地域コミュニティによりよい影響を与えられるからである。

　また、志縁組織のなかにはある特定の地域に暮らしながらその地域で活動を行なう団体もあるが、この場合、志縁組織のメンバーはそのまちに暮らす人間という面では地域住民と対等である。その組織形態から志縁組織のメンバーは自らの価値観に強いこだわりを持っていることが多く、それをいきなり地域住民に押し付けようとすることもある。そうではなく、同じ住民として互いの価値観を認めたうえで、まちの発展のための共通認識を形成しながら活動するという意識を持つことも、志縁組織のメンバーにとっては重要であろう。

　大学については、教員が地域で行なっている活動の情報を集約することが求められる。繰り返しになるが、その理由は地域活動の未経験者や他のアクターからの照会に回答できれば、大学を仲介して地域活動のさらなる活性化が期待できるからである。もしこれを全学的に実施することが困難であれば、学部単位で収集する、あるいはそうした収集活動自体を学生の力を借りて実施することもひとつの方法である。また、学生に対して地域とかかわるきっかけを提供することも重要である。ある大学が行なっている学内メールでの全学生への一斉送信はこの有効な手段のひとつであろう。これと同時に、地縁組織や志縁組織に対する包括的な窓口を設置し、広報することも重要である。総じて、大学には自らが動くというよりは、学生が地域とかかわる機会を提供することや、学生ではどうしても解決できないときに学生をサポートする役割が求められる。

　学生については、まず活動を行ないたいと考えている地域を知る必要がある。地域活動において地域住民との信頼関係は重要であるが、その第一歩は相手を知ることだからである。そのためには学生はお互いの情報伝達手段の違いを理解し、市や地域の広報物を積極的に調べる必要がある。また、地域活動に参加する際には素行に気を付け、学生に対して悪い印象を持っている地域住民の認識を変えていかなければならない。そして地域活動の経験を積んだ学生は、自らが居住する地域にも関心を向けることも必要である。そうした学生と地域住民が互いの特長を活かしながらまちづくりを行なうことができれば、そ

れは理想的な住民自治の姿のひとつになりうるだろう。

　また、地域活動に対して関心がない学生に対しての啓発も重要である。そこでは地域活動への参加の呼びかけはもとより、先の素行の問題も考えていかなければならない。地域活動の関心の程度にかかわらず、他のアクターから見れば同じ学生だからである。こうした啓発を行なうことによって、住民とのつながりや信頼関係が生まれることもある。

　最後に、**行政**については各アクターをコーディネートする機能が求められている。その前提としてそれぞれのアクターの実情を知ることが重要だが、この点ではこのプロジェクト科目は意義深いものであったといえる。また、住民との信頼関係の構築と保持という観点から人事異動は障害となっているという指摘もあることから[14]、より十分な引き継ぎ、あるいは現状の引き継ぎのあり方そのものも見直す必要があるかもしれない。他方、学生を行政主催の事業に参加させることも重要である。このプロジェクト科目ではまち歩きツアーも企画し、区主催の事業のひとつとして一般参加者を迎えてそれを実施したが、この際に学生は区内の地域資源を実際に見て上京のまちの魅力を知る機会を得られた。こうした活動を最初から学生が単独で行なうことは困難であるが、たとえば行政が主催する事業に学生を積極的に活用するだけでも、学生に対して一定の教育効果を与えることができる。

　これまで、行政はどちらかといえば「自らが主体的に動き、主に自らの判断で決定する」態度がよく見られた。そうではなく、行政は各アクターが住民自治の精神を涵養できる環境づくりを行ない、彼らの意見を尊重することへとその態度を変えていくことが求められる。自治の主人公はあくまでも住民であり、極論すれば行政は住民の信託を受けて活動しているにすぎないからである。消防において火を消すことだけでなく火事を予防することが重要であるように、行政の目的も事務の能率的かつ効果的な遂行だけでなく、その事務に住民の意見をできる限り反映させることも重要である。これらについて、行政はこれまでより敏感にならなければいけない。

5 住民自治と行政についての今後の課題

　以上では、2011年度に開講された同志社大学プロジェクト科目「上京区活性

化プロジェクト〜区民との協働で地域課題の解決を！〜」で、学生が実施した調査結果から筆者なりの考察を行なった。そもそも、この調査・分析は学年が多様な学部生によるものであるため、厳密な社会科学の視点からは不十分な点も多い。しかし、それでもこうした調査活動を学部生が実施した意義は大きい。本プロジェクト科目の学生による成果報告書において、学生が「調査を重ねる内に、同じ志を持った団体が接点を持たずに点在している現状を目の当たりにしました。トップダウンによる強制ではなく、自ら進んで自治を行なう為に必要な枠組みは何なのかを考える良い機会になりました[15]」とまとめるなど、地域活動に対する一定の教育効果はあったからである。

　一方、本プロジェクト科目を開講した行政職員の意識が変化したことにも意義がある。本プロジェクト科目ではトップマネジメントを担う区長が講師として主体的に活動したが、その区長は１年間の活動を通じて「プロジェクトの目標設定が当初『上京区の地域活性化』と抽象的で大きすぎたと反省している。また春、秋学期のテーマ、目標の関連性を学生が肌で感じるには時間的にタイトすぎたとも感じている」と述べている。区長自身はこのプロジェクトに参加した学生を通じて最近の大学生の生活実態や意識を直接感じ、よい経験となったと考えているようであった。また、本プロジェクト科目は2011年度の上京区運営方針の重点取組に位置づけられていたが、その成果資料において[16]「今年度の授業をふまえた、より多くの学生がさまざまな地域活動に参加する仕掛けづくりに向けた具体的な活動」や「大学と地域とのさらなる連携に向けた、上京区と近接した区役所同士との連携」が今後必要な取り組みとしてあげられるなど、本プロジェクト科目を通じて行政側も新たな課題を認識できたようである。今後はこのアンケート結果を庁内でも広く周知し、市全体として政策形成や政策立案に反映・活用するなど、エビデンスにもとづくより冷静な政策の立案・実施が期待される。

　住民自治の視点からは、こうした行政の学習効果だけではなく、地域コミュニティの活性化について市民自らが考え、意見する契機となるように、この調査結果の情報公開も重要である。自治の主人公は市民であり、**ガバメント**はこの市民の価値観に対して応答的であるべきだからである。その意味では、住民自身がこうした調査や各アクターとの調整を自ら行なったうえで、行政に有効

な政策案を提示することが望ましい。このような住民自治の理想を実現するためには、市民はガバメントのあり方まで踏み込んで議論し、その制度的保障を求め、獲得することが必要となる。

　これと同時に、行政も自ら職員の意識改革や組織改善を行なうべきであろう。行政はガバメントの機能を法的に正統化された存在であるが、そのガバメントが正当な判断を行なうためには、自治の主人公は行政ではなく市民であることを職員の共通認識とする必要がある。行政を取り巻く昨今の厳しい環境、とりわけ財政難の影響から行政はその組織や業務の効率化のためのさまざまな取り組みを行なっている。この効率化は市民の消費者としての側面を強調することになるが、それが行き過ぎると市民の自治の主人公としての側面が見失われる可能性がある（今川［1999］26頁）。そればかりか、行政組織本来の政策目標が疎かになりかねないことも指摘されている（佐川・山谷［2010］134頁）。行政が担うべき役割とは何か、行政に期待されている責任と機能を全うするため、また自治体の意思決定や政策決定が迅速かつ的確に行なわれるためにはどのような組織編成が望ましいのか、これらが市民に十分に問われ、議論されているとは言い難い。そのような状況で、組織の簡素化や職員定数の削減など、単に規模が縮小されていることには批判も多い（真山［2012］6～8頁）。

　この課題を解決するためにも、やはり自治の主人公たる市民の積極的な行政への関与が欠かせない。市民参加とはガバメントの関係抜きには議論できないし、逆に言えば市民がガバメントのあり方に踏み込み、ガバメントにおける意思決定のしくみに修正を迫ること（今川［2009a］1～2頁）が住民自治の本質的な姿だからである。自治のための「政策」を実施するのであれば、担当する組織の物理的裏づけや制度的前提が必要となるが、自治の活性化に資する制度や地域活動に対する金銭的補助があっても、それを管理・運営する職員に余裕がない場合もある。仮にこうした裏づけや前提を欠くのであれば、それは政策とはいえず、精神論や運動論のレベルにとどまってしまう（佐川・山谷［2010］121頁）。こうした現状を市民自らが問題提起し、地域コミュニティを取り巻くアクターから行政全体を動かすしくみづくりを提案することも住民自治の一部である。

　こうした意味では行政の責任は市民の責任でもある。行政がうまくいかない

とき、市民はその責任を行政にばかり問う姿がしばしば見られるが、自治の主人公たる市民にもその責任は少なからずある。たとえば、先の行政の規模縮小について、市民はどれだけ行政の実態を知っているのだろうか。社会に直接影響を与える政策は、それを取り巻くさまざまな行政制度の影響を受けている。こうした制度やその管理についても日頃から関心を持ち、建設的な議論を市民同士で行なうことなしに、行政に責任が問えるのであろうか。限られた予算のなかで行政に何をさせたいのか、市民は自ら考え、他の市民や各種アクターと議論し、その決定事項や結果について責任を持つ必要がある。これも住民自治の持つひとつの側面なのである。

　翻って、この自治の主人公たる市民が1人でも多く地域活動にかかわれるような環境づくりは行政の課題のひとつである。公共性の条件のひとつとして「人々のいだく価値が互いに異質なものであること」があげられるように（齋藤［2000］5頁）、地域活動への参加者の多様性は重要である。そのためには市民への啓発をどのように行なうかも重要であるが（今川［2009b］16頁）、同時に市民が活動に参加するための時間をいかに確保するかも重要であろう。公共的空間へのアクセスを左右する資源のひとつに自由時間があるが、仕事と家事の「二重負担」を課せられるなど、現代人にとって「時間の貧困（time-poverty）」は切実な問題となっている（齋藤［2000］10頁）。たとえば、小川有美は毎日深夜に仕事から帰宅していてはボランティアに参加できないことをあげ、時間的な分権化が必要だと述べている（西尾・小林・金［2004］236頁）。昨今注目されているワーク・ライフ・バランスにはこうした公共的活動への参加も含まれるはずであり、そのひとつの手段であるワークシェアリングは住民自治の視点からも好ましい。「医者の不養生」に陥らないためにも、行政はまずその職員の働き方から見直していく時期に差し掛かっているのかもしれない。

　1970年代にアメリカで新行政学運動（New Public Administration Movement）を主導した行政学者のフレデリクソンは、正義と博愛は節約と能率と同じように重要であり、それらによって行政の仕事は高貴なものとなると述べた。このことを財政難に苦しむ現代行政の課題に対する切り口とし、自治体職員のミッションは経費削減ではなく「世直し・人助け」に邁進することにあると説く研究者もいる（今里［2008］10頁）。こうした理想の職員像、ひいてはガバメント

第7章　住民自治と地域活動

のあり方を変えていくのも住民自治である。本章の調査・分析をふまえた政策を立案・実施するため、またよりよい住民自治を実現するためにも、こうした課題の解決は今後ますます重要になると考えられるが、これらについては機会をあらためて論じることにしたい。

付記
　本章は同志社大学政策学会が発行する『同志社政策科学研究』第15巻第1号に収録されている「地域活動の担い手の意識と地域コミュニティの活性化—同志社大学プロジェクト科目における学生の調査結果から」を加筆修正したものである。また、本内容は筆者の個人的見解にもとづくものであり、京都市とは一切関係なく、その公式な見解ではないことには注意されたい。なお、先方への配慮からヒアリング先の各種団体は匿名とした。

1）　たとえば、今川［2005］1〜13頁。
2）　「である論」（分析論）、「べき論」（規範論）、「できる論」（政策論）の着想は、山脇［2008］59頁を参考にした。
3）　プロジェクト科目とは、「地域社会や企業の方々に講師をお願いし、地域社会と企業がもつ『教育力』を大学の正規の教育課程のなかに導入することによって、学生に生きた智恵や技術を学ばせるとともに、『現場に学ぶ』視点を育み、実践的な問題発見・解決能力など、いわば学生の総合的人間力を養成することを目的とするもの」とされている（同志社大学プロジェクト科目ホームページ「プロジェクト科目とは」参照）。
4）　本章で取り上げる「上京区活性化プロジェクト〜区民との協働で地域課題の解決を！〜」は、このプロジェクト科目のテーマ公募に上京区長が応募し、採択・開講されたものである。本科目では、科目代表者を今川晃政策学部教授、科目担当者を上京区長とし、まちづくり推進課長、まちづくりアドバイザー、担当係員の4名の態勢で授業を行なった。筆者は、この担当係員として1年を通じて行政側の事務員として授業に参加した。本プロジェクトの参加者はTA（Teaching Assistant）を含めて12名であるが、その所属学部は多様で、また学年の異なる多彩なメンバーが受講していた。本科目では、科学的方法を用いて地域活動の実態把握を行ない、それにもとづいて政策を立案することを学生に学ばせることを目的とした。そこでの活動は、正規の授業外でも学生が何度も自主的に集まり、活動内容の方向性や日程等を決めていた。また、学生を除く各アクターへのヒアリングに際しては、志縁団体にはまちづくりアドバイザーが、地縁組織にはまちづくり推進課長が、大学には行政職員がそれぞれ事前にアポイントメントをとり、円滑なヒアリングが行なえるように配慮した。
　　なお、上京区は京都市のほぼ中央部に位置し、おおよそ東は鴨川、西は紙屋川、北は鞍馬口通、南は丸太町通に囲まれた横長の長方形をなす行政区で、区内には多くの歴史的遺産や茶道界の家元三千家、また西陣織や伝統ある文化が存在している。
5）　京都市では地域行政・住民自治の単位は主に小学校区であるが、中心部のなかには小

第Ⅱ部　コミュニティの活性化と住民自治

学校区と一致しない地域がある。これは学校の統廃合によるものである。そこでは、現在の小学校校区より小さい元学区と呼ばれる地域単位が地域行政・住民自治の単位となっている。元学区とは、江戸時代の住民自治組織の単位である「町組」をもとに、1869年（明治2年）に創設された「番組」および「番組小学校」を起源とするもので、小学校運営や行政機能の一部が担われていた。

6）　この講義では、最初と最後に計8コマの講義が割り当てられ、その間に40時間以上地域で活動することが義務づけられている。なお、この40時間は学生の自主性を尊重したものになっており、その時間数は、「1コマ（1.5時間）×3（予習、実習、復習）×7コマ≒40時間」という数式をもとに算出されている。

7）　このプロジェクトは過去に京都府の制度で採択された実績もある。

8）　大学コンソーシアム京都とは、「大学、地域社会及び産業界との協力による大学教育改善のための調査研究、情報発信交流、社会人教育に関する企画調整事業等を行ない、これらを通じて大学と地域社会及び産業界の連携を強めるとともに大学相互の結びつきを深め、教育研究のさらなる向上とその成果の地域社会・産業界への還元を図る」ことを目的として1998年3月19日に認可された財団法人である（公益財団法人大学コンソーシアム京都ホームページ「設立趣意について」参照）。

9）　複数回答可で調査を実施した。

10）　同上。

11）　同上。

12）　同上。

13）　ここで観光を取り上げた理由は、地域資源に学生が目を向けていれば、そこから地域とのかかわりを持つきっかけとなると考えたためである。なお、設問では「現在お住いの地域にある観光施設や寺社仏閣を訪れることはありますか」と表現したため、地域の範囲は回答者によって認識の差があることには注意されたい。

14）　たとえば、大森彌は行政職員の定期的な人事異動について住民に対する説明がないことを取り上げ、人事システムの改革の必要性を説いている（西尾・小林・金［2004］178～179頁）。

15）　同志社大学プロジェクト科目ホームページ「2011年度クラスレポート一覧　上京区活性化プロジェクト—区民との協働で地域課題の解決を！」参照。

16）　京都市上京区役所ホームページ「平成23年度上京区運営方針」参照。

【湯浅孝康】

第III部

個人の人格の尊重と住民自治

第8章

住民自治を支える公民館運営

　少子高齢化や財政難などを背景とする公共サービス供給の見直しは、住民や地域の課題をふまえた住民自治を起点に行なわれる必要がある。そこで、本章では地域密着の社会教育施設として、地域づくりを担ってきた大分県日田市の地区公民館に焦点を当て、住民自治を支える公民館運営のあり方を考察する。

　日田市では社会教育の充実と行財政改革の両立を図るため、地区公民館の運営を市直営から1館ごとに地域団体関係者らで構成する協議会への管理委託に切り替えた。地域のニーズに即した事業展開が図られた一方、協議会の組織基盤の脆弱性に起因する諸課題が生じた。住民の声に耳を傾けつつ、住民自治を活性化させる運営のあり方が模索され、市出資の一般財団法人による指定管理へと移行した。これにより、公民館運営の組織・経営基盤が確立され、職員の専門性向上を通じた団体へのノウハウの蓄積が可能となった。

　昨今、地域への安易な運営委託が少なくないなか、上述のプロセスを経て運営が改善されたことは住民自治の観点から評価できる。自治体の明確な方針のもとで自治体出資法人を指定管理者とし、住民の自己学習と相互学習を通じて人と人、人と地域をつなぐことにより、住民自治を支え、育んでいくことが可能となる。

　🔖 キーワード：　公共サービス、住民自治、地域づくり、公民館、指定管理者制度、日田市公民館運営事業団

1 公共サービス供給を担ううえでの住民自治の課題

　今日、私たちの生活はじつに多くの公共サービスによって支えられている。かつて、家族やコミュニティなど、狭域の自治の範疇で行なわれていたことがサービスとして外部化され、いまや生活の多くの部分をそうしたサービスに頼るようになった。他方で、たとえば、児童虐待や引きこもり、孤独死、非婚化といった新たな社会問題への対応も求められるなど、公共サービスに対する住民のニーズはますます増大し、多様化・複雑化しつつある。その一方で、少子高齢化や人口減少、国・自治体の財政難といった問題に直面し、公共サービス

供給のあり方の問いなおしが迫られている。

　そうしたなか、自治体には行政資源に限りがあることを前提としつつ、地域の実状に即した地域公共サービスを供給していくことが求められる。今後、地域公共サービスの供給においては、住民やNPO、企業など、行政以外の主体の役割が相対的に増加していくことが見込まれ、とりわけ地域の身近な問題の解決を図る**住民自治**の役割は一層重要となろう。

　地域住民自らが主体的に身近な問題の解決を図るというと聞こえはよいが、昨今、財政難に伴う行財政改革の一環として、これまで行政が担ってきたサービス供給を十分な財源の裏づけのないまま、地域に委ねるケースが少なくない。しかし、地域に委ねさえすれば、住民自治がおのずと機能し、よりよいかたちで問題解決が図られるというわけではない。地域として、それを担いうる財源、人、地域力などの諸資源を有している必要があり、なかでも人的資源の存在は極めて重要である。

　そこで、本章では、地域に密着した社会教育施設として、住民自治を担う人づくりと**地域づくり**に寄与してきた公民館とその運営に着目する。社会教育の充実と行財政改革の両立を図るべく、地区公民館を公設民営化した大分県日田市の事例を手がかりとして、行政資源の制約下において、住民自治を支える公民館の管理運営のあり方について考察することにしたい。

2 公共サービス供給と住民自治の関係

　公共サービス供給について、市民生活との関係に引き寄せて考えてみると、コミュニティの衰退や女性の社会進出に伴う家事の外部化、生活の質の向上などを背景として、公共サービスのニーズは多様化、増大してきた。たとえば、都市部においては単身世帯や核家族が多いため、これまでは家族内で担われてきた子育てや介護なども専門的サービスとして行政や市場に外部化される傾向がある。このように、住民の相互扶助による処理は次第に減少してきた。これに関し、森岡清志は専門処理の発達とそれへの依存が高まることにより、地域への住民の関与は縮小することを指摘している（森岡[2008]　9～10頁）。

　「ゆりかごから墓場まで」とは、第2次世界大戦後のイギリスにおける社会福祉政策のスローガンであるが、今日のわが国の自治体においては、医療・福

祉、教育・文化、環境、産業、まちづくり、土木など、生活のあらゆる分野にわたって、非常にきめ細かな行政サービスが展開されている。これに関して、中邨章は自治体が発行する広報誌や巡回入浴サービスを例に挙げ、わが国では一般的なこれらのサービスは外国ではほとんど例をみないとし、わが国の自治体が世界的に見ても活動量が多く、公共セクターへの依存度が根強いことを指摘している（中邨［2007］27～30頁）。極端に言えば、住民は役所の窓口で手続きをしさえすれば、地域と直接かかわりを持たなくとも、さまざまな行政サービスの給付を受け、日常生活を送ることができてしまうのである。このように、公共サービスのメニューが充実し、それらへの市民生活の依存が強まるほど、市民個人にとってはサービスの購入者もしくは消費者としての受動的な意識が強まることになろう。また、今日、推し進められている公共サービスの民営化や民間委託が進行するにしたがって、そうした傾向はより強まっていくと考えられる（今川［2011］3頁）。一方、それと引き換えに、地域社会の一員としての能動的な主権者意識は薄れがちになると思われる。

　このことは公共サービス供給の歴史とも関係していよう。その歴史を振り返ってみると、高度経済成長期までの間は多くの国民が一定の生活水準を享受できるよう、国全体で一律のサービスを供給する必要があったと考えられる。その多くは、国の責務として、ナショナル・ミニマムを満たすために必要不可欠なサービスを供給するものであったため、国民にとっては国がそうしたサービスを供給するのは当然のこととして受け止められた。しかし、国民の多くが一定の生活水準を享受するようになり、生活の質や豊かさが追求されるようになった今日、公共サービスの供給は以下のように補完性の原理にもとづいて考えられる必要があろう。

　今日の公共サービスは、いずれも何らかの公共的なニーズを受けて供給されており、そのニーズの所在をたどっていくと、住民および地域が抱える公共的な課題に行き着く。これらの課題の解決を図るため、いかなる公共サービスを用意し、誰が、どのように供給するかは、本来、課題を抱えるその地域において、最適な方法が決定されるべきである。もし、それが一地域内にとどまらない課題であるとすれば、結果的に広域自治体や国家において共通したサービス供給がなされることになる。このことは公共サービス供給においても、住民自

治がまずありきであって、それが団体自治を規定するということを意味する。

❸ 住民自治を支える公民館の役割

　前節で見たとおり、地域内に存在する課題を解決するため、誰が、何を担うかは、原則として、その地域において決められる必要がある。その際、補完性の原理を前提とするならば、住民自治の基礎として、ひとりひとりの住民の課題対応力を基本とする「自助」、住民が地域とかかわり、地域を知り、住民相互で課題を解決していく「共助」が求められよう。これらが確立されるにはひとりひとりの住民の力量や住民と地域とのかかわりが重要である。これまで、それらを育んできた自治体政策のひとつに社会教育がある。社会教育は、学校以外の場で組織的に行なわれる教育・学習・文化・スポーツ活動を指す。そうした地域住民の学習権を保障する社会教育施設として、各自治体が設置してきたのが公民館である。

　公民館は社会教育法にもとづく社会教育施設であり、同法第20条は「公民館は、市町村その他一定区域内の住民のために、実際生活に即する教育、学術および文化に関する各種の事業を行ない、もって住民の教養の向上、健康の増進、情操の純化を図り、生活文化の振興、社会福祉の増進に寄与することを目的とする」と規定している。序章でいう「個人の人格の尊重と住民自治」に関しては、主権者としての個人が地域とかかわり、その声が自治体を動かす力になりうることが重要である。そのためには、住民自身が地域とかかわり、学び、参画するという機会が開かれている必要があり、公民館は地域の拠点施設としてそうした役割を果たしうる施設といえよう。

　なお、公民館をめぐっては、いわゆる「公民館不要論」という根本的な問いが投げかけられてきた。たとえば、松下圭一は市民社会が成熟してきたなかで、「教え育てる」行為としての成人教育は不要であるとして、社会教育の終焉を説いている（松下［1986］）。そのうえで、主体としての市民による文化活動の展開と地域センターの市民運営という自治イメージがあるべき姿として提示されている。こうした問題提起は社会教育と公民館のあり方を鋭く問うものである。他方、今日の公民館には「地域づくり」「人づくり」の拠点としての役割が期待され、実際に現場ではさまざまな取り組みが実践されている（山田

［1997］)。公民館の場で自己学習と相互学習の機会が広く住民に開かれていることは、主体としての個人を支え、その人格を尊重しつつ、住民と地域をつなぐうえで積極的な役割を果たすものとしてとらえられよう。

　公民館は生涯学習およびまちづくりの拠点施設として、人と人、人と地域を「つなぐ」コーディネーターの役割を有している。その運営にとって、地域住民と連携しながら住民の自己学習と相互学習の機会を企画・提供する専門的職員としての公民館主事の存在は非常に重要である。しかし、近年、行財政改革の一環として、公民館を「市民センター」などに改組して専門職員を引き揚げたり、公設公営から地域による自主運営へと切り替える動きが市町村において見られる。自治の観点からすると、地域による自主運営は一見望ましいことのように思われるが、現実には地域の拠点施設としての役割を果たすために必要な職員配置および事業費が十分に確保されていないケースが散見される。仮に、自治体が厳しい財政状況にあったとしても、地域力形成や地域づくりへの投資を怠るとすれば、ひいては地域の衰退を招くことになろう。住民の参画により地域のニーズに即した公民館の運営を図るためには高度化・多様化する住民ニーズに的確に対応できる専門的人材を公民館に配置することが今日的課題となっている。

　そこで、以下では、地域に根差した地区公民館の管理運営のあり方を模索し、地域に委託したことにより生じた課題について、市が出資する一般財団法人が地区公民館の管理運営を行なうことにより解決を図った日田市の事例をみていくことにしたい。

4　大分県日田市における地区公民館の運営

(1) 日田市の概要

　日田市は大分県西部に位置し、福岡県と熊本県に隣接した地域である。日田は古くから九州北部の各地を結ぶ交通の要衝として栄え、江戸時代には幕府の直轄地・天領として西国筋郡代が置かれた。現在、重要伝統的建造物群保存地区に指定されている豆田の町並みや、儒学者であり詩人であった廣瀬淡窓が江戸時代後期に開設した私塾「咸宜園」(かんぎえん)跡などの貴重な歴史遺産が今日に受け継がれている。

第8章　住民自治を支える公民館運営

　2005年3月22日に日田市と日田郡の前津江村、中津江村、上津江村、大山町、天瀬町の1市2町3村が合併し、面積666.19平方キロメートルの新日田市が誕生した。新日田市は、江戸時代には天領として、明治元年には日田県として、ひとつの地域を形成してきた歴史があり、現在においてもひとつの生活圏を形成している。2013年5月31日現在の人口は、7万655人である。

　旧日田市では昭和30年代以降、地区公民館が整備されていった。市内全域をカバーするかたちで15地区に地区公民館が設置され、館長と主事を各館に配置して社会教育事業が展開されてきた。2005年の市町村合併により、日田市の地区公民館の数は20となった。このように、日田市においては、市内の全地区に地区公民館を設置し、専任の館長と主事を配置して、地域課題に即した事業を実施しており、大分県内の市町村と比較して、設置数や事業数ともに非常に充実しているとされる（日田市［2011］208頁）。そのことは、かつて「咸宜園」で全国の諸藩から集まった多くの門下生が学び、優秀な人材を輩出したことと無縁ではなかろう。[1]

（2）地区公民館の管理運営体制の変遷

　日田市の地区公民館の管理運営方式は、2000年代に入って市直営から運営委託、指定管理者制度と変遷してきた。日田市で地区公民館の管理運営方式の見直しが行なわれてきた背景として、市民の社会教育への参画および学習機会の充実を図るとともに、行財政改革の推進が求められていたことがあげられる。

　日田市においては、1985年以降、3次にわたる行政改革大綱を策定し、行財政改革が推進されてきた。2006年3月に策定した「第3次日田市行政改革大綱（集中改革プラン）」においては、①簡素で効率的な行政の実現、②行政ニーズへの迅速かつ的確な対応を可能とする組織、③定員管理および給与の適正化等、④人材育成の推進、⑤公正の確保と透明性の向上、⑥電子自治体の推進、⑦財政健全化の確保の7つの柱のもと、139の実施項目が掲げられた。このうち126項目を実施した結果、約30億円の行革効果があったとされる（日田市［2013］1頁）。このうち、定員管理の適正化について見ると、2005年4月1日現在の職員数が742人であったのに対し、2010年4月1日の計画上の職員数は657人となり、集中改革プランの計画期間の5年間で全職員の11.5パーセント

163

に当たる85人の職員が削減された。後述するように、各地区公民館に配置されていた市職員の引き揚げはこうした背景のもとで行なわれた。

<u>市直営から公設民営化への移行</u>　2003年度まで、各地区公民館には館長（市嘱託職員）と主事（市職員）が1人ずつ配置され、市の直営により管理運営されてきた。しかし、厳しい財政状況を背景として効率的かつ効果的な行財政運営が求められる一方、「地域づくりやまちづくりは、市民と行政とが協働して取り組むことが求められるなかで、地区公民館の果たす役割が重要となっている」（一般財団法人日田市公民館運営事業団［2013a］）として、市民の積極的な社会教育への参画および学習機会の充実を図るとともに、行財政改革を進めるため、新たな地区公民館の運営のあり方が検討されることとなった。検討を通じて、これからの地区公民館運営の方向として、①自治会や他団体との連携による地区内活動の充実、活動基盤の整備、②地区間の連携と学習・活動資源の共有化による学習・活動内容の充実、③多彩な学習・活動による幅広い市民（住民）、団体の参加と交流促進、④行政との連携、人材育成による特色ある地域づくりの拠点としての役割の充実、が求められるとした。これらをふまえ、住民の企画による自主的活動の推進、地域の独自性を持った活動の推進、公民館機能の充実を図るため、管理委託制度のもと、地区公民館の運営を地域に委託することが決定され、2004年度から実施された。

　その具体的な手法は次のとおりである。これまで各館で主事を務めていた市職員は引き揚げることとなった。これに代わって、地区ごとに設置する公民館運営協議会（以下、「協議会」）と日田市が委託契約を締結し、同協議会が公民館主事を雇用することとなった。これは地元から専属職員を配置してほしいとの強い要望を受けてのものである。協議会は各地区の各種団体関係者を中心に構成された任意団体のかたちをとり、公民館の運営に多様な意見が反映される枠組みとなっている。一方、日田市は1館あたり150万円の公民館活動費および人件費を委託料として同協議会に支払うとともに、公民館館長として市の嘱託職員を配置し、施設の維持管理は従来どおり市が行なうこととした。人件費が削減された一方、事業費は市直営時の1館あたり30〜40万円から150万円へと大幅に増額され、各公民館の運営方針にもとづく予算執行が可能となった。また、協議会間の連絡協調を図るために公民館運営協議会連合会（以下、「協議会

連合会」）が設置された。公民館の所管課である日田市教育委員会生涯学習課は、中央公民館の管理運営のほか、公民館活動の相談、指導援助を行なうこととされ、協議会に対しては主事の福利厚生事務および維持管理費の執行の事務援助を行なった。

2004年度から管理委託制度のもとで運営されていた日田市の地区公民館であったが、2006年度からは民間事業者やNPOなどによる公の施設の管理運営を可能とする指定管理者制度に移行し、各協議会が公募によらないかたちで指定管理者に指定された。これに伴い、従前、市の嘱託職員が配置されていた公民館館長は、各協議会において採用することとなった。なお、2005年3月に行なわれた市町村合併に伴い、日田市を除く旧町村の中央公民館5館が新市の地区公民館として加わり、指定管理1期目の途中からはこれら5館を含めた20館において協議会による指定管理が行なわれている。また、指定管理2期目となる2009年度からは、公民館施設の維持管理費も含めるかたちで指定管理協定が締結された。

<u>公設民営化による効果と課題</u>　地区公民館を公設民営化したことにより、後述のとおり地域住民の参画による独自性を持った活発な運営が図られ、地域に密着した活動が展開されるようになった。また、社会教育の専門性を有する主事の継続的な配置が可能となったことも効果としてあげられる。

その一方で、公設民営化に伴ういくつかの課題が生じた。

ひとつは、協議会が任意団体であることに起因する課題である。協議会は各地区の地元関係者による組織であり、事務処理体制が十分整っていないため、本来、協議会が担うべき施設管理業務と会計事務について市の生涯学習課の事務援助を受けて処理していた。

ふたつは、1館ごとに1協議会を組織していることに起因する課題である。各協議会が別組織であるため、事務を一元的に処理することができず、事務の効率化が図れないことに加え、協議会ごとに公民館主事を採用しているため、主事が他館に異動する際は、一旦退職したうえで、異動先の協議会で新たに雇用するという手続きを踏まなければならなかった。

3つは、指定管理者制度に伴う課題である。指定管理の協定にもとづく制約から市の直営である中央公民館と指定管理の地区公民館との連携事業が希薄と

第Ⅲ部　個人の人格の尊重と住民自治

なっていた。

　こうした課題の解消を図るべく、協議会連合会は協議会組織の一本化に向けた検討を行ない、2009年8月に20館を一本化した組織の設立が立案された。同年9月から10月に同案に関する協議会との意見交換会が開催されたが、「一本化した組織の責任度合いが重過ぎる、また持続可能な組織であるか」などの懸念が示されたことから、協議会での一本化は中断することとなった。

> 公民館運営検討委員会による検討

2010年4月、日田市は社会教育学の専門家、協議会、社会教育関係団体、まちづくりNPO関係者で構成される日田市公民館運営検討委員会（以下、「検討委員会」）を設置した。検討委員会は上述した課題の解決のみならず、社会教育の専門的見地、地区公民館運営、まちづくりの視点から広く意見を求め、公民館の可能性を検討することを目的とするものであった。検討委員会での検討項目として、上述した課題をふまえ、①公民館運営を行なう組織形態のあり方について、②新組織の公民館運営及び活動のあり方について、③中央公民館・地区公民館・分館のあり方について、の3つの柱が設定された。

　2009年4月から同年9月までのあいだに7回の本検討委員会と計6回の専門部会（定款・設立等手続部会、就業規則部会、会計部会）が開催された。新たな組織形態のあり方については、任意団体と法人化のいずれを選択すべきであるか、さらに法人化を選択する場合はNPO法人、一般社団法人、一般財団法人のいずれの法人格とすべきか、それぞれの組織形態を採用した場合の分析を行なったうえで検討が進められた。その結果、一般財団法人は「市の責任において、市が出資する法人であれば、任意団体、NPO法人及び一般社団法人に比べ、組織の体力及び持続力に対する懸念は払拭される」との分析結果をふまえ、市が出資する一般財団法人を新たに設立し、20の地区公民館の管理運営を一本化すること、各地区に公民館運営委員会を設置すること、生涯学習課と中央公民館を統合再編することを柱とした『日田市公民館運営に関する検討報告書』（以下、「検討報告書」）が2010年9月にとりまとめられた。

　これを受けて、10月12日から11月5日にかけて検討委員会の検討結果の地区報告会が20地区で開催された。日田市議会12月定例会には財団出捐金の補正予算案が可決されたのち、2011年1月12日から同月26日にかけて公民館財団法人

に関する地区説明会が20地区で開催された。同年2月16日に一般財団法人日田市公民館運営事業団が設立され、市議会3月定例会での指定管理者の議決を経て、同年4月1日より事業団による地区公民館20館2分館の指定管理が開始されるに至った。

(3) 日田市公民館運営事業団による管理運営

日田市政上の地区公民館の位置づけ　日田市は第5次総合計画（2007〜2016年度）において、まちづくりの基本理念として、「自ら関わり、共に創るヒューマンシティ」を掲げたうえで、将来都市像を「人と自然が共生し、やすらぎ・活気・笑顔に満ちた交流都市」と設定している。まちづくりの大綱の柱のひとつに「心豊かで輝く人の育つまちづくり」を掲げ、その施策として、「生涯学習の充実」「互いに尊重しあえる社会の実現」などが位置づけられている。

　地区公民館を所管する日田市教育委員会は、第5次総合計画にもとづき、『日田市教育行政実施方針』（2012〜2016年度）を策定している。同方針は4つの柱から成り、そのひとつに「社会教育の充実」が掲げられている。そのなかで地区公民館の役割に関わる項目として、社会教育の推進、市民の生涯教育を支えるための基盤の整備、家庭・地域の教育力の向上と支援体制の充実、社会教育における人権教育の充実の4項目があげられている。同方針において、社会教育の充実を図るうえで市が行なうとされているものと、事業団が行なうとされているものを整理したものが**表8-1**である。同表からは、方針上において市と事業団の役割分担および両者の連携により実施すべきものが明確に位置づけられていることが見てとれる。

日田市公民館運営事業団の概要　一般財団法人**日田市公民館運営事業団**（以下、「事業団」）は、日田市が設置する公民館等の管理運営および事業を行なうことにより、市民の教養の向上、健康の増進、情操の純化を図り、もって市民の生涯学習活動の振興、市民参加のまちづくりの促進に寄与することを目的として設立された。基本財産は300万円で、全額日田市の出資によるものである。その目的を達成するため、①市民に開かれ、利用しやすい施設の管理運営、②生涯学習の総合的支援、③市民参加のまちづくり活動の支援を事業実

表 8-1 日田市教育行政実施方針における市行政と事業団の役割分担

		日田市	事業団
1．社会教育の推進	①充実した社会教育の実施	・全市民を対象とした各種講座の開催とその成果による人材育成 ・社会教育施設ネットワークの形成	・地域の実情に応じ、かつ、実際生活に即した各種事業の展開
	②社会教育における専門性を持った人材の育成	・指導者としての資質の向上と配置（各種研修会への参加促進）	・指導者としての資質の向上と配置（社会教育主事職員の配置）
2．市民の生涯学習を支えるための基盤の整備	①生涯学習施策の総合的推進のための連携の促進と強化	・生涯学習施策の総合的推進のための連携の促進と強化 ・市全体の生涯学習にかかわる事業の展開 ・一般財団法人日田市公民館運営事業団への指導・監督と連携	
	②地域の独自性を尊重した生涯学習推進のための学習環境の整備	・地域の特色を活かした事業の推進（支援） ・各公民館の施設整備	・地域の特色を活かした事業の推進
3．家庭・地域の教育力の向上と支援体制の充実	①子育てを地域全体で行なう「協育」ネットワークの充実	・地域・公民館・学校との連携 ・就学児童の放課後や休日の活動の充実 ・家庭教育の充実（事業団と連携） ・公民館と各団体との連携の促進（講演会や大会実施の支援）	・地域・公民館・学校との連携 ・家庭教育の充実（市と連携） ・公民館と各団体との連携の促進（各種団体や家庭・学校との連携、協働による青少年健全育成） ・地域における体験活動の推進
	②「大人が変われば、子どもも変わる」理念の啓発	・学校や公民館、地域団体との連携	・学校や公民館、地域団体との連携
4．社会教育における人権教育の充実	①社会教育における人権問題への取り組みの充実・支援	・「人権に関わる市民意識調査」にもとづいた人権学習の推進 ・体験的参加型学習会の拡充と人材の育成および活用 ・公民館職員に対する人権教育の充実	・「人権に関わる市民意識調査」にもとづいた人権学習の推進 ・体験的参加型学習会の拡充と人材の育成および活用

（出所）　日田市教育委員会［2012］をもとに筆者作成。

第 8 章　住民自治を支える公民館運営

表 8-2　一般財団法人日田市公民館運営事業団の理事・評議員構成

役　職	所　属
理　事	市行政 2、学識者 1、公民館運営委員会連絡会 1、連合育友会 1、食推協 1、地域づくり団体 2、青年会議所 1
評議員	市行政 2、学識者 1、公民館運営委員会連絡会 3、自治会連合会 1、商工会議所 1、文化連絡会 1

（出所）　一般財団法人日田市公民館運営事業団［2013b］をもとに筆者作成。

施方針に掲げ、幼児学習、青少年学習、成人学習、高齢者学習、社会人権同和学習、家庭教育学習、学社連携事業、地域づくり事業の推進を図るとともに、学習成果の発表の機会を提供するための事業を実施している。

　事業団は、本部機能と地区機能のふたつの機能を有している。前者は理事会、評議員会、監事、事務局により構成され、20館の管理運営・事業運営の総合調整、評議員会・理事会の運営、人事・労務管理、会計事務、施設管理を担う。理事および評議員は、幅広い組織のメンバーにより構成されている（**表 8-2**）。後者は地区公民館20館それぞれに配置される公民館長および公民館主事各 1 人が公民館事業の実施、施設管理、貸館業務を担う。職員は、館長20人、主事20人に加え、事務局長 1 人、事務局員 3 人の計44人により構成されている。

　事業団が設置されて以降、事業団が地区公民館の指定管理者として管理運営を担うことになった。これに伴い、従前、地区公民館の指定管理者として管理運営を担っていた協議会に代わる組織として、同様の機能を有する地区公民館運営委員会（以下、「運営委員会」）が置かれ、事業団と連携しながら公民館の事業計画と事業実施に参画するとともに、事業評価を行なうこととなった。また、運営委員会間の連絡調整および情報交換を図るため、地区公民館運営委員会連絡会が設置され、同連絡会が事業団の評議員、理事の選出母体となった。

　┌─────────────┐
　│地域住民と事業団の│
　│連携による公民館運営│
　└─────────────┘
　各地区公民館が実施する事業は、年度ごとの事業計画にもとづいて実施される。事業計画の作成手続きを見ると、毎年 2 月に各地区公民館で事業計画案を立案し、各種地域団体の関係者や校長、利用者代表などにより構成される運営委員会に諮って地域の意見を反映させ、事業団の査定を経たのち、 4 月から 5 月に事業計画が策定されている。

表8-3　市民に対する多様な学習機会の提供に関する事業実施状況（2011年度）

事業名	実施館数 （単位：館）	実施回数 （単位：回）	登録者数 （単位：人）	参加延べ人数
幼児学習	10	122		2,429
青少年学習【通年】	17	361	462	7,143
【単発】	15	144		3,333
成人学習	20	465	945	6,483
高齢者学習	20	415	711	6,919
社会人権同和学習	20	159		4,255
家庭教育学習	14	26		1,603
学社連携事業	(5)	(24)		(664)
自主学習教室	20	10,604	2,966	81,691
8事業	136	12,296		113,826
（全館共同開催：国際理解事業） 第1回理事長杯クバーラ大会＆JICAタイム		1		162

（出所）　一般財団法人日田市公民館運営事業団［2011］をもとに筆者作成。

このように、地区公民館での事業実施のみならず、事業計画の立案にも住民の参画がなされ、地域のニーズに即した事業計画が立案されている。

では、具体的にどのような事業が行なわれているのであろうか。事業団の2011年度事業報告書によれば、市民に対する多様な学習機会の提供について、幼児学習、青少年学習、成人学習、高齢者学習、社会人権同和学習、家庭教育学習、学社連携事業、自主学習教室の計8事業について全20館で計1万2296回実施され、延べ11万3826人が参加している（表8-3）。その他、公民館まつりが14館で計14回実施され、延べ1万986人が参加したほか、市民参加のまちづくりの促進に関する事業として、地域づくり事業が20館で計146回開催され、延べ2万3484人が参加している。

一例をあげると、日田市中心部に位置する咸宜（かんぎ）公民館の2013年度事業計画では、主な事業の柱として、①生涯学習、②青少年健全育成事業、③人権啓発活動、④まちづくり事業が掲げられ、さまざまな年代を対象とした各種事業の実施が計画されている。まちづくり事業では、校区住民親睦グランドゴルフ大会、咸宜公民館ふれあいまつり、認知症予防教室「すずめの学校」、高齢者なんでも相談会の開催および地域学習の支援が計画されている。

このうち、認知症予防教室「すずめの学校」では、脳の活性化による認知症予防プログラムが行なわれている。同教室は元々、三花公民館で先駆けて開講され、現在では市内の各公民館で開催されるに至っている。三花公民館では「すずめの学校」の受講者が指導者となって、町内での活動が展開されているという。咸宜公民館の場合、受講生が多数のため、2班に分かれて教室が開催されている。教室では、体操、歌、簡単な計算、音読などを行なったのち、先週あったできごとなどを発表し、お茶と茶菓子を会食する座談会が開かれる。同教室を開催することにより、認知症の予防を図ると同時に、地域がつながる場となっているという（日田市咸宜公民館［2013］）。

事業団による地区公民館運営の効果と課題

　これまで地区公民館の管理運営の変遷と事業団の概要について見てきたが、事業団が地区公民館の指定管理を行なうようになったことにより、どのような変化があったのであろうか。

　第1に、事業団の設立により、従前の協議会による管理運営で生じていた諸課題の解決が図られた。ひとつは、従前、任意団体である協議会は組織基盤がぜい弱であるため、本来は協議会が指定管理者として行なうべき会計事務について、市生涯学習課の事務援助を受けてきた課題である。事業団を設立したことにより、同事務は事業団事務局において処理されるようになった。ふたつは、協議会が地区公民館ごとに設置された別組織であるために生じていた課題である。事務処理の一元化が図れなかったが、事業団事務局において人件費や施設管理費を一元的に処理することが可能となった。また、協議会ごとに採用される公民館主事の雇用が不安定なものとなっていたが、全館の主事が事業団職員となったことにより、各館への配置転換は人事異動として実施することが可能となった。3つは、これらの課題の解消のためには連合会による組織の一本化が模索されたものの断念した経緯があったが、事業団が設立されたことにより、管理運営体制の基盤強化が図られた。

　第2に、事業運営面においても事業団設立の効果が見られる。ひとつは、事業団の評議員会および理事会において、20館全体の状況の把握および比較が可能となった。ふたつは、事業団として、事業計画基本方針を定めたことにより、事業団としての目標を全館・全職員で共有化し、事業の促進と質の向上を図ることが可能となった。3つは、事業評価・点検制度を導入したことによ

表8-4　事業団における公民館運営に関する評価のながれ

順序	対象	区分	範囲	時期	チェックシート
1	受講者・参加者	外部評価	公民館事業	講座・事業終了後	アンケート・感想
2	事業担当職員	自己評価	公民館事業	講座・事業終了後	事業診断シート① 運営状況シート②
3	地区公民館運営委員会	外部評価	公民館事業	年度終了後（4月）	運営委員会用評価シート③
4	事務局	自己評価	事業団全体事業	年度終了後（5月）	事業団評価シート④
5	理事会・評議員会	内部評価	事業団全体事業	年度終了後（6月）	

（出所）　一般財団法人日田市公民館運営事業団［2013c］をもとに筆者作成。

り、事業の改善を図るとともに、その状況を市民に公表することが可能となった。4つは、20館の共同事業を実施することにより、全市的な交流事業の拡大が図れるようになった。

このうち、事業評価・点検制度については、2008年の社会教育法改正をふまえ、事業団として評価・点検実施方針を策定している。同方針は、①より良い公民館運営に資する実効性のある評価、②事業水準の向上、③外部の視点の導入と簡易でわかりやすい評価の3点を評価・点検の目的とし、表8-4のとおり、自己評価、内部評価、外部評価を実施することを定めている。これらの評価を年間計画と連動させ、事業計画に反映させるかたちをとることにより、PDCAサイクルが構築されている。

第3に、会計処理の指揮者を監事に選任し、決算監査および現地監査を実施することによって監査を強化し、適正処理の徹底と事務の効率化に関する指導・助言を得ることが可能となった。

第4に、公民館職員の専門性の向上という点において、大きな効果があったと考えられる。社会教育を通じた人づくり・地域づくりを担う公民館における職員の専門性として、地域に溶け込み、専門知識を活かして地域のニーズに合った企画を立案し、実施することが求められよう。市の直営時においては、公民館主事は定期的かつ全庁的な人事ローテーションに組み込まれていた。そのため、主事として配属された者が社会教育主事資格を取得したとしても、数年後にはまったく異なる部署へと異動となるなど、主事の専門性を向上させ、

それを地区公民館に蓄積し、運営に活かしていくには限界があった。これに対し、事業団による指定管理においては、主事は事業団の固有職員となったことから、数年おきに地区公民館間での異動はあるものの、主事としてのスキルの向上を図り続けていくことが可能となった。

　こうした主事職としての採用による専門性の向上に加え、「公民館関係職員の資質向上のための研修制度を確立する」ことを求めた2010年の検討報告書を受けて、研修制度の充実が図られている。たとえば、文部科学省が実施する社会教育主事講習の受講は、市直営時には1年間に1人の受講に限られていたが、2012年度、事業団では3人が受講した。これまでに事業団採用の主事および事務局員22人のうち、18人が社会教育主事講習を修了しており、2015年には全員が修了する予定である。このほか、2012年度は教育機関等主催研修として16回、館長会研修として5回、主事会研修として5回、それぞれ各種研修の機会が設けられ、合計26回の研修に館長延べ125人、主事延べ200人が参加するなど、公民館運営に必要なスキルの向上を図る研修の機会が多く設けられている。

　以上見てきたとおり、事業団による指定管理に移行したことにより、公民館運営のための組織基盤が固められ、職員の専門性の向上やPDCAサイクルを通じた事業水準の向上が可能となるなど、多くの効果がもたらされた。

　その一方でいくつかの課題を指摘しておきたい。ひとつは、公民館を利用する住民が一部に限られており、とりわけ公民館利用者における30～40歳代前半という壮年層の割合が少ないという課題を抱えているとの意見が館長から聞かれた[2]。これは日田市の地区公民館に限らず、全国の公民館に共通する課題であると考えられる。これに関して、五和公民館においては、館内に喫茶スペースを設けて気軽に立ち寄れる空間づくりを行なったり、「映画つくり」を通じて、普段公民館を利用しない住民を含め、地区住民で和気あいあいとひとつの作品を作り上げていく事業を企画したりするなど、積極的に利用者の拡大に努めている。また、人権・同和問題をより多くの人に身近な問題として考えてもらえるよう、人権・同和問題に関する絵本の読み聞かせの人材養成を行なうなどしている。こうした取り組みには、まずはより多くの人に公民館を利用してもらい、人と人、人と地域がつながっていくきっかけをつくることにより、地域づくりをサポートしていきたいとの館長の熱意が込められている。

ふたつは、自治体の出資法人であるがゆえの課題として、自治体の行財政運営の影響を受けやすく、自治体の財政難や政策変更があった場合には、とくにその影響を免れないということである。先述したとおり、日田市の教育行政実施方針において、市行政と事業団それぞれの役割が明示され、これにもとづいて両者の協力・連携が図られているほか、事業団職員の研修機会も保障されている。一方、元々、地区公民館の公設民営化は社会教育の充実とともに、行財政改革を進めるために実施されてきた経緯がある。後者に関しては、市職員の引き揚げにより、人件費の削減を図る一方、各館の活動事業費が増額されたが、協議会および事業団で採用された主事の給与は市職員と比較して低い水準にある。[3] 人づくり・地域づくりを担う拠点施設である公民館の主事として、その職に誇りを持ち、専門性を高めながら人や地域と向き合っていける環境を形成していくことは、市行政・事業団双方にとっての大きな課題である。

5 住民自治を支える公民館ネットワークと自治体出資法人

戦後、公民館は「地方自治の学校」として、人づくり・地域づくりを担い続けてきた。各公民館の地域に根ざした取り組みは、地域資源を発掘し、人と人、人と地域のつながりを育くんできたといえる。そうしたなかから地域への愛着が生まれ、ひとりひとりの住民、住民相互の問題解決力を高めてきたといえよう。これらはいずれも住民自治を支える重要な要素である。

他方、社会状況や家族構成の変化を受けて家事の外部化が進み、住民は専門化・高度化する公共サービスへの依存を強める一方、地域とのかかわりは希薄化してきた。従来の公共サービス供給のあり方の見直しが迫られるなか、住民の側にボールが投げ返されているというのが今日の状況ではなかろうか。そのことは、住民主体のまちづくりの一翼を担い、住民自治を支えてきた公民館のあり方も問いなおすものといえよう。

そのことをふまえ、本章では、地区公民館を公設民営化した日田市の事例を手がかりとして、行政資源の有限性という条件下において、住民自治を支える公民館の運営のあり方を考察した。

日田市の事例では、住民自治を活性化させる地区公民館の運営のあり方が模索された。住民の声に耳を傾けて、その過程で生じた課題の解決をめざしつ

つ、運営の改善が図られた。昨今、地域への安易な運営委託が行なわれることが少なくないなか、こうしたプロセスを経て運営の改善が図られたことは、住民自治の観点から見て評価できよう。

具体的には、社会教育の充実と行財政改革の両立を図るため、市直営から1館ごとに各地区の協議会へ管理委託された。これにより、地域のニーズに即した事業展開が図られるようになり、その後、指定管理者制度による管理運営へと移行したが、その一方で組織基盤の脆弱性に起因する諸課題が生じた。これらの解決とこれからの公民館のあり方を見据えて、市が出資する一般財団法人による管理運営に切り替えられた。これにより、公民館を運営するための組織・経営基盤が確立され、職員の専門性の向上を通じた団体へのノウハウの蓄積が可能となったといえる。

本事例からはいくつかの示唆が得られるであろう。ひとつは、財政難などを背景に、公民館をはじめとする地域密着型の公の施設を地域住民による自主運営に委ねる自治体が少なくないが、人と人、人と地域のコーディネートおよび施設を活かした事業実施には専門性が求められる。したがって、限られた財源および人材を有効に活用するには、施設（地域）ごとに施設職員を雇用し、その職員が個々に事務処理を行なうのではなく、同様の施設の事務をひとつの組織が一元的に処理し、職員採用や研修なども一括して行なうことにより、職員の専門性を高めることが有効である。そうした職員が地域住民とともに事業計画を立案し、実施していくことにより、地域の拠点施設として、人と人、人と地域をつなぐ役割を果たすことが可能となると考えられる。また、ひとつの組織がネットワーク化された施設の運営にかかわることにより、施設間の協力・連携が促進されることが期待される。日田市においても、全市的な事業が実施されているが、そうした取り組みにより、地域間の交流を図ることができよう。

ふたつは、指定管理者制度の活用についてである。指定管理者制度をめぐっては、一般に住民サービスの向上、民間のノウハウの導入、創意工夫の促進などが期待される一方、中長期的な事業展開の困難、サービスの平等性・継続性への不安、雇用の不安定化、賃金・労働条件の悪化などの問題点が指摘されている。過去に筆者がかかわった指定管理者制度導入施設への調査においても、上記のような問題が散見された（財団法人地方自治総合研究所・全国地方自治研究

第Ⅲ部　個人の人格の尊重と住民自治

センター・研究所共同研究・指定管理者制度［2008］）。

　この点、日田市の地区公民館においては、地域のニーズに即した公民館運営を図るために指定管理者制度を導入し、そこで生じた課題の解決を図るために市の出資法人を公募によらずに指定管理者とすることにより、事業団の専門性を活かしつつ、地域のニーズに即した公民館運営を可能とした事例として評価できよう。

6　住民自治を基盤とした民による公共領域

　従来の地域における公共サービス供給は、「政府による公領域」と「私的領域」の二元論を前提としてきた。そこに「民による公共領域」が形成され、「新しい公共」が形成されたとの説明がなされてきたように思われる。しかし、行政資源の有限性と補完性の原理をふまえたとき、今後は「政府による公領域」の隙間を「民による公共領域」が担うという図式ではなく、「民による公共領域」と「政府による公領域」が並立するというパラダイム転換が求められるのではなかろうか[4]。もちろん、そのためには政府が公共サービスの供給環境を整備していくことが前提となるであろうし、ガバナンスにおけるサービス供給に対する国と自治体の責任が課題となると思われる。

　「民による公共領域」と「政府による公領域」の基盤は、いずれも住民自治に求められると考えられ、今後、これを強化していくことがますます重要となる。日田市の地区公民館の事例は、行政資源の制約下において、自治体の明確な方針のもとで自治体出資法人を指定管理者とし、住民の自己学習と相互学習を通じて人と人、人と地域をつなぐことにより、住民自治を支え、育んでいく可能性を示すものといえよう。

1）　江戸時代後期、全国各地に藩校や私塾が開設されるなか、儒学者であり詩人であった廣瀬淡窓は1817（文化14）年、私塾「咸宜園」を現在の日田市に開設した。身分や階級制度が厳しかった時代にあって、淡窓は入門時に学歴・年齢・身分を問わず、すべての門下生を平等に教育した。全国の諸藩から集まった門下生は1897（明治30）年に閉塾するまでに約5000人を数え、江戸時代における最大規模の私塾となった（咸宜園教育研究センター編［2010］参照）。
2）　日田市の地区公民館の館長へのヒアリング調査による（2013年6月）。
3）　一般財団法人日田市公民館運営事業団事務局へのヒアリング調査による（2013年6

月)。
4)　ここでいう「民による公共」の主体は、市民および市民社会組織を想定している。

【野口鉄平】

第9章

住民自治と行政相談委員

　総務省の行政相談委員制度は、国民の苦情や相談を受け付け、関係機関との調整を通して苦情の解決を図っている。国の制度でありながら、行政相談委員は地域において多様な相談を受け付け多様な手段で解決に尽くしているという実態があり、そのひとつに、住民自治へのエンパワーメントという観点がある。一部の行政相談委員は地域の実情に合わせて住民の自主的な活動を促すことで地域課題の解決を促進しているのである。

　そこで本章では、どのような場合にどのようなエンパワーメントができるのかという問題関心から、行政相談委員の活動を通じてふたつのエンパワーメントの方法を確認する。ひとつは相談を受けた後、苦情を処理する過程で住民に議論の場を提供したり、自主的な活動を促すエンパワーメントであり、もうひとつは委員意見を提出することで住民の自主的な活動の制約となっていた制度の変更を促し、結果的に住民自治へのエンパワーメントへとつなげるものである。そしてこの住民自治へのエンパワーメントの役割を普及させていくために求められる取り組みについて、管区行政評価局・行政評価事務所からの支援と、行政相談委員の協議会での活動の2点から展望する。

　🖉 キーワード：　住民自治へのエンパワーメント、行政相談、行政相談委員、委員意見、管区行政評価局・行政評価事務所、行政相談推進協議会、行政相談委員協議会

1 住民の依頼心と行政相談委員

　総務省の行政相談制度は、わが国の行政苦情救済制度であり、その協力員として行政相談委員が置かれている。**行政相談委員**は総務大臣より委嘱された民間人ボランティアであり、地域において住民の相談を受けて解決を図っている（**行政相談**）。民間人ボランティアである行政相談委員は、さまざまな人物がいるため、委員のなかには、受身で相談を待つ者もいれば、より多くの人から相談を受けるため、地域課題を発見するために積極的にさまざまな場所に足を運

ぶ者もいる。相談を受けた後の行動も、委員によって十人十色である。相談者の抱えている問題がどの行政機関に関する内容なのかを整理し関係機関を相談者に紹介する「交通整理」を行ない、相談者自らが関係機関とのやり取りのなかで解決するように促すことが行政相談委員としての役割であると考えている委員もいれば、相談を受けてすぐに問題となっている現場に赴き状況を確認し、関係機関に問い合わせて事実を確認しながら改善を要求することが行政相談委員の使命だと考えている委員もいる。

　もちろん、民間人ボランティアである行政相談委員に対する期待を高めれば、行政相談委員の負担をむやみに増やすだけでなく、行政相談委員を頼れば身近な問題も解決してもらえるという行政や行政相談委員に対する住民の依頼心の増大も招く。したがって、場合によっては単に解決を提供するだけではなく、住民が自ら解決方法を模索していけるような状態をめざすのも行政相談委員の重要な役割であると考えられる。

　行政相談委員は寄せられた住民の苦情や相談について解決を差し出すのではなく、本来住民が持っている力を引き出し、住民が自ら解決策を探っていけるような状態をめざしていく「**住民自治へのエンパワーメント**」（グループGS近畿[2010] 34〜37頁、今川[2011] 99頁）も重要な役割として求められるのである。エンパワーメントとは、「能力開化」、「権限付与」、「力付け」などのように訳されており、「すべての人間の潜在能力を信じ、その潜在能力の発揮を可能にするような人間尊重の平等で公正な社会を実現しようとする価値」で、「自らコントロールしていく力を奪われた人々が、そのコントロールを取り戻すプロセス」という意味で用いられる（久木田[1998] 10〜34頁）。

　行政相談委員による活動において、住民自治へのエンパワーメントという視点はさまざまな段階や局面で存在すると考えられる。単純に、住民が行政相談委員に苦情や相談を持ってきた際、その解決を該当行政担当部局と相談者間による当事者同士で行なうように促すことも住民に対するエンパワーメントととらえることができるし、また行政相談委員の活動による運営改善の結果、住民の活動が活発化すればエンパワーメントと理解できるだろう。したがって住民へのエンパワーメントは日常的に行なわれているかもしれない。

　住民自らが課題解決のための力を付けていかなければならないという意味に

おいて、行政相談委員の役割が「住民自治へのエンパワーメント」にもあるとするならば、問題となってくることがふたつある。ひとつは、多様な地域があって多様な住民がいるなかで、行政相談委員はそれぞれの住民に合わせてどのようなエンパワーメントができるのか、という点である。すなわち、どのような課題であればエンパワーメントができるのか、どのような手段でエンパワーメントを行なうのか、という問題である。

ふたつは、住民自治をエンパワーメントするにあたって求められる行政相談委員の資質はどのようなものか、という点である。行政相談委員は多様なバックグラウンドを持つ者がおり、自らの経験をもとに活動を展開している。行政相談委員のあり方に対する考え方もひとりひとり異なるので、相談の受付から解決にいたるまで、委員によって多様である。ただし、この点で留意しなければならないのが、行政相談委員の活動は委員個人のボランティア精神にもとづいているという事実である。

そこで本章では、行政相談委員がどのような場合にどのような手段で住民自治へのエンパワーメントが可能なのかという点について、住民とのかかわりのなかからエンパワーメントを行なったふたつの事例を、地域力再生と関連づけられた行政相談の研究から紹介したのち、それとは異なる方法、すなわち行政相談委員法第4条で定められている意見具申制度によってエンパワーメントを行なった行政相談委員の活動事例をもとに考察したい。これらの事例の考察によって、積極的な行政相談委員がどのように住民に解決をもたらしているかを明らかにし、行政相談委員全体の活動のあり方に何らかの示唆を提供できるだろう。

2 行政相談委員の具体的な活動

（1）多様な領域に及ぶ行政相談委員活動

行政相談委員は、行政相談委員法にもとづいて総務大臣から委嘱された民間人ボランティアであり、国民と行政の架け橋となって行政サービスについての苦情、行政のしくみや手続きに関する相談などを受け付け、その解決のための助言や関係行政機関等に対する通知等の業務を無報酬で行なっている。行政相談委員は各市区町村に最低1人、都市部では5万人当たりにつき1人、そして

全国で約5000人という体制で、面接、手紙、電話、FAX、インターネット等で相談を受け付けている。その他、市区町村庁舎や公民館等住民が集まりやすいところで定期的に相談所を開設する定例相談所や、デパートで他の相談委員や弁護士、税理士、行政書士等と一緒に相談所を開設する総合相談所を開催したり、委員の自宅で受け付けたり、相談者を直接訪れる巡回相談等も行なっている。このように、行政相談委員は国民に身近な所から同じ立場で苦情や要望を受け付けているのである[1]。

　行政相談委員の受け付ける苦情や相談の範囲は、法律上は国の行政活動全般（中央省庁、独立行政法人、特殊法人、認可法人等）であるが、実際は相隣住宅間の問題や家族内の問題という民事事案や、道路や鉄道の問題という地方自治体の業務に対する苦情や相談も受け付け、委員自らの経験をもとに相談に乗り解決の促進を図っている。全体の割合から見れば民事や地方自治体に関する相談の受付数は4分の3を超えている（行政相談委員制度の在り方に関する研究会［2009］23頁）。

　相談を受けた後の処理に目を向けると、行政相談委員法には、苦情を受け付けて「申出人に必要な助言」を行ない、「総務省および当該関係行政機関等にその苦情を通知する」ことが業務と書かれている。ところが実際には、苦情の通知だけでなく関係行政機関等に事実上のあっせんをしたり、国の行政全般だけでなく地方公共団体の自治事務や民間に関する相談も受け付けて関係機関を紹介したり、さらにはこれらの機関と申出人とのあいだに立って調整を行なったりというように、非制度的な領域でも可能な範囲で、苦情の解決のために積極的に活動している実態がある。このように行政相談委員には、制度上の役割以外にも多様な役割を果たしており、どのような相談でも受け付けて解決を図るという「よろずや」的な側面もある。

　行政相談委員のなかにも、国民から寄せられる多様な相談に対応できるようにするため、自主的に研修会や勉強会を開催する者や、民生委員や人権擁護委員等の他の相談委員とネットワークを形成する者もいる。国民にとっては、実際国の行政が担当する業務と地方自治体の担当する業務の区別がつかないことも多い。したがってそのような行政案内的な役割も行政相談委員は担っており、また、国民の立場からは相談に乗ってくれることが一番重要な点であり、

第Ⅲ部　個人の人格の尊重と住民自治

この来る者拒まずの姿勢が行政相談委員の信頼度の向上に大きく寄与しているのである。

（2）行政相談委員法第4条の意見具申制度

　行政相談委員制度には、行政相談委員法第4条に書かれている**委員意見**提出の制度がある。行政相談委員法の第4条には「委員は、総務大臣に対して、業務の遂行を通じて得られた行政運営の改善に関する意見を述べることができる」と記されている。

　この制度は、行政相談委員が日常の行政相談業務の遂行を通じて得た行政運営の改善に関する意見の行政評価事務所への提報から始まる（図9-1参照）[2]。行政評価事務所ではその意見に対して補充調査を行ない、すぐに処理できそうな場合は関係行政機関等に通知したり、行政評価・監視の資料等に活用したりする。提報された意見が特定の地域内の調整だけでは済まない問題で、法改正や制度運営の改善を必要とするのであれば、管区行政評価局に提出されたのち、総務省行政評価局に意見提出される。提出された意見は総務大臣に報告され、そして関係府省に参考通知される。関係府省に参考通知された場合、意見に対するその府省の見解も入手できるように努める。

　この制度の特徴は、民間人である行政相談委員が間接的とはいえ、国民の視点から総務大臣に対して意見を伝えることができる点である。この制度について、桝居孝は「行政相談委員は、行政上の困りごとを抱え、その解決を求めて申し出る住民の相談に応じて助言をし、それを行政機関等に通知し、行政機関等の照会に応ずるという職務の内容は、今までと変わりがない。しかし、常に地域の実情を把握し、住民の具体的な相談のなかから、さまざまな行政運営の改善に関する問題点を感じ取り、それを法第4条意見としてまとめ、総務大臣に具申するという積極的対応も、期待された重要な業務となってきているのであろう」（桝居［2005］116頁）と述べている。行政相談委員が総務大臣に意見を伝えられるこの制度は、グラスルーツな活動をする行政相談委員が、地域における個別具体的な生の声を的確かつ迅速にとらえ、総務省・**管区行政評価局・行政評価事務所**という全国的ネットワークから全体の議論の俎上に載せられる点に意義を見出せる。

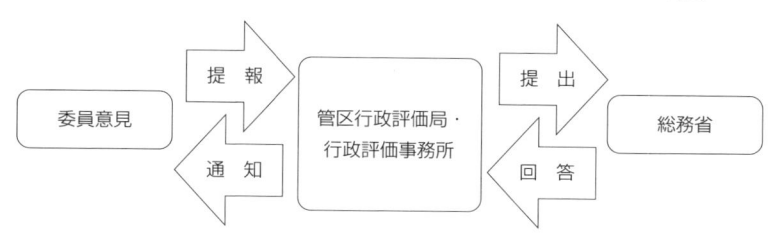

図 9-1 行政運営の改善についての総務大臣への意見陳述の制度

委員意見 ―提報→ 管区行政評価局・行政評価事務所 ―提出→ 総務省
委員意見 ←通知― 管区行政評価局・行政評価事務所 ←回答― 総務省

（出所）総務省行政相談ホームページをもとにして筆者作成。

（3）行政相談委員は住民に何をもたらすか

　行政相談委員制度の在り方に関する研究会は、行政相談委員は地域における他の機関等には担いえない役割を果たしていると指摘する（行政相談委員制度の在り方に関する研究会［2009］23頁）。それは、国の業務、地方自治体の業務、民間・民事部門に関するものの区分を問わず苦情等を受け付け、解決に結びつけるとともに、国の業務に関する苦情等について自ら解決を促進するというよろずや的役割と、行政運営の改善に関する総務大臣への意見表明を通じて国政へも意見を反映できるという役割を有しているからである。

　しかしこのような、身近な事柄に問題を認識している国民に解決を提供する役割だけでなく、たとえば平松毅は、常識にもとづく判断の国民への教示も行政相談委員の役割であると述べている（平松［2005］33頁）。同様に蓮池穣も「国民の自律性を高めることは、行政相談の方向の一つの大きな柱であろう」（蓮池［2005］111頁）と指摘している。すなわち、行政相談委員にはその活動を通して、国民に進むべき道をさし示すようなことまでも必要とされているのである。

　また、今川晃は行政相談委員の方向性について、「主に本来の役割に伴う熱意の領域によって果たされている」（今川［2005］91頁）と指摘している。また、行政相談委員の役割について、「行政相談委員にはその活動を通じて、公務員、行政組織、国民などお互いが自主的、自立的に改善努力を行なうことができるようなエンパワーメントの役割も期待されるようになってきたのである」（今川［2011］51頁）とも述べている。多様な相談を受け付け関係機関の紹介や適

切な助言を行なうという本来の役割に付随して、行政相談委員は寄せられた国民の苦情や相談について解決をもたらすのではなく、国民と関係行政機関が自ら解決策を探っていけるような状態をめざしてエンパワーメントを行なっていくことも重要な役割として求められてきている。

序章では、住民自治が何によって制約されているかが問われている。行政相談委員が住民や関係行政機関にどのように働きかけ、その制約の除去に貢献し、住民自治へのエンパワーメントを行なっているのかを、次の節で事例を見ながら考察してみよう。

3 行政相談委員による住民自治へのエンパワーメント

以下でいくつかの行政相談委員の具体的な活動事例を見ることで、行政相談委員が住民自治に対してどのようなエンパワーメントを行なっているかを確認してみたい。まず、行政相談委員が自治会長、学校長経験者や僧侶など地域のなかでも有名な人物である特性をいかして、直接住民に働きかけエンパワーメントを行なった事例を見てみよう。そののち、委員意見提出の制度の利用によって、住民の活動の制約となっていた制度の改正を促した事例を見てみよう。

(1) 住民との接点から行なわれるエンパワーメント

行政相談委員は日常的に、国の行政に限定されない幅広い領域の苦情や相談を住民から受け付け、解決を図っている。行政相談委員の解決のプロセスや結果の効果に着目し、行政相談の機能として地域力再生に貢献しているという研究がある（グループGS近畿［2010］34～37頁）。京都府において地域力再生活動とは「地域に暮らす方々が、暮らしやすい魅力的な地域にすべく、自分たちで考えて行動する[3]」と定義されている。住民が自主的・自律的に地域のために何らかの活動をするととらえるのであれば、住民自治をエンパワーメントすることによって地域力再生を促しているととらえることができる。したがって、住民自治をエンパワーメントした事例として、この先行研究のなかからふたつの事例を紹介しよう。

行政相談では相隣の住宅同士の問題についての相談も多く、特に相隣関係では、樹木の繁茂によって生じた苦情が多い。たとえば、京都府の丹後地区行政

相談推進協議会[4]では、相隣関係における樹木の繁茂に対する苦情が多いため、2013年7月に開催した自主研修会において「公共の道路交通を妨げている樹木の伐採を巡っての行政機関側の苦悩」というテーマについて京丹後市職員も交えて意見交換を行なっている。このような問題についてうまく解決に導いた大阪府交野市の事例が紹介されている。

大阪府交野市では、ある住民が、民有地にある樹木が繁茂し国道の路肩にはみ出したことで自動車通行の妨げになっているとの相談を行政相談委員に申し出た。相談を受けた行政相談委員は、現地の状況を写真におさめ、管区行政評価局とともに大阪府土木事務所に改善を申し入れたが、それだけでは不十分と考え、同時に土木事務所、交野市、住民の3者で話し合うように働きかけた。結果として、この3者で道路交通の危険防止のための協議を行ない、樹木剪定等についての協定を締結した。その協定は、土木事務所が危険と判断した場合には、地元に対して剪定範囲と作業時期を事前に連絡し、同事務所の費用により剪定を行なう、土地所有者等は剪定した樹木の財産権を放棄するという内容である（グループGS近畿［2010］34〜37頁）。交野市の行政相談委員は、住民自らが地域課題について今後どのように対処していくかの議論を行なうきっかけを住民に与えたかたちでエンパワーメントを行なったのである。

ふたつめの事例として紹介されているのが、不法投棄についての解決事例である。地域のなかの不法投棄やごみの問題も、行政相談の事例として度々見られる。たとえば、大阪府貝塚市の二色の浜では、海岸に漂着したごみへの対処が問題となっていた。ここでは海水浴場の管理を受託している企業と自治連合会とのあいだで、海岸の清掃が委託契約のなかに含まれていないことで問題が生じており、結果として長年ごみの問題は放置されてきた。住民は行政相談懇談会（PRや潜在的な苦情の発掘のため、自治会長や町内会長に対して管区行政評価局・行政評価事務所職員や行政相談委員が活動の紹介・説明を行なう）を通じて行政相談委員にこの問題を相談し、行政相談委員は貝塚市から大阪府港湾局に掛け合い、ごみの撤去が行なわれるかたちで問題の解決が図られた[5]。

次に、同様の不法投棄の問題でエンパワーメントにいたった事例を見てみたい。大阪府大阪市では、通学路において放置自動車とその周辺の不法投棄が問題となっていた。住民は警察や市の担当課に相談したが、それぞれ単独では対

第Ⅲ部　個人の人格の尊重と住民自治

処できないと回答され、行政相談委員のもとを訪れた。相談を受けた行政相談委員は、関係機関と地域住民とで一体的に問題に対処する必要があると考え、市の相談窓口、道路管理部局、廃棄物処理部局、警察などの関係機関に協力を呼びかけるとともに、地元自治会にもポスターやチラシなどを作成して住民への啓発活動を行なうように働きかけた。その結果として、放置自動車や不法投棄が解決したが、行政相談委員はさらに住民による監視の必要性を訴え、地元自治会は再発防止のために防犯パトロールを行なうようになったのである。その後防犯パトロール活動は定着し、さらにテレビでも紹介されるようになり、不法投棄が再び行なわれることはなくなった。この事例は、不法投棄に関して住民自治の活動を促した事例として紹介されている（グループGS近畿［2010］34～37頁）。

　これらふたつの事例は、日常的に住民が問題を認識していながらも、長いあいだ解決策が見えてこなかった事案であり、行政相談を契機として解決が導かれたのである。その際、単に行政が解決するだけではなく、行政相談委員が議論の場の提供を行なったり、住民が自主的・自律的に問題解決のための行動をとる必要性を唱えた。住民が自ら解決や再発防止に向けて活動できるきっかけを与え、そこに行政相談委員による住民自治へのエンパワーメントがある。しかし、行政相談委員が住民自らも解決に向けて活動する必要があると判断し、直接住民に働きかけるようなことがなければ、住民自治へのエンパワーメントも簡単には実現できないのである。もちろん二色の浜の事例において、エンパワーメントに至らなかったといってその行政相談委員が能力不足であるとはいえないし、むしろ解決に結びつけることができた点には留意を要する。

　次に、これらの事例とは性格の異なるエンパワーメントを見てみたい。

(2) 委員意見提出によるエンパワーメント

　三重県四日市市の別山地区では、新興住宅団地であるため転居が多く地域内のつながりが薄く、空き巣や車上荒らしが多かった。このことに危機感を抱いた住民は、住民総会において防犯パトロールの協力者を募り、徐々に人数を増やしながら活動を始めた。そして防犯に関して問題意識を持つ住民によって2003年3月、「別山安全なまちづくり推進委員会」が発足した。パトロールを

始めた当初はまちを歩いてパトロールすることに意義があるという認識が多かったが、やがて雨や寒い日でもパトロールができる点、空いた時間に単独で巡回できる点、女性が参加しやすい点などのメリットから、乗用車で地域を回るようになったのである。

しかしながら、乗用車によるパトロール自体、つまり団地内を徐行していることが逆に不審車と勘違いされることもあった。そのため、メンバーの1人が回転灯を搭載した乗用車でパトロールするアイディアを出し、青色回転灯[6]を搭載した乗用車での自主防犯パトロール活動が始まった。巡回するメンバー同士だけでなく家族ぐるみの交流も始まり、こうして自主防犯活動は、四日市市別山地区をベッドタウンではなく、人が生きていくまちにする「まちづくり」活動であるという認識が広まった。

ところが2004年1月、青色回転灯を搭載した乗用車の使用が道路運送車両法に抵触することが判明し、同年2月に三重県警は回転灯の使用自粛を要請してきた。国土交通省中部運輸局自動車技術安全部が、道路運送車両法に明らかに違反しているという見解を示したためである。この道路運送車両法は回転灯を使用できる車を定めており[7]、それは都道府県の公安委員会が認めた緊急車両のみであり、防犯パトロールでの使用は想定されていなかった。「警察に頼らず効果をあげている」という住民の声は行き場を失い、徒歩を中心とする巡回に変えた。三重県警も弾力的な運用を中部運輸局と検討しようとしたが、前例がないため断念せざるをえず、やむなく青色回転灯の使用をやめるように指導するしかなかったという。

だが、「罰金と家族の安全はてんびんにかけられない」と主張し、青色回転灯を使い続けるメンバーもいた。防犯パトロールが手薄になった3月には乗用車が1台盗まれ、逆に青色回転灯の威力が再認識されるという事件もあった。このため、四日市市の防犯パトロールを行なっていた住民を中心に警察庁に対する要望活動が行なわれた。

2004年5月、総務省は防犯目的で地域を限定しての回転灯の使用を認めるように国土交通省などと協議し始めた。この協議のもととなったのが、全国の自主防犯活動の支援を目的とした総務省の「地域安心安全アクションプラン」の提案である。このなかには青色回転灯の使用を認めることも盛り込まれてお

り、総務省は国土交通省や警察庁と協議する方針を示した。

　5月下旬、国土交通省は青色回転灯の防犯効果が高いと認め、乗用車への搭載を認める方針を固めているとの報道がされ、6月上旬には国の方針として、固定式の青色回転灯の取り付けのみを認めることが発表された。その内容は、青色回転灯は乗用車に固定する点、パトロールには専用車を使いパトロール時以外は点灯しない点、車体に団体名と防犯パトロール車であることを明記する点、申請者資格は市町村・県警などに委嘱された団体等である点、である。そして6月10日からこの内容に対するパブリック・コメントが実施された。

　警察庁や国土交通省の立場では、青色回転灯の悪用が懸念材料であり、なるべく簡単に着脱できない固定式の青色回転灯のほうが好ましいという認識があった。しかしながら実際に防犯パトロール活動をしている住民にとっては、固定式の青色回転灯しか認められなければ防犯パトロール専用の乗用車を別に用意しなければならないうえ、実際に運用するとなると1台では済まず、複数台用意しなければならないという状態になるため、金銭面や管理においてさまざまな問題が生じてしまうのである。着脱式のメリットは、通勤や買い物の行き帰りに自家用車に取り付けることでいつでも誰でもパトロール活動として巡回できるところにあり、自主防犯パトロールの根幹ともいえる部分であった。

　6月下旬から7月上旬にかけて四日市市および三重県は警察庁と国土交通省へ着脱式も認める要望活動を実施し始め、同時に四日市市は構造改革特区の申請も視野に入れた準備を始めた。7月上旬には着脱式でも悪用されない工夫のしかたを警察や住民も一緒になって考え始めており、証明を受けているのかどうかを一目で見分けられるようにできれば着脱式も可能になるという見解を警察庁は示していた。住民はパブリック・コメントにも応じ、警察発行のステッカーを乗用車の前後ガラスに貼って乗用車と使用者を特定して警察に申請し、その乗用車だけでパトロールする、という意見も出されていた。

　そして9月28日、警察庁・国土交通省から防犯パトロール車への着脱式の青色回転灯を認めるしくみ（道路運送車両法の保安基準第55条の規定による基準の緩和）が12月1日より運用されると発表された。内容は、着脱式の運用にあたっては、住民団体（NPO含む）がパトロールに使う車両を地元の警察署に申請し、認められれば、標章が交付されるというものであった。その後、10月か

ら11月の上旬にかけて四日市市地域防犯協議会（同年7月結成、市民防犯団体、四日市市市民文化部市民生活課、四日市市内3警察署、教育委員会で構成される）で協議し、11月17日に市長名で地域防犯活動推進員として、協議会加盟のうち4団体24名が委嘱された。そして12月1日夜、11台のパトロール車が出発した。現在四日市市内では13団体が登録されており、青色回転灯を搭載した乗用車で自主防犯パトロール活動を実施している。なお、青色回転灯を搭載した乗用車による自主防犯パトロールはその後全国的に注目されるようになり、現在では多くの自治体で目にすることができる。[8]

　この一連の住民の活動の裏で、行政相談委員の動きがあったことを四日市市の住民も職員も知らなかった。2004年5月、四日市市における住民の自主防犯パトロール活動が国の制度的な制約に阻まれている事実を新聞報道で知ったいなべ市の行政相談委員は、委員意見提出の制度を使い、青色回転灯を設置した乗用車による自主防犯パトロール活動を認めるように求める意見を提出した。この意見は総務省を通して国土交通省自動車技術安全部に連絡され、そして総務省の策定した「地域安心安全アクションプラン」をベースにして総務省、国土交通省、警察庁の3者間で協議が行なわれ、その後保安基準の規制緩和が実現し、全国で警察庁の許可を得た団体が青色回転灯を乗用車に設置した自主防犯パトロール活動が可能となった。[9]

　この事例における住民は自治意識が高く、行政にすべてを頼らず地域の問題で自ら解決できるのであれば自ら解決しようと多様な工夫をして活動していたにもかかわらず、制度が制約となった。しかし四日市市の住民は自らの活動の正当性を訴えながら規制緩和を要求し始めた。さらに、四日市市地域防犯協議会を設置し、以前は協力的ではなかった四日市市行政や警察署も巻き込みながら、防犯活動の展開とともに国への要望活動を行なった。この点において、まさに住民自治が団体自治に影響を与えていったのである。

　住民の要望活動、そしてそれを受けた四日市市の要望活動もありながら、行政相談委員の意見も規制緩和の実現を後押しした。委員意見は、行政相談委員個人が日常で発見した課題を意見としてまとめ、その行政相談委員が配置された都道府県の行政評価事務所に提出する制度である。もちろん自分が担当する地域の問題であるかどうかは問われず、どのような問題でも対象になる。この

事例は、行政相談委員の委員意見が制度の検討・評価を促すことで住民自治に寄与しうることを確認できる事例である。

(3) エンパワーメントの方法

　行政相談委員による住民自治へのエンパワーメントは行政相談委員個人の能力や資質、判断によるところが非常に大きい。積極的な行政相談委員のなかには、確実な解決を自らの責任として、関係機関へ改善を要求する者もおり、確実な解決が行政相談委員の使命であり、この一連の活動が行政相談委員への信頼へつながると考えている委員も多い[10]。

　住民自治へのエンパワーメントを行なう行政相談委員は、解決に熱心な行政相談委員のなかでもかなり特殊な例である。行政だけに解決を要求するのではなく、住民にも、解決のための何らかの活動を促しているからである。交野市の事例は相隣住宅間の問題であり、丹後地区行政相談推進協議会のテーマで繁茂した樹木の伐採が「行政の苦悩」として取り上げられたように、あるいは、四日市市において住民が警察に防犯パトロールの強化を願い出た際に警察から困難であると回答されたように、多くの領域で行政による介入が困難な事例がある。行政の介入困難な領域の発生が、四日市市のように住民の自主的な活動の契機となる場合もある。このような領域に行政相談委員がいかに介入して住民による自主的な活動を促していくかも期待できるところである。ただし交野市の場合、住民が地域の課題を考えるきっかけを与えたに過ぎない。大阪市の事例では、行政相談委員は根本的な解決が再発防止のための活動であるととらえ、住民による啓発活動や防犯パトロール活動を促した。ともあれ、このふたつの事例は、関係機関とのネットワークを駆使して解決を促し、日常的に住民との接点が多い行政相談委員だからこそ可能になった事例である。

　三重県四日市市の事例の場合、住民は行政には頼れないと判断し、自らでできる活動を行ないながら解決を図っていた。さらにそれに促され、四日市市もともに国土交通省や警察庁への要望活動を行なっていたのである。住民の自主的な活動の制約となっていた制度の規制緩和の実現によって、結果的に住民自治を促進するに至った。委員意見を提出した行政相談委員にとっては、四日市市の住民との直接の接点もなかったため、自らの問題意識に沿った意見を提出

したに過ぎないかもしれない。しかし、制約となっていた制度の改善に貢献し、自主防犯パトロール活動に新たな選択肢を増やしたという点で、結果的に四日市市の自主防犯活動団体だけでなく、日本全国の自主防犯活動団体の住民自治のエンパワーメントにつながった。

　委員意見が制度改善をもたらすことで住民自治の活動を促進することは、補完性の原理を促進させることにもなるのである（今川［2011］100頁）。桝井孝も「現在でも行政に対する苦情などのルートは、多岐にわたるものがあるが、ともすると、このルートは分権化しすぎて、住民の苦情も聞き流される場合もあるものと思われる」（桝井［2005］113頁）と述べている。ここに、行政監察と政策評価の機能を有する総務省の大臣に意見を提出できる意義があると考えられる。意見提出を行なったのは四日市市ではなくいなべ市に配置された行政相談委員ではあったため、住民と行政相談委員の直接的な接点はなかったが、四日市市の防犯活動という個別的な事案において、行政相談委員による委員意見の提出によって規制緩和が実現し、結果的に住民の防犯活動は活発化し、さらにその活動は全国に拡大された。行政相談委員の委員意見の新たな可能性を示す事例である。

　言い換えれば、行政相談委員はふたつの場合において、住民自治へのエンパワーメントが求められるのである。ひとつは、地域のなかで課題が住民の活動によって解決できる可能性がある場合ならびに住民の活動によって類似の課題が再発生することを防ぐ可能性がある場合である。この場合は住民が地域の課題について議論できる場の用意、自主的な解決に結びつける方法を教えることなどが住民自治へのエンパワーメントとなる。

　もうひとつは、住民が自ら地域課題の解決のための活動を行なうとき、何らかの制度がその活動の制約となる場合である。もちろん悪用を防ぐために青色回転灯の搭載が規制されていたように、各制度には理由があるが、その制度を再検討し評価するルートとして行政相談委員の委員意見が有効なのである。前者の場合、行政相談委員は地域の住民や関係機関とのネットワークを築いている必要があるし、また、解決の手段として住民に自ら活動するように促すような方法を行政相談委員のなかで普及させていく必要がある。後者の場合も、常に問題探索のアンテナを諸所に向けていなければならない。これらの課題につ

4 住民自治を支える行政相談委員の今後の役割と課題

(1) 地域との接点や行政評価局・行政評価事務所との接点

　大阪市や交野市において行政相談委員は、自らの持つネットワークを活用して住民へのエンパワーメントを行なった。行政相談委員は法律で定められた国の行政機関等に関する相談以外にも地方自治体や民事に関する相談も多く受け付けている実態があり、これらの解決にあたっては行政相談委員が持つネットワークが重要な意味を持つ。そのネットワークは、日常的な行政相談活動で形成されるだけでなく、委員が公務員や自治会役員を経験していることにも大きく依存している。また、自治会や町内会の代表者を集めて開催される行政相談懇談会もネットワーク形成に有効であると考えられる。

　最近は行政相談制度と地域力再生が関連づけられるなかで行政相談懇談会の重要性が見直され、近畿管区行政評価局のある大阪府では2011年度に行政相談懇談会を7か所で開催した。行政相談懇談会は自治会長や町内会長など各種地域団体の代表者を集め、管区行政評価局・行政評価事務所職員と行政相談委員による行政相談制度のPRや潜在的な課題の発掘を主目的として行なわれている。これらの場の設置が地域における課題の解決を、各種地域団体と連携することでいっそう促進し、地域力再生に寄与していると考えられている。行政相談委員に解決を頼るだけではなく住民自らが解決のきっかけを得られるように、今後は行政相談懇談会の開催数の増加を図りながら同時にどのようなエンパワーメントができるかという観点から、たとえば各行政評価事務所単位で職員と行政相談委員がともに考えていかなければならないだろう。

　行政相談委員の支援という点から、行政評価事務所の果たす役割は大きい。行政評価事務所は、新たに委嘱された行政相談委員の指導はもちろんのこと、まだ相談活動に慣れない行政相談委員には、職員が定例相談所に付き添って助言を行なったりノウハウを教えたりすることもある。

　さらに、委員意見の提出についても、総務省行政評価局が策定した『行政相談委員との協働の充実及び行政相談機能向上のためのアクションプラン』[11]のなかで活性化が求められている。そこでは、研修や周知等を通して各委員にどの

ような問題意識が委員意見となるかについて指導を行ないながら意見提出を促している。もちろんそのことも意見提出総数を増やすうえでは重要であるが、現行の委員意見提出の制度は行政評価事務所や行政評価局の会議を何度も通ったもののみが総務省に伝えられることになっており、行政相談委員個人が地域で発見した個々の課題の本質が失われてしまうかもしれない。

　行政相談懇談会にしても、委員意見提出の制度にしても、現状では管区行政評価局・行政評価事務所の協力や支援がなくては行なうことができない。行政相談懇談会や委員意見の提出を活性化するためには、行政相談委員による住民自治へのエンパワーメントが行政相談制度の重要な役割のひとつであるという認識のもと、管区行政評価局・行政評価事務所から行政相談委員への積極的な協力が必要である。

（2）行政相談委員の資質と協議会

　地域課題を住民自らが解決できる可能性がありながらも、行政への依頼心によってそれが消え去ってしまっている現状がある。一部の行政相談委員によって住民自治へのエンパワーメントは行なわれてはいるが、ごくわずかな事例である。もちろん、ボランティアである行政相談委員にあまりに多くを期待するべきではないし、どの委員も、相談者の悩みを解決することに行政相談委員としてのやりがいを感じ、それぞれ使命感を持って活動している。たとえば、国民から苦情や相談を受ければすぐに関係機関へそれを伝え、改善を求めることを使命と感じている行政相談委員は、国民の悩みを解決することが国民からの信頼につながるし、それこそが使命であると考えている。一方で、行政相談委員が無差別に解決を提供すべきでないと考えている委員は、行政相談委員への期待をあまり国民に持たせるべきではないとして、関係機関を紹介し、国民自らがそこを訪れて解決することが最善であると考えている。

　このように多様な委員が存在しているなかで重要な意味を持っているのが、行政相談委員の任意団体である協議会である。行政相談委員の協議会には、各都道府県の都道府県**行政相談委員協議会**（地相協）、管区ごとの行政相談委員連合協議会（広相協）、全国組織の全国行政相談委員連合協議会（全相協）がある。さらに地相協のなかでは、地区ごとに分かれた**行政相談推進協議会**が存在して

第Ⅲ部　個人の人格の尊重と住民自治

いる場合がある。たとえば京都府では、京都地区、洛南地区、南丹地区、山城地区、丹後地区のそれぞれの行政相談推進協議会があり、自主研修会などを行なっている。この協議会は、どのような委員が会長に選ばれるかによって協議会のあり方が大きく変わるのである。会長が委員同士の交流に積極的な人物であれば、自主研修会の開催を年に1回とせず、複数回開催しようとするし、研修会のテーマも現実問題となっているさまざまなテーマを選び、議論し合う。だが、協議会は予算も限られているし、個々の委員も他の活動との兼ね合いがある。このような状況のなかで、自身の委員としての活動や経験を交換し合う場である自主研修会を評価しない委員もいる。しかし、協議会を活性化することで、行政相談委員は個人だけで活動するのではなく、より他の委員を意識して活動するようになり、着実に行政相談委員全体の資質の高めていくことができると考えられる。

　しかし協議会の活性化といっても、行政相談委員はボランティアであることからすべてを強制はできないし、各委員の会費から成り立っている協議会の予算も限られており、課題は多い。けれども、住民自治へのエンパワーメントという行政相談委員の役割を拡散していくのは、協議会からであるように思われる。

5　個別の声とボランティアの行政相談委員

　行政相談委員は、相談者の悩みを聞いて気持ちを整理することから、道路や川の危険箇所についての苦情の解決、そして行政の運営にかかわる苦情の解決、制度の改善に至るまで、非常に広範な領域において国民の視点から課題の解決を図っている。苦情救済制度である行政相談制度の役割は、個人の人格を尊重するところにあり、いかに個人の声を政策形成や行政運営の改善につなげていくかが重要である。その点で行政相談委員は地域に密着しながら多様な国民と同じ視点で問題提起となる苦情や相談を受け付け、課題の解決を図っている実態がある。

　本章では、多様な行政相談委員としての活動のなかで、一部の行政相談委員が、個人の苦情をもとにしながらも、個別の苦情処理だけにとどまらず、住民自治へのエンパワーメントを行なっていることを確認した。住民自治の活動が

展開されるにはきっかけが必要であり、四日市市の場合、それは地域課題に対する問題意識と力不足の警察に対する住民の不満であった。きっかけを与える行政相談委員へのエンパワーメントは、ひとつは住民の依頼心を払拭するエンパワーメント、すなわち、相談を受けた後、問題を処理する過程で住民の自治活動や参加を促すエンパワーメントである。もうひとつは相談という過程はなかったが、委員意見提出の制度によって住民の個別の声を国に届け、制度的な制約について全体の議論の俎上に載せることで、結果的に住民自治をエンパワーメントするにいたった。このような住民の自主的な活動を促すことで問題の根本的な解決や再発の防止を図る方法や、住民自治の活動の制約となっている制度を検討するように委員意見を提出することの必要性については、行政相談委員のあいだではまだ認識は共有されていない。

　しかし行政相談委員は、民間人ボランティアであることから、個人の活動について多くは強制できないし、行政相談委員個人の労力によって全体の活動が支えられていることを忘れてはならない。多様な活動が展開されているからこそ行政相談委員の活動の領域は広がってきたのである。積極的に多様な活動を行なっている行政相談委員は、協議会において自主的に開催する研修会において自らの経験や意見を語ることに意義を見出しているし、そのような意見交換が今後の行政相談委員のあり方を導いていくと考えられる。一部の行政相談委員のなかに、住民自治の必要性を感じ、行政相談委員として活動することで住民自治が活性化するきっかけをつくろうという住民自治へのエンパワーメントの役割が認識され始めているのであれば、各種協議会の研修会において発信していくことが求められる。

　行政相談委員の活動の展開には、行政評価事務所、そして管区行政評価局の支援のあり方を考えなおさなければならない。また、国の制度である行政相談委員が地方自治のあり方をどう変えていくのか、行政相談委員の活動を整理するためにも、個別の活動を集めて分析していかなければならないだろう。これらについては筆者の今後の研究課題である。

　　付記
　　　本章は同志社大学政策学会が発行する『同志社政策科学研究』第15巻第2号に収録された「行政相談委員の資質と住民自治へのエンパワーメント」を加筆修正したもの

第Ⅲ部　個人の人格の尊重と住民自治

である。

1)　本章では、行政相談委員法における「国民」と地方自治の研究で議論される「住民」とを地域における同一の活動主体としてとらえている。この制度が国の法律にもとづくからであり、あえて本章において定義すれば「日本国内に居住する住民」という意味で国民を使っている。実際の行政相談活動も、本来の意味での「国民」すなわち「日本国籍を有する者」には限定せず外国籍住民の相談も受け付けているし、近年は外国籍住民に対する相談活動の強化も図られている。

2)　総務省は、行政相談委員が行政相談委員法第4条にもとづいた総務大臣への意見を行政評価事務所に提出することを「提報」と呼んでいる。

3)　京都府ホームページ「地域力再生プロジェクト」を参照。

4)　京都府の行政相談委員の協議会は、京都府全体の京都行政相談委員協議会のほか、京都地区、洛南地区、山城地区、南丹地区、丹後地区の5つの行政相談推進協議会があり、自主研修会や交流会等をそれぞれ行なっている。

5)　近畿管区行政評価局へのヒアリング調査による（2012年12月）。

6)　ちなみに、赤色回転灯は警察・消防などの緊急自動車、黄色回転灯は国土交通省による道路維持作業用自動車、緑色は大型の道路運送用自動車、紫色が停止中の自動車（衝突防止）、そして現在はこれらに加えて青色が自主防犯活動用自動車であると定められている（道路運送車両法、道路交通法施行規則参照）。

7)　道路運送車両法の保安基準については、道路運送車両法の第3章（第40条から第46条）参照。青色回転灯に関しては、第41条の「自動車は、次に掲げる装置について、国土交通省令で定める保安上または公害防止その他の環境保全上の技術基準に適合するものでなければ、運行の用に供してはならない」、同条13の「前照灯、番号灯、尾灯、制動灯、車幅灯その他の灯火装置および反射器」に該当する。

8)　この内容は、筆者が2012年7月13日に行なった四日市市市民文化部市民生活課と、四日市市の防犯活動の中心人物であり現在四日市市議会議員の伊藤嗣也氏への聴き取り調査、そして同日開催された四日市市地域防犯協議会の傍聴によって得られた情報にもとづく。

9)　行政相談委員の委員意見が青色回転灯を搭載した乗用車での自主防犯パトロール活動を可能にしたことは国土交通省・総務省ともに認めている。国土交通省ホームページ「行政相談窓口に寄せられた主な要望と改善事例」、および総務省ホームページ「行政相談委員の活躍の一端」を参照。

10)　京丹後市の行政相談委員（吉岡秀巳氏）へのヒアリング調査による（2013年8月）。

11)　このアクションプランは2013年4月に改定され、従前の4項目に加え、災害発生時の対応や国際協力の推進という方針にもとづいた行政相談活動についての項目が示されている。

【山谷清秀】

> 終　章

地方自治を問いなおす
―― 住民自治を基盤としたパラダイムの転換

　本書は憲法第92条の改正を提唱するものではない。むしろ、現状の「地方自治の本旨」という崇高な表現が良い。なぜならば、私たちはその意味を絶えず追求していかねばならない立場に置かれるからである。

　これまで、地方自治の本旨を分析する視点として、「生活における価値観の転換と住民自治」を基盤に、「政策形成過程と住民自治」「コミュニティの活性化と住民自治」「個人の人格の尊重と住民自治」を加えた4点を提示した。

　次に、こうした4点の方向性を実現していくためには、私たちの地方自治体（議会と行政を指す場合には、地方政府と呼ぶ）で制度設計する場合にどのような「パラダイム転換の思想」を考える必要があるのかについて、「住民による地方政府の創造」「住民自治を基盤にした地方政府の役割変化」「地方政府から国や世界を変える」の3点を提示しておきたい。

　「住民自治」を基盤に「団体自治」が存在することは、地方政府を否定することではない。むしろ、私たち個人の観点からすれば、地方政府の存在意義を確固たるものにするのである。したがって、地方政府は私たちと国の政府との中間点に位置し、どちらを向くかによって、イノベーションが起こせるかどうかが決まることになる。

1 住民による地方政府の創造

　本書で各種事例を紹介したように、私たちはいろいろな場面に直面するたびに、変革の息吹を感じることがあるのではないだろうか。問題は、これから成長しようとする芽をどのように育てるかである。そのために、どんな社会を展望するかは最も重要なことであり、この将来の姿が広く共有されれば、私たちは当事者の一員として認められていくことになる。そうなれば、私たちと地方政府、ひいては私たちと中央政府との関係をあらためて考察する必要がある。

　わが国では、1980年代頃より、中央政府との関係において地方政府の自律性

が求められるようになっていった。こうしたなかで、中央地方関係ではなく、政府間関係として理解しようとする動きが見られるようになった。

政府間関係とは、「中央と地方が仕事の範域と種類と権限を異にこそすれ、相互に自律性を認め合う『政府』と『政府』の関係であることを含意」（大森・佐藤編［1986］37頁）していることである。したがって、政府間関係への展望には、「集権的行政関係を偏重する思考様式とそれに基づく行財政の制度と運用」を「住民の自治の機関」へと改革していこうとする「実践的志向」（大森・佐藤編［1986］38頁）を含んでいたのであった。

こうして、中央との関係で上下主従の関係に置かれがちであった「地方公共団体」から一転して、主人公である住民を基盤に据えた「地方政府」への移行として、とらえることが可能になる。ところが、「自らが統治し統治される民主主義の考えのうち、日本では統治されることばかりに慣れ、市民自らが統治するという発想や経験がほとんどないままに来てしまった。自らを統治するとはどういう意味を持ち、どのような方法によるべきかを明確にしておく必要がある」（田村［2006］12頁）と指摘されるように、住民を統治する地方政府から、住民自らが統治する地方政府への移行が不可欠となる。

中央集権のように、住民が統治される「民主主義」においては、住民は地方政府からサービスの提供を求め、何か課題が生じると地方政府に攻撃の矛先を向けることになる。地方政府による行政サービス提供については、経済状況が右肩上がりの時代には、多くの住民は統治される「民主主義」に甘んじていた。しかしながら、財政難に陥れば、議会や行政の役割やあり方について議論することもなく、首長、議員、職員の給料削減に賛同する住民の傾向は強くなる。

ところで、NPMの影響とも重なり、行政改革は効率性追求のための手段として見られるようになっていった。平成の市町村合併が進行していた当時は、市町村合併は究極の行政改革と言われることもあった。住民にとっては各種行政サービスの水準が高くなることが最大の関心事であり、市町村合併の交渉過程では行政サービスの調整に相当のエネルギーが費やされた。しかしながら、現実には、合併後の新地方政府が各種の行政サービス水準を設定・変更・取消を行なうのであるから、合併後の新地方政府の意思決定過程のあり方、すなわ

ち民主主義のシステム形成に関する議論が積極的になされなければならなかったはずである。

現実に、地方交付税の合併算定替の縮小、そして一本算定、人口減少に伴う地方税収減、高齢化率上昇による民生費の負担増、類似施設等の公共施設の維持管理費増等は、確実に行政サービス水準の低下を招くことになる。こうしたことは、想定可能な範囲であった。

さて、以上で述べたように、住民による首長、議員、公務員へのバッシング、あるいは住民のサービス要求を前提とする姿勢は、住民が自治体政府をつくる当事者であるとする認識に欠ける証である。換言すれば、地方分権時代が訪れる以前は言うまでもなく、現在においても住民は第三者的に地方政府を批判、要求、要望の対象として見なす傾向が強い。したがって、私たちが地方政府の主人公であり、地方政府を創造しているのであるとの認識を高めるためにも、従来の経済性や効率性を追求する行政改革から、住民がつくる自治体政府確立に向けた行政の質的改革が求められることになる。この点については、旧態依然たる行政組織風土、行政組織編成、意思決定過程、手続き等の改革議論が必要であり、本書の各章で問題提起しているところである。

2 住民自治を基盤にした地方政府の役割変化

1998年に特定非営利活動促進法（いわゆるNPO法）が制定されたのを契機に、公共サービスは行政だけが担うものではなく、自治会・町内会、NPO等の市民活動団体、民間企業等も公共サービスの提供主体として注目されるようになった。少子高齢化、防犯、防災、持続可能な地域形成等の多様な課題が山積し、財政難も重なり、従来の地方公共団体の行政組織と自治会等の地縁団体との相互依存関係を前提とした関係では課題解決が困難であるため、行政組織と市民活動団体や企業との新しい関係構築が求められている。そこで、NPMの影響を受けた指定管理者制度の導入、協働関係の構築、都市内分権（自治体内分権等）等のしくみが導入されているところである。

このような動きのなかで、注意すべき点を3点あげておきたい。

第1に、市民活動の事業費補助金を提供することで、市民活動を促進させようと活動する地方自治体が増える傾向にある。それは、市民活動（正確には、

市民公益活動）支援が目的であったり、行政との協働関係構築が目的であったりする。あるいは、多様な担い手が協働し、地域課題解決にあたるしくみづくりを推進した地方自治体もあると思う。いずれの場合であっても、第三者的な審査会を設置し、適正な補助金の配分等が確保されるようなしくみがつくられる。協働関係そのものの課題は本書では触れないが、これらの市民活動団体の支援は、市民活動団体が志をもって取り組んでいる領域へは、公共サービスが提供されることになる。そうすると、地方政府の行政としては、市民活動を促進させるとともに、市民活動団体によってどのような領域に、どのような公共サービスが提供されているかを分析する必要がある。この市民活動団体による公共サービスの領域が拡大するにつれて、地方政府の行政としては、市民に各種サービスが適切に提供されているかどうかを分析・評価するマネジメントの役割が拡大する一方で、市民活動団体の活動では満たされない領域に行政サービスのあり方や領域を変えていくことになる。

　第2に、コミュニティ・ビジネス、ソーシャル・ビジネス、介護保険事業等のような自立化が期待できる市民活動団体と、政策形成過程から行政と協働して進める必要がある障がい者等の福祉系の市民活動団体とは、行政組織との関係について、詳細な考察が必要である。というのは、自立化が困難な市民活動の領域については、行政の意思決定過程から政策過程全体にわたって協働して取り組めるようなしくみづくり等の方策が求められるからである。

　第3に、市民活動団体のほうが有効な公共サービスが提供できるのであれば、市民活動団体にその役割を移譲することである。滋賀県米原市の「まいばらフリーペーパー」という団体は、米原のタウン情報誌『まいスキッ！』を発行（全戸配布、その他公共施設等に配置）してきた。市民の自由な視点からの企画や取材等を基本に、人気のあるレストランや歴史的資源発信以外にも、市の担当者も含めた編集会議も開催し、地産地消等の市からの依頼による特集も設けている。公開プレゼンテーションでは、将来的には、民間の視点や分析によって展開される領域が拡大していくことが期待された。米原市は自治基本条例を基盤に行政の体質改善に向けて取り組んでいるところである。

　ともあれ、市民活動団体の促進によって、公共サービスの範囲、質等に変化が生じるわけであるから、この変化に応じて自治体行政組織がどのように対応

するかによって、住民自治を補完する地方政府の質が問われることになろう。

3 地方政府から国や世界を変える

　民主主義にとって最も重要なことは、個人の尊厳が保障される社会が形成されているかである。そして、私たちの思いが、コミュニティや地方政府を通して外部に発信できるかどうかである。コミュニティや個人の人格の尊重についてはすでに触れているが、こうしたコミュニティや個人の人格の尊重を前提として、地方自治体が外部に向けて発言、発信し、交流機会が保障されているか、は絶えず検証すべきことである。

（1）国内における発言、発信、交流機会の保障

　国内においては、流域連携は典型的な事例であろう。たとえば、福岡県と大分県との県境を流れる山国川では、NPO法人豊前の国建設倶楽部を中心に対岸交流や流域全体の交流等を通して、地域活性化、森林保全、水質・環境問題、棚田の維持等に貢献している。民間の活動の成果として、地方自治体相互の交流を促進させた。また、熊本県の氷川流域連携でも物産販売の流域交流等が進んでいるし、氷川流域連携・全国大学生アカデミーも毎年実施され、民間を中心とした流域の活性化の取り組みが行なわれている。さらには、1985年に浜松・豊橋・飯田に囲まれたエリアの活性化に向けた三遠南信トライアングル構想が発表され、現在に至るまで取り組みが続いている。全国的にも、河川の上流域と下流域との交流等、多様な形態の交流が行なわれているところであり、民間の交流が自治体行政のしくみを変え、広域連合制度等の広域連携の制度設計にも影響を及ぼすことにもなる。

　また、災害時等のリスクマネジメントのために災害時の相互応援協定を締結している地方自治体は多い。2011年3月11日の東日本大震災当日に愛知県の東海市は消防車1台と消防士4名を釜石市に派遣し、その後、釜石市の要請にもとづいて積極的な支援活動を展開してきた。これは、両都市が新日鉄を中心とした工業都市であり、住民相互の交流が活発に行なわれてきたことによるものである。その他の地方自治体でも、歴史や産業の結びつきが縁で、災害応援協定だけでなく、多様な協定が結ばれている。

(2) グローバル社会における発言、発信、交流機会の保障

　国際社会のなかでは、住民自治を基盤に、地方政府が果たすべき役割は大きい。

　たとえば、姉妹都市は、第2次世界大戦後、荒廃したヨーロッパの都市を市民の力で救済するために、アメリカとヨーロッパの都市間で姉妹都市の提携が行われていった。そもそも、姉妹都市は、アメリカのアイゼンハワー大統領の提唱によるもので、市民相互の理解を深めることによって世界平和の実現をめざしている。住民自治の確立は世界平和にも重要な役割を果たすのである。

　ところで、悲惨な公害病を教訓に、住民自治の力でまちの再生に努力したことで、多大なる国際的貢献を果たしている例もある。水俣市は1994年5月の水俣病犠牲者慰霊式で、当時の吉井正澄市長が、市の水俣病に対する対応が不十分であったことを謝罪した。市長が謝罪をすることに対して、当時は熊本県や国からの抵抗があった。しかしながら、吉井市長は、次のように述べ、水俣市民の自治力に期待することで水俣市の再生への歩みを始めたのであった。「（前略）亡くなった方たちが浮かばれるように、己を識りお互いを認め合うという羅漢の和で、諸々の困難な事項を克服し、今日の日を市民みんなが心を寄せ合う『もやい直し』の始まりの日といたします。そして、人間は自然の中の一員で、自然によって生かされているという考えに立ち、生と死の間を循環する動植物すべての命を尊厳し天地自然と調和していく共生の思想を真摯に受け止め、これからの時を心新たに刻んで行くことをお誓いいたします。二度と水俣の悲劇を繰り返さないように広く内外に訴え続けてまいります」。その後、水俣市は市民相互の「もやい直し」に精力的に取り組むとともに、国内の各地域にも「もやい直し」は大きな影響力を及ぼし、さらには環境モデル都市として環境改善に向けて先導的役割を果たしてきた。水俣市の地域再生の取り組みは国際社会からも高い評価を受けてきた。2013年10月19日には「水銀に関する水俣条約（the Minamata Convention on Mercury）」も採択され、水俣市の地域づくりはますます注目されることとなった。これらの動向は、住民自治が基盤になって進展してきたことを忘れてはならないのである。

　一方では、国際社会の動向を各地域が積極的に受け止めることも求められている。自治基本条例で先導的な役割を果たしたニセコ町（北海道）の「ニセコ

終　章　地方自治を問いなおす

町まちづくり基本条例」（2000年12月27日制定）の第11条には「満20歳未満の青少年及び子どもは、それぞれの年齢にふさわしいまちづくりに参加する権利を有する」と規定されている。「ニセコ町まちづくり基本条例の手引き」には、「本条は、1994年に日本政府が批准している『子供の権利条約』を理念の基礎とし、その権利の具体化を図ったものである」との解説がある。このように、地方自治体は、国際社会の一員としての認識も高めていくことが求められる。そして、その基盤は住民自治にあるのである。

　また、自然環境、歴史的環境等をめぐって国際社会から多様な提言や見解が日本の地域に寄せられることも少なくないが、こうした声を真摯に受け止め、地域社会で受容の可否や受容の形態について議論していくためにも、住民自治の原点に帰って再考すべきときが訪れたのである。

4　生活における価値観の転換と「わたし」

　この書の随所で垣間見られたように、確かに私たちの生活や価値観は変容しつつある。時代状況の変化のなかで私たちの生活における価値観がどのように変容し、このような状況のなかで、住民自治がなぜ必要とされるのかについて、社会状況と生活の変化との相互の関係を前提に考察していく作業が必要である。本来であれば、このことが住民自治を問う前提であるが、生活における価値観の転換からの考察は、将来あらためて世に問うこととしたい。

　そのための視点のいくつかを以下に例示し、本書を閉じたいと思う。

　筆者が最初に大学で授業を担当した成蹊大学法学部政治学科の１年生を対象とした社会科学方法論（ゼミ形式）で、学生とジョージ・オーウェルの『1984年』（ハヤカワ文庫）を読み、『大学生の視た政治の世界──Ｇ・オーウェル「1984年」を読んで』（1987年）という学生論文集を作成した。当時は情報技術の発達により情報操作を通じた管理社会のあり方を考察することに主眼があった。このような観点と同様に、これまで情報に関して、私たちは地方自治体との関係では、個人の人権を保障するために、情報公開や個人情報保護の観点から議論することが中心であった。ところが、現在の情報通信技術（ICT: Information and Communication Technologies）のめまぐるしい発展は、国や自治体の政府との関係だけではなく、民間と民間（あるいは個人と個人）相互の関係のあ

り方にも大きな影響を及ぼそうとしている。私たちの人権が国や自治体の政府から侵害される心配のみならず、各種の SNS（Social Networking Service）によって誹謗中傷も含め個人の人間像がつくられていくことにもなる。そこで、SNS のネット社会によって各種の犯罪行為が明らかにされることもあるが、一方ではネット社会の危機管理は個人のレベルまで問われることになった。

　また、ICT の革新は、自治体広報のみならず、地域振興にも大きな影響を与えてきているのである。さらには、たとえば地産地消や食育の普及は、国や自治体の政策によるところも否定できないものの、医療との連携等各地域の取り組み内容が多様な情報媒体によって紹介されている影響も大きい。また、農産物直売所の設置数は急速に増加し、地域雇用の場、高齢者の交流・活躍の場としても有効に機能しだしているのも、農産物の発信や地域連携等における情報技術の発展がその背後にある。やや論理は飛躍したものの情報技術の発展という観点から整理するだけでも、地域社会の課題解決や住民自治の方向性を考えることができると同時に新たな価値基準を創出しているのである。

　先に触れた国際社会からの影響も含め、個人や地域社会が新たな価値観と遭遇するとき、それをどのように受け止めるべきかが問われていることにもなる。したがって、情報社会は、個人や地域が主体的に受け止めない限り成り立たない社会である。

　ところで、人口減少社会や高齢社会の到来は、行政サービスの見直しを迫るものであるが、それだけではなく、これからのコミュニティにおける私たちひとりひとりの人格の尊重や相互支援、連携のあり方が問われる等、私たちの生活形態そのものが再考に迫られている。災害予防や災害対策における行政やコミュニティの役割分担や連携関係の再構築は言うまでもない。ところが、このコミュニティにおける個人について、自治会・町内会の加入率の低下や近隣社会で疎遠化した人間関係が発生している一方で、個人は、NPO やボランティア団体、各種趣味の会等のサークル、等多様な集団に所属する個人でもあり、社会全体の人間関係が複雑化していることも、コミュニティの活性化を難しくしていると考えられる。このようなことを前提に、一定の地域を前提としたコミュニティと目的に応じて形成される広域的なコミュニティとの重層的関係のなかで、住民自治の基盤形成や活性化を考えていくことになる。

以上の事例を見ても私たちを取り巻く社会状況の変化は、私たちにますます基盤としての住民自治を求めていることになる。そこで、今後別の機会に、私たちの生活をめぐる環境の変化を通して、新しい住民自治の姿を展望していきたい。

【今川晃】

おわりに

　住民自治が団体自治を形成するというパラダイムの転換が、それほど容易に実現できるとは思わない。本書の各章で取り上げた事例も、住民自治の確立に大きく進展した成功事例とはいえないものばかりである。しかしながら、住民自治を前提とすることがいかに重要であるか、そのための課題は何かについて、本書が発信できたとすれば、まずは出版の意味があったといえるであろう。読者の皆様が本書をどのように評価されるのか気になるところであるが、このパラダイムの転換に向けては、粘り強く発信し続けていきたいと思う。

　思考様式、価値観は、私たちの行動を決定する指針である。「地方自治の本旨」をどう見るかによって、制度設計も具体的な活動の方向性も異なる。したがって、社会でどのような問題が発生しているかを、ひとつひとつ分析して、研究の蓄積を積み上げていくことで、改革への大きなうねりを形成していければ、パラダイムの転換は実現するものと信じている。

　編者は、これまで多くの地域や多くの方々のお世話になってきた。そしてこれからもさまざまな地域に出かけようと思う。現場を見ないと思わぬ誤解をしてしまうこともあるし、誤解が研究上も重大な誤りを犯してしまうこともある。したがって、門下の院生には、知らない地域のことをあたかも知っているように執筆するのは慎むように、指導してきた。

　執筆内容に誤りがあれば、その地域に住む方々にたいへん失礼なことをしてしまったことになる。そうなれば、住民自治や地方自治の研究をする意義は見失われるであろう。人々のさまざまな生きざまを前提に、住民自治や地方自治があることを忘れてはならない。もちろん、解釈はそれぞれの執筆者の責任であるが、その根拠をどこに求めたのかの問題である。

　さらには、それぞれの地域の歴史や自然環境等の背景を知ることで、その地域の住民がなぜそのように考えるのかを理解することができるようになる。このことは研究するうえで重要なことで、編者も多くの方々から学ぶことができた。ステレオタイプの比較視点では適切な比較はできないし、研究から新たな発見は生まれない。

したがって、本書の各章の執筆者は、それぞれの分析地域には何度も調査に出かけている。

　本書の執筆者には、実務界で奮闘してきた実務家、新進気鋭の研究者、あるいはこれから研究者として羽ばたいていこうとする研究者の卵もいる。いずれの立場であっても、自らの研究指針にしたがって、新たな地方自治の世界を開拓していくことを切に願うところである。

　私事であるが、このような地方自治の研究に向かう姿勢、思考様式、価値観について学ぶことができたのは、恩師である佐藤 竺(さとうあつし)先生（成蹊大学名誉教授）のおかげである。今でも先生からは、いろいろとご指導をいただいている。本書について、先生の御意思とは異なるかもしれないが、私流の「佐藤学派」をつくり上げていくことで、先生の学恩に報いたいと思う。

　ところで、本書は、数か月前発刊した今川晃・梅原豊編『地域公共人材をつくる―まちづくりを担う人たち』も意識しての出版である。住民自治の確立には、人材育成は不可欠であるからである。こうした一連の企画から編集に至るまで、法律文化社の上田哲平氏にはたいへんお世話になった。ここに深く感謝の意を表する。

　　2014年4月

編者　　今　川　　晃

参考文献・資料・URL 一覧

序　章

今川晃（1994）「まちづくりにおける自治会・企業・支所の役割―『四日市公害』地区の変遷と警鐘」日本地方自治学会編『都市計画と地方自治』敬文堂

─── （2003）「ネクストステップのシナリオ―愛知県足助町『小さな自治』に学ぶ」『月刊自治研』第530号

─── （2010）「住民自治と政策学」真山達志・今川晃・井口貢編『地域力再生の政策学―京都モデルの構築に向けて』ミネルヴァ書房

─── （2011a）「地域ガバナンスの変容―地域社会における公的ガバナンスの変化と動態」新川達郎編著『公的ガバナンスの動態研究―政府の作動様式の変容』ミネルヴァ書房

─── （2011b）『個人の人格の尊重と行政苦情救済』敬文堂

─── （2013）「政策学と民主主義」新川達郎編『政策学入門―私たちの政策を考える』法律文化社

今川晃・山口道昭・新川達郎編（2005）『地域力を高めるこれからの協働―ファシリテータ育成テキスト』第一法規

佐藤竺（1965）『現代の地方政治』日本評論社

─── （1990）『地方自治と民主主義』大蔵省印刷局

田村明（2006）『「市民の政府」論―「都市時代」の自治体学』生活社

Box, Richard C. [1998] *Citizen Governance: Leading American Communities into the 21st Century*, Sage Publication.

Gyford, John [1991] *Citizens, Consumers and Councils: Local Government and the Public*, The Macmillan Press.

Thomas, John Clayton [2012] *Citizen, Customer, Partner: Engaging the Public in Public Management*, M. E. Sharp.

第1章

石上泰州（2013）「自治・分権政策の形成と展開」大山耕輔監修『公共政策の歴史と理論』ミネルヴァ書房

今川晃（2005）「新たな地域政策ビジョン」今川晃・山口道昭・新川達郎編『地域力を高めるこれからの協働―ファシリテータ育成テキスト』第一法規

今川晃・高橋秀行・田島平伸（1999）『地域政策と自治』公人社

枝野幸男（2010）『「事業仕分け」の力』集英社

逢坂誠二（2012）『自治体のカタチはこう変わる─地域主権改革の本質』ぎょうせい
金子郁容（1999）『新版　コミュニティ・ソリューション』岩波書店
木佐茂男・逢坂誠二（2003）『わたしたちのまちの憲法─ニセコ町の挑戦』日本経済評論社
構想日本（2007）『行政の事業仕分け』ぎょうせい
構想日本・滋賀大学事業仕分け研究会（2011）『自治体の事業仕分け』学陽書房
佐藤竺（2009）「自治の歴史」佐藤竺監修、今川晃・馬場健編（2009）『市民のための地方自治入門　新訂版─サービスの受け手から自治の担い手へ』実務教育出版
鈴木寛（2013）『熟義のススメ』講談社
新川達郎編著（2011）『公的ガバナンスの動態研究─政府の作動様式の変容』ミネルヴァ書房
松下圭一（1991）『政策型思考と政治』東京大学出版会
福知山市（2009）『市民協働まちづくり研修会　報告書』
────（2010）『市民協働まちづくり検討会　報告書』
────（2010）『市民協働推進会議　報告書』
────（2011）『市民協働推進会議　報告書』
舞鶴市（2012）『政策づくり塾（第1期）　配布資料』
────（2013）『政策づくり塾（第2期）　配布資料』
逢坂誠二ホームページ「逢坂誠二の徒然日記　その997　平成21年8月17日号」（2013年10月1日閲覧）http://kaibutukun.at.webry.info/200908/article_17.html
時事通信ホームページ「トップインタビュー【21】松山正治・京都府福知山市長」（2013年10月1日閲覧）http://www.jiji.com/jc/v2?id=20120615top_interview25_21
市政まるごとしわけ隊！ホームページ（2013年10月1日閲覧）http://shiwaketai.net/
鈴木寛ホームページ「熟議・新しい公共（2012年2月18日）」（2013年10月1日閲覧）http://suzukan.net/
特定非営利活動法人公共政策研究所ホームページ（2013年10月1日閲覧）http://www16.plala.or.jp/koukyou-seisaku/policy3.html
内閣府地域主権改革戦略会議ホームページ（2013年10月1日閲覧）http://www.cao.go.jp/chiiki-shuken/kaigi/kaigi-index.html
長岡京市ホームページ（2013年10月1日閲覧）http://www.city.nagaokakyo.lg.jp/
福知山市ホームページ（2013年10月1日閲覧）http://www.city.fukuchiyama.kyoto.jp
────「平成22年　市民協働まちづくり検討会　提言書」（2013年10月1日閲覧）http://www.city.fukuchiyama.kyoto.jp/shisei/entries/001872.html
舞鶴市ホームページ（2013年10月1日閲覧）http://www.city.maizuru.kyoto.jp/
文部科学省ホームページ「熟議カケアイ」（2013年10月1日閲覧）http://jukugi.mext.go.jp/about/

第2章

新井智一（2011）「東京都小金井市における新ごみ処理場建設場所をめぐる問題」『地學雑誌』第120巻第4号

籠義樹（2003）「廃棄物処理施設の立地に伴う受苦の公平な負担に関する一考察」『麗澤経済研究』第11巻第1号

佐藤竺（1990）『地方自治と民主主義』大蔵省印刷局

築山秀夫（2004）「リスク社会における『地元』のNIMBY施設受容過程」『長野県短期大学紀要』第59号

土屋雄一郎（2004）「公論形成の場における手続きと結果の相互承認—長野県中信地区廃棄物処理施設検討委員会を事例に」『環境社会学研究』第10号

―――（2008）『環境紛争と合意の社会学—NIMBYが問いかけるもの』世界思想社

―――（2011）「廃棄物処理施設の立地をめぐる『必要』と『迷惑』—『公募型』合意形成にみる連帯の隘路」『環境社会学研究』第17号

中澤高師（2009）「『廃棄物処理施設』の立地における受苦の『分担』と『重複』」『社会学評論』第59号

村山武彦（2002）「住民参加による政策段階からの廃棄物処理施設の検討—長野県における新たな試み」『月刊地方自治職員研修』第35巻第5号

―――（2003）「対話による環境リスク政策立案」『月刊自治フォーラム』第526号

寄本勝美（1989）『自治の現場と「参加」—住民協働の地方自治』学陽書房

―――（1990）『ごみとリサイクル』岩波書店

恵庭市（2012～2013）『広報ENIWA』2012年1月号～2013年3月号

葛城市（2006）『葛城市総合計画』

―――（2011～2012）『広報かつらぎ』2011年9月号～2012年8月号

―――（2012）『葛城市都市計画公聴会記録書』

葛城市・広陵町（2006）『葛城市・広陵町地域循環型社会形成推進地域計画』

新焼却場建設反対同盟（2011）『新焼却施設問題についての嘆願書』

新庄町・當麻町合併協議会（2003）『新市建設計画』

小金井市ホームページ「新ごみ処理施設建設事業の進ちょく状況について」（2013年4月9日閲覧）http://www.city.koganei.lg.jp/kakuka/kankyoubu/gomitaisakuka/info/shinchoku.html

第3章

今川晃（1994）「まちづくりにおける自治会・企業・支所の役割—『四日市公害』地区の変遷と警鐘」日本地方自治学会編『都市計画と地方自治』敬文堂

―――（2007）「参加・協働型行政と自治体のアカウンタビリティ」今川晃・牛山久仁彦・村上順編『分権時代の地方自治』三省堂

佐藤竺（1990）『地方自治と民主主義』大蔵省印刷局
新藤宗幸（2003）「『協働』論を超えて―政府形成の原点から」『月刊地方自治職員研修』第36巻第3号
藤井誠一郎（2010）「住民自治に影響を及ぼす現実的要素―広島県福山市鞆町の事例から」『同志社政策研究』第4号
――――（2011a）「地域リーダーと地方自治の活性化―広島県福山市鞆町を事例として」自治体学会編『年報自治体学』第24号
――――（2011b）「住民参加の実践と理論―鞆地区地域振興住民協議会を事例として」『同志社政策科学研究』第13巻第1号
――――（2012）「公的オンブズマン制度導入の必要性―広島県福山市鞆町の地域問題の事例から」日本オンブズマン学会編『行政苦情救済＆オンブズマン』第22号
――――（2013a）『住民参加の現場と理論―鞆の浦、景観の未来』公人社
――――（2013b）「市民活動家の後継者育成」今川晃・梅原豊編『地域公共人材をつくる―まちづくりを担う人たち』法律文化社
町村敬志・吉見俊哉編（2005）『市民参加型社会とは―愛知万博計画過程と公共圏の再創造』有斐閣
松下圭一（2005）『自治体再構築』公人の友社
真山達志（2009）「対象としての政策とは何か」真山達志編『入門　都市政策』大学コンソーシアム京都
毛利和雄（2011a）「鞆の再生―埋立架橋計画の行方（上）」八甫谷邦明編『季刊まちづくり』第30号
――――（2011b）「鞆の再生―埋立架橋計画の行方（下）」八甫谷邦明編『季刊まちづくり』第31号
――――（2012）「鞆の再生―埋立架橋計画を超えて」八甫谷邦明編『季刊まちづくり』第36号
国土交通省（2006）『国土交通　2006　3月号』国土交通省
松居秀子（2007）「第1回世界遺産フォーラム in 高野山」（2007年1月26日開催）のパネリスト紹介文
横浜市市民活動推進検討委員会（1999）『横浜市における市民活動との協働に関する基本方針』
日本ICOMOSホームページ（2013年10月20日閲覧）http://www.japan-icomos.org/index.html
――――「鞆の浦の埋め立て架橋中止と今後のまちづくりについて」（2013年10月20日閲覧）http://www.japan-icomos.org/pdf/tomo_comment120627.pdf

第 4 章

足立幸男（1994）『公共政策学入門―民主主義と政策』有斐閣
今川晃・牛山久仁彦・村上順編（2007）『分権時代の地方自治』三省堂
今村都南雄・武藤博己・真山達志・武智秀之（1999）『ホーンブック行政学　改訂版』北樹出版
宇都宮深志（2006）『環境行政の理念と実践―環境文明社会の実現をめざして』東海大学出版会
大住荘四郎（2006）「自治体改革の展望―地域価値の形成と実現へ」『都市問題研究』第58巻第11号
風間規男（2002）「関係性の公共政策学へ―ガバメント志向とネットワーク志向の交差」『季刊行政管理研究』第100号
―――（2009）「政策形成論」（兵庫県自治研修所監督職研修資料）
佐々木毅・金泰昌編（2002）『公共哲学9　地域環境と公共性』東京大学出版会
佐藤竺監修、今川晃・馬場健編（2009）『市民のための地方自治入門　新訂版―サービスの受け手から自治の担い手へ』実務教育出版
田中優（2012）「職員の政策形成能力」真山達志編著『ローカル・ガバメント論―地方行政のルネサンス』ミネルヴァ書房
都築伸行（2010）「森林組合の森林・林業政策における役割と事業展開」『経済科学研究所紀要』第40号
同志社大学大学院総合政策科学研究科編（2005）『総合政策科学入門　第2版』成文堂
中邨章（2001）「行政学の新潮流―『ガバナンス』概念の台頭と『市民社会』」『季刊行政管理研究』第96号
真山達志（2001）『政策形成の本質―現代自治体の政策形成能力』成文堂
―――（2002）「地方分権の展開とローカル・ガバナンス」『同志社法学』第54巻第3号
山谷清志（2006）『政策評価の実践とその課題―アカウンタビリティのジレンマ』萌書房
高槻市（2001）『第4次高槻市総合計画』
―――（2002a）『第1次高槻市環境基本計画』
―――（2002b）『高槻市環境実施計画』
―――（2004）『高槻市ローカルアジェンダ21』
―――（2005）『高槻市農林業振興ビジョン』
―――（2007）『高槻市地域新エネルギービジョン』
―――（2009）『高槻市農林業の活性化にむけて（提言）』
―――（2010）『高槻市バイオマスタウン構想』
―――（2011）『第5次高槻市総合計画』

―――― (2012a)『第 2 次高槻市環境基本計画』
―――― (2012b)『高槻市農林業振興ビジョン（2012年改訂版）』
―――― (2012c)『高槻市の農林業　2012年度版』
林野庁（2011）『森林・林業基本計画の概要』

第 5 章

足立忠夫（1988）『行政管理論　増補版』京都玄文社
荒木昭次郎（1990）『参加と協働―新しい市民＝行政関係の創造』ぎょうせい
今川晃（2009）「ガバメントを創造すること―行政統制における制度設計の政策学」『季刊行政管理研究』第125号
今川晃・牛山久仁彦・村上順編（2007）『分権時代の地方自治』三省堂
今村都南雄（1978）『組織と行政』東京大学出版会
―――― (1994)「ガバナンスの概念」『季刊行政管理研究』第68号
―――― (2002)「公共空間の再編」今村都南雄編著『日本の政府体系―改革の過程と方向』成文堂
―――― (2006a)『官庁セクショナリズム』東京大学出版会
―――― (2006b)「官僚制と組織の理論」今村都南雄・武藤博己・沼田良・佐藤克廣・前田成東『ホーンブック基礎行政学』北樹出版
入江容子（2009）『自治体組織の編成と管理に関する新たな分析視角』同志社大学博士論文
牛山久仁彦（2009）「自治の基盤（住民）」佐藤竺監修、今川晃・馬場健編『市民のための地方自治入門　新訂版―サービスの受け手から自治の担い手へ』実務教育出版
佐藤俊一（2006）『地方自治要論　第 2 版』成文堂
田尾雅夫（1988）「地方自治体における組織分析の視点と理論展開」『組織科学』第22巻第 2 号
中邨章（2001）「行政学の新潮流―『ガバナンス』概念の台頭と『市民社会』」『季刊行政管理研究』第96号
新川達郎（2012）「環境ガバナンスの変化に関する実証的研究―『滋賀県琵琶湖のレジャー利用の適正化に関する条例』2011年改正を事例として」『社会科学』第95号
西尾勝（1990）『行政学の基礎概念』東京大学出版会
本田弘（1991）「行政組織における調整過程」『政経研究』第28巻第 1 号
マーチ、ジェームス・G.／サイモン、ハーバート・A.（1977）『オーガニゼーションズ』土屋守章訳、ダイヤモンド社
真山達志（2001）『政策形成の本質―現代自治体の政策形成能力』成文堂
―――― (2002)「地方分権の展開とローカル・ガバナンス」『同志社法学』第54巻第 3 号

────（2011）「地方分権時代におけるネットワークの設計と管理―現代の自治体行政に求められる能力」『法学新報』第118巻第3・4号
────（2012a）「現代自治の現状と課題」真山達志編著『ローカル・ガバメント論―地方行政のルネサンス』ミネルヴァ書房
────（2012b）「危機管理と自治体」真山達志編著『ローカル・ガバメント論―地方行政のルネサンス』ミネルヴァ書房
リプスキー、マイケル（1986）『行政サービスのディレンマ―ストリート・レベルの官僚制』田尾雅夫・北大路信郷訳、木鐸社
吉田孟史（2004）『組織の変化と組織間関係―結びつきが組織を変える』白桃書房
Gulick, Luther [1969] "Notes on the Theory of Organization", in *Papers on the Science of Administration,* eds. by L. Gulick and L. Urwick, A. M. Kelley.
草津市（2012）『住民自治と協働に関する調査研究報告書』

第6章

足立忠夫（1989）『地域公共学の提唱』公職研
今川晃（2010）「住民自治と政策学」真山達志・今川晃・井口貢編著『地域力再生の政策学―京都モデルの構築に向けて』ミネルヴァ書房
────（2011）「地域ガバナンスの変容―地域社会における公的ガバナンスの変化と動態」新川達郎編著『公的ガバナンスの動態研究―政府の作動様式の変容』ミネルヴァ書房
今里佳奈子（2003）「地域社会のメンバー」森田朗・大西隆・植田和弘・神野直彦・苅谷剛彦・大沢真理編『分権と自治のデザイン―ガバナンスの公共空間』有斐閣
江藤俊昭（1998）「住民参加の条件整備としての都市内分権―中野区の地域センターと住区協議会をてがかりに」『山梨学院大学法学論集』第39号
大石田久宗（2009）「変貌するコミュニティ―地域政策の新展開」『自治総研』第363号
大森彌（1990）「住区協議会と住民自治」『建築とまちづくり』第158号
高木鉦作（2005）『町内会廃止と「新生活共同体の結成」』東京大学出版会
玉野和志（1993）『近代日本の都市化と町内会の成立』行人社
中川幾郎編著（2011）『コミュニティ再生のための地域自治のしくみと実践』学芸出版社
中川剛（1980）『町内会』中央公論社
長野基・杉崎和久（2011）「東京都区市自治体における住区協議会組織の制度設計と運用に関する比較研究」『日本建築学会計画系論文集』第660号
名和田是彦（1998）『コミュニティの法理論』創文社
日高昭夫（2003）『市町村と地域自治会―「第三層の政府」のガバナンス』山梨ふるさと文庫

細木博雄（2002）「『自主・参加・連帯』参加の区政30年の経験とこれから」『月刊地方自治職員研修』第35巻第10号
真山達志（2011）「地方分権時代におけるネットワークの設計と管理―現代の自治体行政に求められる能力」『法学新報』第118巻第3・4号
三浦哲司（2011）「大都市の地域自治組織廃止事例の検討―東京都中野区の地・住構想廃止を事例にして」『同志社政策科学研究』第13巻第1号
─── （2012）「地・住構想30年における住区協議会の変容―東京都中野区の江古田住区協議会を例に」『龍谷政策学論集』第1巻第2号
─── （2013）「中野区地・住構想の一断面―野方住区協議会の活動を手がかりに」『龍谷政策学論集』第2巻第2号
─── （2014a）「コミュニティ政策の概要と展開」山崎仁朗編著『日本コミュニティ政策の検証―自治体内分権と地域自治へ向けて』東信堂
─── （2014b）「大阪市における地域活動協議会の設立とその課題」『市政研究』第182号
江古田地域センター（1979～2013）『江古田地域ニュース』第1号～第312号
地方制度調査会（2013）『大都市制度の改革及び基礎自治体の行政サービス提供体制に関する答申』
中野区（1986）『住区協議会ってなあに？』
─── （1987）『地域センター及び住区協議会構想　関係資料集』
中野区特別区制度調査会（1974）『特別区の制度とその運営について』
日本都市センター（2002）『自治的コミュニティの構築と近隣政府の選択―市民と都市自治体との新しい関係構築のあり方に関する調査研究最終報告』
野方地域センター（1978～2013）『野方地域ニュース』第1号～第325号

第7章

今川晃（1999）「政策の管理と価値―地方分権と市民をめぐる一断面」『季刊行政管理研究』第86号
─── （2005）「私たちが『まちづくり』の主人公」佐藤竺監修、今川晃・馬場健編『市民のための地方自治入門　改訂版―行政主導型から住民参加型へ』実務教育出版
─── （2009a）「ガバメントを創造すること―行政統制における制度設計の政策学」『季刊行政管理研究』第125号
─── （2009b）「地域自治組織と一人ひとりの市民、NPO、行政―地域自治をどうデザインするか」『月刊地方自治職員研修』第42巻第6号
今里滋（2008）「自治体政策のアカデミー―ソーシャル・エンタープライズとしての自治体へ」『月刊地方自治職員研修』第41巻第8号

齋藤純一（2000）『公共性』岩波書店
佐川公也・山谷清志（2010）「『地域力再生』政策の研究と実践―政策学、行政学、評価学」真山達志・今川晃・井口貢編著『地域力再生の政策学―京都モデルの構築に向けて』ミネルヴァ書房
西尾勝・小林正弥・金泰昌編（2004）『公共哲学11　自治から考える公共性』東京大学出版会
フレデリクソン、H. G.（1987）『新しい行政学』中村陽一監訳、中央大学出版部
真山達志（2012）「現代自治の現状と課題」真山達志編著『ローカル・ガバメント論―地方行政のルネサンス』ミネルヴァ書房
山脇直司（2008）『グローカル公共哲学―「活私開公」のヴィジョンのために』東京大学出版会
京都市上京区役所ホームページ「上京区について」（2013年3月2日閲覧）http://www.city.kyoto.lg.jp/kamigyo/page/0000012686.html
京都市上京区役所ホームページ「平成23年度上京区運営方針」（2013年3月2日閲覧）http://www.city.kyoto.lg.jp/kamigyo/cmsfiles/contents/0000049/49835/23unei.pdf
公益財団法人大学コンソーシアム京都ホームページ「設立趣意について」（2013年3月2日閲覧）http://www.consortium.or.jp/contents_detail.php?co=cat&frmId=18&frmCd=23-1-0-0-0
同志社大学プロジェクト科目ホームページ「2011年度クラスレポート一覧　上京区活性化プロジェクト―区民との協働で地域課題の解決を！」（2013年3月2日閲覧）http://pbl.doshisha.ac.jp/pdf/report/11_17.pdf
―――――「プロジェクト科目とは」（2013年3月2日閲覧）http://pbs.doshisha.ac.jp/outline/outline.html

第8章

今川晃（2011）『個人の人格の尊重と行政苦情救済』敬文堂
遠藤知恵子（1993）「日本的社会教育施設としての公民館とその今日的意義」『弘前学院大学・弘前学院短期大学紀要』第29号
大桃敏行・背戸博史編著（2010）『生涯学習―多様化する自治体施策』東洋館出版社
小熊里実（2009）「公民館論と公民館不要論の論理的つながり―公民館研究者はなぜ公民館不要論に反論しなかったのか」『教育学雑誌』第44号
咸宜園教育研究センター編（2010）『廣瀬淡窓と咸宜園の教育』日田市教育委員会
神野直彦・澤井安勇編著（2004）『ソーシャル・ガバナンス―新しい分権・市民社会の構図』東洋経済新報社
中邨章（2007）『改訂　自治体主権のシナリオ―ガバナンス・NPM・市民社会』芦書房
日本社会教育学会編（2009）『自治体改革と社会教育ガバナンス』東洋館出版社

不破和彦編訳（2002）『成人教育と市民社会——行動的シティズンシップの可能性』青木書店
ベック、U./鈴木宗徳/伊藤美登里編（2011）『リスク化する日本社会——ウルリッヒ・ベックとの対話』岩波書店
松下圭一（1986）『社会教育の終焉』筑摩書房
松田武雄（2009）「公民館への指定管理者制度の導入に伴う現状と課題——大分県日田市を事例として」『社会教育・生涯学習の再編とソーシャル・キャピタル第1集』（平成20年度科学研究費補助金基盤研究(B)研究成果報告書・その1）
森岡清志編（2008）『地域の社会学』有斐閣
山田定市編著（1997）『地域づくりと生涯学習の計画化』北海道大学図書刊行会
一般財団法人日田市公民館運営事業団（2011）『平成23年度事業報告書・決算報告書』
─────（2013a）『地区公民館の管理運営体制の移り変り』
─────（2013b）『日田市公民館運営に関する検討報告書に対する実施状況』
─────（2013c）『評価・点検実施方針』
財団法人地方自治総合研究所・全国地方自治研究センター・研究所共同研究・指定管理者制度（2008）『指定管理者制度の現状と今後の課題』
日田市（2011）『平成23年度日田市事務事業評価調書』
─────（2013）『第4次日田市行政改革大綱（平成25年度〜平成29年度）』
日田市咸宜公民館（2013）『咸宜公民館だより』2013年6月1日号
日田市教育委員会（2012）『日田市教育行政実施方針（平成24年度〜平成28年度）』
日田市教育庁社会教育課・一般財団法人日田市公民館運営事業団（2013）『日田市の地区公民館の管理運営』
日田市公民館運営検討委員会（2010）『日田市公民館運営に関する検討報告書』

第9章

今川晃（2005）「熱意の領域における行政相談活動の意義と役割」今川晃編著『行政苦情救済論』社団法人・全国行政相談委員連合協議会
─────（2011）『個人の人格の尊重と行政苦情救済』敬文堂
片岡寛光監修、今川晃・上村進・川野秀之・外山公美編著（2012）『アジアのオンブズマン』第一法規
川上宏二郎（2005）「総務省の行政相談制度の意義と効果」今川晃編著『行政苦情救済論』社団法人・全国行政相談委員連合協議会
久木田純（1998）「概説　エンパワーメントとは何か」『現代のエスプリ』第376号
グループGS近畿（2010）「行政相談と地域力再生」『季刊行政相談』第125号
蓮池穣（2005）「行政相談委員の活動と役割」今川晃編著『行政苦情救済論』社団法人・全国行政相談委員連合協議会

平松毅（2005）「行政相談とオンブズマンの棲み分け」今川晃編著『行政苦情救済論』社団法人・全国行政相談委員連合協議会
桝居孝（2005）「行政相談委員の意見具申制度をもっと生かそう」今川晃編著『行政苦情救済論』社団法人・全国行政相談委員連合協議会
行政管理庁史編集委員会（1984）『行政管理庁史』財団法人・行政管理研究センター
行政相談委員制度の在り方に関する研究会（2009）『行政相談委員制度の在り方に関する研究会報告書』
総務省行政評価局（2013）『行政相談委員との協働の充実及び行政相談機能向上のためのアクションプラン』
京都府ホームページ「地域力再生プロジェクト」（2013年3月21日閲覧）http://www.pref.kyoto.jp/chiikiryoku/
国土交通省ホームページ「行政相談窓口に寄せられた主な要望と改善事例」（2012年6月28日閲覧）http://www.mlit.go.jp/sogoseisaku/supporter/h16/02-1.pdf
首相官邸ホームページ「地域安心安全アクションプラン」（2013年6月9日閲覧）http://www.kantei.go.jp/jp/singi/hanzai/dai3/3siryou2-3.pdf
総務省ホームページ「行政相談委員の活躍の一端」（2013年9月7日閲覧）http://warp.ndl.go.jp/info:ndljp/pid/258151/www.soumu.go.jp/s-news/2005/pdf/050512_2.pdf
総務省行政相談ホームページ（2013年9月2日閲覧）http://www.soumu.go.jp/main_sosiki/hyouka/soudan_n/index.html
四日市市ホームページ（2013年9月2日閲覧）http://www5.city.yokkaichi.mie.jp/

終　章

今川晃（2013）「行政改革の自治体学」『月刊地方自治職員研修』臨時増刊号102号
今川晃・梅原豊編（2013）『地域公共人材をつくる―まちづくりを担う人たち』法律文化社
今川晃・山口道昭・新川達郎編（2005）『地域力を高めるこれからの協働―ファシリテータ育成テキスト』第一法規
大森彌・佐藤誠三郎編（1986）『日本の地方政府』東京大学出版会
佐藤竺（1990）『地方自治と民主主義』大蔵省印刷局
田村明（2006）『「市民の政府」論―「都市時代」の自治体学』生活社
新川達郎編（2013）『政策学入門―私たちの政策を考える』法律文化社
吉井正澄（1997）『離礁―水俣病対策に取り組んで』水俣旭印刷所

【執筆者紹介】（執筆順、＊は編者）

＊今川　　晃 いまがわ　　あきら	同志社大学政策学部・大学院総合政策科学研究科教授〔法学博士〕	序章・終章
杉岡　秀紀 すぎおか　ひでのり	京都府立大学公共政策学部講師	第1章
増田　知也 ますだ　ともなり	京都地方自治総合研究所研究員〔博士（政策科学）〕	第2章
藤井誠一郎 ふじい　せいいちろう	行政管理研究センター客員研究員〔博士（政策科学）〕	第3章
北　　建夫 きた　　たてお	大阪府森林組合三島支店参与兼支店長代理	第4章
加藤　洋平 かとう　ようへい	同志社大学大学院総合政策科学研究科博士課程	第5章
三浦　哲司 みうら　さとし	名古屋市立大学大学院人間文化研究科准教授〔博士（政策科学）〕	第6章
湯浅　孝康 ゆあさ　たかやす	京都市教育委員会総務部学校事務支援室	第7章
野口　鉄平 のぐち　てっぺい	愛知地方自治研究センター研究員	第8章
山谷　清秀 やまや　きよひで	同志社大学大学院総合政策科学研究科博士課程	第9章

Horitsu Bunka Sha

地方自治を問いなおす
―― 住民自治の実践がひらく新地平

2014年4月10日　初版第1刷発行

編　者　　今川　　晃

発行者　　田靡　純子

発行所　　株式会社　法律文化社

〒603-8053
京都市北区上賀茂岩ヶ垣内町71
電話 075(791)7131　FAX 075(721)8400
http://www.hou-bun.com/

＊乱丁など不良本がありましたら、ご連絡ください。
　お取り替えいたします。

印刷：共同印刷工業㈱／製本：㈱藤沢製本
装幀：谷本天志
ISBN978-4-589-03592-9

Ⓒ2014 Akira Imagawa Printed in Japan

JCOPY　〈(社)出版者著作権管理機構　委託出版物〉

本書の無断複写は著作権法上での例外を除き禁じられています。複写される場合は、そのつど事前に、(社)出版者著作権管理機構（電話 03-3513-6969、FAX 03-3513-6979、e-mail: info@jcopy.or.jp）の許諾を得てください。

今川 晃・梅原 豊編
地域公共人材をつくる
―まちづくりを担う人たち―
　　　　　　Ａ５判・202頁・2400円

地域公共人材とは、まちづくりやNPO活動などの担い手となる人。地域社会の問題発見・課題解決力やコーディネート力を備えた人材育成のためのアイディアと実践例、そして応用へのヒントが詰まった一冊。

新川達郎編
政　策　学　入　門
―私たちの政策を考える―
　　　　　　Ａ５判・240頁・2500円

問題解決のための取り組みを体系化した「政策学」を学ぶための基本テキスト。具体的な政策事例から理論的な思考方法をつかめるよう、要約・事例・事例分析・理論紹介・学修案内の順に論述。

新川達郎編
京都の地域力再生と協働の実践
　　　　　　Ａ５判・158頁・2400円

地域の疲弊を克服し、潜在力を引き出して持続可能な未来を切り拓くには。地域問題の縮図といえる京都の事例を参考に、多様なアクターによる協働と実践を紹介。地域が地域力を取り戻すための様々なスキルや知識を提供する。

小田切康彦著
行政－市民間協働の効用
―実証的接近―
　　　　　　Ａ５判・224頁・4600円

協働によって公共サービスの質・水準は変化するのか？　NPOとの協働が行政へ及ぼす影響と、協働がNPOへ及ぼす影響を客観的に評価して効用を論証。制度設計や運営方法、評価方法等の確立にむけて指針と根拠を提示する。

市川喜崇著
日本の中央－地方関係
―現代型集権体制の起源と福祉国家―
　　　　　　Ａ５判・278頁・5400円

明治以来の集権体制は、いつ、いかなる要因で、現代福祉国家型の集権体制に変容したのか。その形成時期と形成要因を緻密に探り、いまにつながる日本の中央－地方関係を包括的に解釈し直す。

―法律文化社―

表示価格は本体(税別)価格です